国際政治学入門

大芝 亮 編著

ミネルヴァ書房

はじめに

　10年ほど前にヒットした映画「タイタニック」のラストシーンをご存知だろうか。主人公の貧しい英国青年ジャック（レオナルド・ディカプリオ）が，ヒロインの令嬢・ローズ（ケイト・ウィンスレット）の乗る救命ボートを氷の海で引いているうちに，寒さのために命を落とし，海の底に沈んでいく。新世界アメリカをめざし，夢を抱いてタイタニック号に乗り，船内でローズと出会い，互いに惹かれるようになったその矢先だったにもかかわらず。翌日の新聞には，「タイタニック号氷山と衝突，1513名死亡」という記事がのる。死亡した1513名にも，ジャックと同じように，それぞれに夢があり，愛する家族・友人がいた。

　2003年のイラク戦争。戦闘時だけでも死者数5000-6000名と報じられる。旧ユーゴ紛争やアフガン戦争などのために今や私たちは戦争報道にも慣れ，戦死者の数についても無機質的にしか感じなくなってきている。しかし，5000-6000名といわれる犠牲者ひとりひとりの顔を想像してほしい。ひとりひとりに，タイタニック号のジャックの場合と同じように，夢があり，愛する人がいたのである。

　何のために国際政治を学ぶのだろうか。以前，AERAMookの『平和学がわかる』に，1匹の迷える子羊のたとえを書いたことがある。99匹の子羊を安全な場所に連れていくのが「政治」であり，1匹の迷える子羊を救うのは「宗教」であるといわれるが，国際政治学は99匹を守るための学問なのだろうか。1匹の子羊を放置したまま，羊飼いは安心して眠れるのだろうか。マイノリティを切り捨てたままで国際平和を語ることはできるのだろうか。人間ひとりひとりの命の大切さを感じる心があって，マイノリティの立場に立たされている人の状況を理解することができ，こうした心があってはじめて，国際政治について冷徹に学ぶことにも意味が生まれるのではないだろうか。

　国際政治の研究者には，ひとりひとりの命の大切さを訴えることが職業選択

の動機となった人も多い。私の恩師である細谷千博先生は，太平洋戦争で多くの友人・知り合いを失ったことを思い，残された者として戦争の原因について研究する決意をしたと，大学での講義の際に話された。また，研究会においてフィリピンにおける戦没者の遺骨収集についての報告を聞かれると，フィリピンでの戦争で命を落とされた人々（日本人，米国人，フィリピン人の犠牲者も含め）のことを想い，しんみりとされつつ，報告者に感謝の意を表されていたことは忘れ得ない。

　同様の志をもち，国際政治の研究者になりながら，病気や事故・事件のために，途半ばにして亡くなっていった人も少なくない。私の留学時代における恩師のひとりである佐藤英夫先生もその一人であり，国際消費者運動について日本国際政治学会研究大会において優れた報告を行った境井孝行先生（私は討論者として深い感銘を受けた）もそうである。本書では，国連で活躍された先生（石原直紀先生と中満泉先生）にもご執筆いただいているが，平和活動のなかで命を落とされた国連職員やNGO職員の数も多い。2003年8月には，将来の国連事務総長候補ともいわれていたセルジオ・デメロもイラクの国連本部へのテロにより命を失っている。

　2004年に，政情不安定なイラクに向かい，命を奪われた青年・香田証生さんのことを覚えているだろうか。素人でありながら無謀だとの非難がなされ，自己責任だという主張も多く聞かれた。そのようななかで，『何でもみてやろう』の著書があり，ベトナム戦争の最中に北ベトナムに入った経験をもつ小田実氏（作家・ベ平連創設者）は，「イラクで何が起きているのか自分の目で確認したいという普通の青年の行動を誰が非難できるのか」と語る。決して無謀な行動を奨励する意図はないが，小田氏の若者に対する温かい理解に私は感動した。大学で教育に携わる者として心に留めておきたいことばだと思った。

　戦争と平和について考えるとき，命を失った者についてだけでなく，残された者の苦しさにも想いを馳せたい。皆さんの祖父や祖母のなかにも，語らずとも，原爆や空襲，そして徴兵などで家族を奪われ，戦後，こうした辛さにひとりで耐えながら生きてきた人もあろう。「神は決してあなたを捨てて孤児とは

しない」ということばがあるが，私も最近はこうした辛さがわかるような年齢になった。本書で国際政治の理論だけを学ぶのではなく，ぜひ，戦争で身内を失った人たちの証言やオーラル・ヒストリーも合わせて聞いてほしい。

　戦争中の性暴力も国際政治の重要な問題だ。慰安婦の方々は，ようやく最近，戦争中の悲惨な経験を語れるようになったが，生きていくことはどんなに辛かっただろうか。そして，今また，旧ユーゴ紛争やイラク戦争などで，家族を奪われ，性暴力を受け，苦しい人生を強いられる人が作られている。

　国際政治を学ぶにあたり，「人間ひとりひとりの顔」を思い浮かべながら，戦争と平和や貧困・人権・環境などの諸問題を考えてほしい。月並みだが，経済学者・マーシャルのいうように，分析においては冷徹な頭脳（cool head）が必要であるが，それとともに，温かい心（warm heart）で対応なり，政策なりを考えることも大切なのである。政治とは，国内政治であれ，国際政治であれ，人と人が織りなす営みだから。

　本書は，気鋭の若手研究者・実務経験者による国際政治のテキストである。編集作業の過程では仲田志保氏（一橋大学大学院博士課程）にご協力いただいた。最後に，本書を出版するにあたり，ミネルヴァ書房の堀川健太郎氏と下村麻優子氏には，大変お世話になった。お酒をこよなく愛し，人を心から愛する温かい編集者の顔を思い浮かべて，心より感謝したい。

　　2008年10月　国立キャンパスの研究室にて

編者　大芝　亮

目　次

はじめに

序　章　国際政治学とは何か　………………………………大芝　亮…1
　　1　国際政治学の射程……1
　　2　国際政治の理論と分析……5

第1章　国際政治を見る眼　……………………佐藤　壮／大芝　亮…12
　　1　国際政治学の発展……12
　　2　国際政治の理論……15

第2章　戦争と平和　………………………………………佐藤丙午…24
　　　　──伝統的アプローチの今日的意義
　　1　伝統的アプローチと国際政治……24
　　2　国際関係論と戦争……27
　　3　同盟と勢力均衡の世界……29
　　　　──19世紀の国際政治と国家安全保障の成立
　　4　国際組織と平和……34
　　　　──集団的安全保障と集団的自衛権
　　5　「核の均衡」と冷たい平和……38
　　6　対テロ戦争と国際安全保障……42
　　　　──伝統的アプローチの復権？

第3章　新しい戦争・正しい戦争　…………………………秋山信将…45
　　1　冷戦後の国際安全保障における「新しい」脅威……45
　　2　「新しい戦争」の特徴……47
　　3　相対化される「善」……50

4　正しい戦争……*53*

　　　5　今後の課題……*63*
　　　　　――「正しさ」をいかに確保していくか

第4章　平和維持と平和構築　………………………………石原直紀…*66*

　　　1　平和維持活動の生成と発展……*66*

　　　2　冷戦後のPKO……*72*

　　　3　平和構築……*80*

第5章　グローバル化と反グローバル化　………………山田　敦…*87*

　　　1　グローバル化とは……*87*

　　　2　貿易のグローバル化……*88*

　　　3　保護主義と地域主義の高まり……*93*

　　　4　広がる反グローバル化の動き……*98*

　　　5　グローバル・ガバナンスへ向けて……*104*

第6章　グローバル・イシューズとしての貧困問題　………段　家誠…*107*
　　　　　――ODA・世界銀行と開発問題

　　　1　日本のODA……*107*

　　　2　各国のODA……*113*

　　　3　世界銀行のアプローチ……*116*

第7章　グローバル・イシューズとしての地球環境　………沖村理史…*126*

　　　1　宇宙船地球号……*126*
　　　　　――環境と開発のアプローチの歴史的変遷

　　　2　環境ガバナンスの現状……*132*

　　　3　国際政治経済と地球環境問題……*138*

第8章　グローバル・イシューズの解決に取り組むNGO　……高柳彰夫…145
1　NGOとは何か？……145
2　事業型NGO……149
3　アドボカシー型NGO……155
4　日本のNGO……157
　　――結びにかえて

第9章　国境を越える難民・移民問題　……中満　泉…161
1　難民保護体制の確立……161
2　冷戦後の紛争と難民……165
3　人間の安全保障……171
4　21世紀の難民保護の課題……175

第10章　国家を横断する民族　……古内洋平…181
1　国家の領域と民族の分布……181
2　非西欧における民族と国家の歴史……182
3　民族の違いが暴力と結びつくとき……188
4　民族間の共存と和解のための条件……194
5　民族の共存・和解と国際秩序……197

第11章　世界秩序構想　……上原史子…201
　　――地域主義の挑戦
1　地域主義……201
2　EUの実験……206
　　――歴史と制度
3　東アジア共同体の可能性……214

索　引

| 序章 | 国際政治学とは何か |

大芝　亮

1　国際政治学の射程

国際政治学と国際関係論

　伝統的な国際政治学とは，国家間の安全保障や外交交渉などをおもな分析対象とするものであるのに対して，国際関係論とは，安全保障や紛争のみならず，経済関係や貧困問題，さらには人権や環境問題なども対象とし，分析の手法として，計量経済学や社会学の手法なども取り入れる学際的な学問である。しかし，現在では，広い意味の国際政治学は国際関係論と同様のものとして使用されることが多い。

アプローチの仕方

　国際関係の様々な事件や事象を理解することは，決して容易なことではない。我々がこうした現象を見るときには，特定の角度から見ているために，全体像を必ずしもとらえることができないからである。このことは，たとえば，甲子園の高校野球を中継することを想像すれば分かるだろう。どのようにして甲子園野球の熱闘ぶりを視聴者に伝えるか。ピッチャーに焦点を当てるカメラが一台使われ，もう一台はアルプス席応援団の盛り上がりを放送する。このように，様々なカメラによる放送を通じて，全体像として甲子園球場での高校野球の熱戦を視聴者に伝える。国際関係の事件・事象についても同様であり，様々なカメラ＝角度からの分析によって初めて全体像を理解することができる。このような様々な角度もしくは視点のことを，アプローチあるいは分析枠組みと呼ぶ。

国際関係研究においても，様々なアプローチが存在し，アプローチによりとらえ方がずいぶんと異なる。たとえば毛沢東研究について，中国の歴史研究を行う人の場合，毛沢東を秦の始皇帝と対比して考える。時代が変わり体制が変わろうとも中華帝国のリーダーとしての特質は，清の始皇帝から毛沢東にいたるまで共通のものがあるという前提に立つのである。中国を社会主義国であると見て，かつてのソ連と同じだと見る研究者の場合，毛沢東はスターリンにたとえられる。社会主義体制のリーダーとしての特質は，中国においてもソ連においても同様であるという仮定に基づく。同じことがユーゴスラビアのチトーにも言うことができると考えると，毛沢東研究は，スターリン研究やチトー研究と比較して行われることになる。また別の研究者は，中国を第三世界あるいは開発途上国のリーダーとして位置づけるかもしれない。この場合，毛沢東はインドのネルー首相やエジプトのナセル大統領と比較分析され，第三世界のリーダーとしての特性が明らかにされる。このように，中国をどのように見るか，中国研究においてどのような視点を持つか，によって，研究自体が大きく変化する。

　国際関係には主要なアプローチとして，理論研究，歴史研究，地域研究の三つがある。本書は，このうち理論研究に基づくものであり，この点については後に詳述するのでここではまず，歴史研究と地域研究の場合について，簡単に述べておきたい。

　国際関係における歴史研究となると，まず，我々は高校までの「世界史」を思い浮かべるかもしれない。この高校までの世界史において顕著なことは，基本的に大国中心の歴史観に基づいて記述されることが多いということである。もちろん，現在の世界史の歴史教科書でも，小国の立場やマイノリティであった人々の主権についても紹介はされている。しかしながら，基本的には，英仏関係，独仏関係であるとか，さらには，第二次大戦後における米ソ関係というように，大国間の対抗関係を中心に歴史が述べられることが多い。

既存のアプローチと新しいアプローチ

　国際関係史研究では，大国中心の国際政治史に対して，小国の視点からこれ

をとらえなおすということや，たとえば中国の歴史についても，周辺からこれをとらえなおすという研究が行われている。さらに，国家中心の歴史観に対抗すべくNGOなどの非国家的アクターに焦点をあてて，こうした組織による国際主義の発展という視点から歴史をとらえなおそうという研究もある。

　次に地域研究においては，中国は中国，アメリカはアメリカ，日本は日本という視点が掲げられ，たとえば中国を理解する上では，政治・経済・文化・歴史を総合的に見ることが必要であるという考え方に基づいて，研究が行われる。このアプローチと対比されるのが，いわゆる比較政治学であり，比較政治学の理論では，中国はインドと対比しうるという見方や，中国はあくまで開発途上国の1つとして位置づけをして研究すればよいという見方があり，開発途上の大国に関する一般的な理論化を試みる。こうした比較政治学の方法に対して，地域研究においては，それぞれの地域の個別性が強調される。

　国際関係における視点やアプローチは，決して，歴史研究や地域研究，そして理論研究の3つに限定されるわけではない。あらたな視点というものが登場し，これによりあらたな解釈・主張が展開されることもしばしばある。その1つとして最近注目されているのが，ジェンダーの視点である。古典的な国際政治学においては，国家間の関係をパワーをめぐる闘争と規定する。このような見方に対してジェンダーの視点からは，異議申し立てが行われる。すなわち，たとえ国力をパワーととらえても，それはリアリストはパワーをめぐる闘争というような対立関係を当然視するものではない。むしろ，パワーをエネルギーとしてとらえなおすことができるのではないか，という主張がなされた。パワーを持って相手に意思を押し付けること，と定義をするのは，極めて男性的な偏見ではないかというのである。

　このような見方が適切であるかどうかは議論の余地があるとして，確かに国際政治においては，従来国家を中心として見る傾向が強く，ナショナリズムの強靱さを前提としがちであった。しかし，国家が成立をしたのは16世紀以降のことであり，さらに国民国家というような「国民」意識を持つようになったのは，フランス革命以降の18世紀からである。その意味では，たかだか300年か

ら400年ほどの歴史しかない。これに対して，ジェンダーという要因は，そもそもアダムとイヴ以来の歴史を持つといえるほどである。このように考えると，国家の存在を前提とし，ナショナリズムは強靱であるという考え方に基づく国際政治の議論には，様々な見直しが必要かもしれない。歴史認識の問題をとりあげてみよう。「歴史認識は共有できるか」という問いが，しばしばなされる。日米間における太平洋戦争の記憶，あるいは日本・中国・韓国・北朝鮮における，満州事変以降の15年戦争や日中戦争の記憶を，現在のアメリカ人や日本人，中国人，韓国人，北朝鮮人が，共有できるかという問いである。このような問いに対しては，一般には否定的な回答が強い。そしてその歴史認識の違いを認識することによって，新しい未来につなげていこうという議論がしばしば行われる。

　ここでジェンダーの視点からは，どのような集団間であれば歴史の記憶を共有できるかという問いが立てられる。従来国家を中心として見がちであったために，歴史の記憶についても，「日本人」の歴史の記憶であるとか，「中国人」の歴史認識といったとらえ方が多いが，男性の歴史認識，女性の歴史認識という切り口も存在することをジェンダーの視点は教えてくれる。実際に，たとえば，従軍慰安婦の問題を取り上げた場合，中国や韓国などの被害を受けた女性がいる国の間だけではなく，日本の女性団体の間にも，中国や韓国の女性グループと歴史認識を共有できる人々の数は少なくない。そして，こうした歴史認識を共有したアジアの女性グループによって，NGOのネットワーク（VAWNET : Violence against Women Network）が結成されている。

　このように，価値観を同じくする人の集まりが，国境を越えて１つのネットワークを作っていくということを，国際政治においてはトランスナショナル・ネットワークと呼ぶ。この場合の価値観には，ビジネス倫理やエコロジストとしての倫理などもあれば人権などもある。そして，こうした価値観を同じくする人々が，国境を越えたネットワークを発展させることによって，ナショナリズムやナショナル・アイデンティティを越えていくのではないかというのが，国際政治学におけるリベラリストに共通の考え方である。私自身は，ビジネス

や環境保護という価値観を共有する人たちの集まりが大きな影響を持つようになることは認めつつも，こうした価値観の共有でナショナル・アイデンティティがなくなるとは思わない。しかしながら，男性の国際政治観と女性の国際政治観には相違があり，国際政治における個別の事件・事象についても，男女の間で違ったものの見方をし，それが場合によれば国籍以上に強い結束力を示すことも，十分にあるのではないかと思う。

以上のように，国際関係の事件・事象については，様々なアプローチが存在し，相互に知的交流もある。理論研究，歴史研究，地域研究が三位一体の形で進められているのが日本における国際政治学の大きな特徴である。この点は，国際政治研究をリードする北米の国際政治研究と大きく異なるところであり，こうした特徴を発展させることにより，日本の国際政治学（Japan School）を近い将来に打ち立てる可能性があるとして，期待をしている。

2　国際政治の理論と分析

理論とは

国際政治の事件・事象を見るための視点を1つの言葉で表すとき，これを概念と呼ぶ。そして，複数の概念相互の関係を明らかにした場合に，これを理論と呼ぶことができる。すなわち，理論というのは，概念相互の関係を明らかにすることと定義することができる。具体的な例をあげて説明しておこう。1970年代に国家間の人・物・金・情報の往来が激しくなると，国家間の相互依存という言葉が，政治家の間や新聞紙上で流行語として登場した。この言葉を，1970年代の国際関係を分析する上で有用だと考えた研究者は，この言葉を概念化しようと試みた。1つのグループは，ジョセフ・ナイ（Joseph S. Nye）とロバート・コヘイン（Robert Keohane）である。彼らは相互依存を，敏感性と脆弱性という2つの次元に分けた。そして，相互依存関係の深まった状況については，複合的相互依存という1つの理念型を想定し，国家中心のリアリズムの世界との対比を行った。このような概念化・理論化が，その後「相互依存論」として

定着することになる。相互依存について，他の研究者もまた，概念化・理論化の競争に参入している。たとえば，ローゼクランス（Richard Rosecranu）は，相互依存について垂直的相互依存と水平的相互依存という2つの次元を提起した。しかし，この概念化は，必ずしもその後定着することはなかった。

　ここで生ずる疑問は，このような概念，理論を提示することは，国際政治を理解する上で有効なのかという点である。概念・理論の有効性を判断する1つの基準は，その概念・理論を用いることにより，従来とは違った事実を発見することができるのかどうか，あるいは従来とは違った新しい解釈を打ち出すことができるかどうかによっている。先ほどの相互依存論の場合について考えてみよう。敏感性と脆弱性という概念を提示することにより，一般の政治家や新聞紙上における議論と違った物事の解釈を打ち出すことができたのであろうか。当時広く言われた議論は，相互依存を深めるならば，外の脅威に対して弱くなるということであった。たとえば，食料の輸入を増やすと，相互依存関係は深まる。それにより貿易は拡大するが，国家の安全保障，特に食糧安全保障という観点からは，外からの圧力に対して弱くなるという議論である。ここでいう相互依存は，量的な意味での相互依存関係の深化（敏感性）を意味している。しかし，ナイとコヘインは，代替性があるかないかという点で脆弱性が決まるという議論を展開しており，たとえ食料の輸入が増えても，代替的な食料を確保しておけば食糧安全保障の点でも問題はない，ということである。たとえば，米の輸入が増えるとしても，国内において小麦の生産が十分であれば，とりたてて相互依存関係の深化により国家が外圧に対して弱くなることを警戒する必要はないということになる。このような議論を展開することができるという点で，脆弱性という概念は有用なものと言える。また，複合的相互依存という理念型をナイとコヘインは提示し，相互依存の深まった状態においては，軍事力の果たす役割が低下すると述べる。このことは，軍事力があまり重要でなくなるような世界を作るためには相互依存関係を深めることが重要だという政策的な示唆にもつながっている。

分析の手法としての統計処理

　国際政治の理論研究においては，統計的手法もしばしば用いられる。日本においては，あまり統計的手法は浸透しなかったものの，理論研究の中心である北米においては，統計学は政治学における必修科目となっているほどである。そして実際に統計的処理をした研究は極めて多い。

　統計的な処理を行うためには，まず概念の操作化，そして適切なる指標の提示が必要となる。概念の操作化というのは，抽象的な概念を実体的に捉えることができるものに置き換えることである。たとえば国力という国際政治におけるキー概念がある。国力とは何かについて，もとより様々な定義が可能ではあるが，ここでは軍事力と経済力であると仮定する。これが，概念の操作化である。次に軍事力・経済力というものを，統計的に処理するためには，具体的な指標が必要となる。軍事力については，軍事支出であるとか軍人の数であるとか，あるいはミサイルの数などが指標として使われることがある。経済力についても，GDPであるとか1人当たりGDP，あるいは貿易額などが用いられたりする。こうした形で国力という抽象的な概念を軍事力および経済力というように相対的にとらえやすい概念として操作化し，さらには軍事費やGDPなどの指標をもって統計処理に進むのである。

　統計処理の方法としては，SPSSが標準的であるが，最近ではExcel統計でもかなりの統計的処理は行えるようになっている。しかし，ここで注意をしなければならないのは，統計についてのきちんとした理解を持たずに，ただ統計処理結果の数字だけを見ることは慎まなければならないということである。たとえば，相関係数が高いからと言って検定を行わないというのでは，本当に2つの要因の間の相関関係が強いのかどうかについて何も言えない。また，統計処理においては，そもそも，データの信憑性自体についても注意を払う必要がある。特に，開発途上国の場合には，基礎的な経済データすら定期的に確保されているとは言い難く，いかに精緻な統計処理を行ってももともとのデータ自体が信頼できないというケースも少なくない。また，国際政治ではイベントデータと呼ばれる，事象の出来事に関するデータがしばしば用いられる。たとえ

ば，紛争の発生件数である。多くのデータブックにおいて，「紛争とは，100人以上の死傷者が1週間以内に出た場合である」とか，何らかの定義が行われているが，このような死傷者の数をどのようにして把握したのだろうか。多くの場合には新聞報道に基づきカウントされているが，報道される場合と報道されない場合とがあることは言うまでもない。すなわち新聞報道というバイアスのかかったデータである。とはいえ，全容をつかむということはそもそも不可能であり，可能な範囲で実態をつかむというのが国際政治学の基本的な出発点であるとすれば，イベントデータについては留保をつけつつ，分析を進めるという心掛けが重要になる。

概念の過信は禁物

　国際政治の概念を用いた研究についても注意は必要である。というのも，我々の研究対象が既定の概念を用いることによって，ある意味で分析の最初からバイアスがかかってしまう恐れがあるからである。実際，第二次大戦後，日本の国際政治学者が結集して行った共同研究である「太平洋戦争への道」においては，あえて帝国や天皇制という概念を用いることを避けて，第二次世界大戦に至った，1930年代の政策決定過程の分析を徹底して史料中心で行った。帝国や天皇制という概念については，研究者の間ですでに既存のイメージが共有されており，歴史の史料の解釈においても敢えて，あてはめて考えようとする弊害が懸念されたからである。それゆえ，史料に基づいて事実だけを抽出していくという方法がとられた。概念についてもう1つ注意すべきことは，分析概念と政策概念があるということである。分析概念とは，概念を用いることにより，厳密に定義を行い，操作化して，現状分析の道具として用いることにより新発見・新解釈を打ち出すことができるようなものをいい，政策概念とは，必ずしもそのような目的を持たないものである。「人間の安全保障」や「保護する責任」という概念は，政治の言葉として重要なことはいうまでもなく，新しい視点・思想を打ち出すものではあるが，定義としては緩やかであり，実証分析のための道具として有効かどうかは若干の疑問が残る。こうした言葉は，政

策概念と分類するのが適切であろう。

理論をつくる価値観

　国際政治の理論は包括的な一般理論か。この問いに対する回答は，否である。国際政治の理論については，時間的な意味でどのような時期・時代に適用できるのか，空間的にもどの地域・国ならば適用できるのか，さらにはイシューに関しても，どういう問題については同じことが言えるのかなど，その適用範囲は限定的である。この意味で，国際政治の理論は，全体的な理論あるいはグランド・セオリーと呼べるようなものではなく，極めて部分的な理論であるということができる。

　むしろ国際政治の理論も，根底においては研究者自身の価値観に基づいて設定をされているという意味で，パロキュアル（偏狭的）なものである。理論研究においては，最初に明らかにしたい問題が設定される。何を問題とするのかという，このこと自体が研究者自身および研究者が教育を受けた国家の歴史的な経験により大きく規定されがちだからである。たとえば，覇権安定論においては，覇権国の力の衰退と国際秩序の不安定化の関係が議論されている。ここで，前提となっている問題関心は，アメリカの力が衰退してきたのはなぜかという疑問である。これがアメリカの研究者にとっては共通の重要関心事だったのだろう。国際政治学のテキストにおいては，様々な理論が紹介されるが，それぞれの理論は，どのような価値観に基づいて問題提起されているのかを考えておくことも重要である。国際政治の理論は，北米，特にアメリカにおいて発達してきたが，アメリカの理論を特殊アメリカ的関心に基本的には基づいている側面のあることを理解しておくことが必要であろう。

本書のねらい

　本書においては，21世紀の新たな問題についての理論的考察を紹介する。まず，国際関係の分析道具となる戦争と平和は人類の永遠のテーマであり，時代を経ながらも形を変え，繰り返し問題提起がなされる。冷戦後は民族をめぐる

紛争が頻発し，テロ組織による暴力も巨大なインパクトを及ぼすようになった。こうした状況において改めて正しい戦争（第3章）はあるのか，またこうした新しい戦争に対して，60年前に創設された国連は対応できるのか（第4章），が問われるようになった。

グローバル化もまた，従来の問題に新しい位置付けを与えるようになった。貧困緩和（第6章）や地球環境保護（第7章）はグローバル・イシューズとして一国のみならず地球社会全体で取り組むべき問題として認識されるようになった。そしてNGOの活動（第8章）が注目され，また難民・移民（第9章）や民族（第10章）など，かつては国内政治として取り扱われることの多かったテーマについても，国際政治学の対象として注目されるようになっている。

国境を越えた物・金・情報・人の移動に伴うグローバル化を与件として，グローバル・ポリティクスの時代が到来しつつあるとの見方も，時折披露されるが，グローバル化に対抗する反グローバル化運動（第5章）やグローバリズムに代わるリージョナリズム（第11章）の動きも存在しており，様々なモーメントがぶつかり合う世界になっている。

国際関係の様々な問題について，理論的に考える力を身につけてもらうことが，本書の目的である。

■文献案内■
① 大芝亮「ナショナル・ヒストリーからトランスナショナル・ヒストリーへ」細谷千博・入江昭・大芝亮編『記憶としてのパールハーバー』ミネルヴァ書房，2004年。
＊歴史の記憶という主観的要素が国家間関係にいかなる影響を及ぼすかについて考察したものであり，主観的要素を重視するコンストラクティビズムの実証分析での有効性を考えるうえで参考になる。
② マイケル・オクセンバーグ，池井優訳「現代中国政治に関する英語文献について」日本貿易振興機構アジア経済研究所研究支援部編『アジア経済』11（12），1970年。
＊中国政治に関するものの見方を紹介するものであり，国際政治を見る視点とはなにか，を理解するうえで有益な論文。
③ 入江昭，篠原初枝訳『グローバル・コミュニティ――国際機関・NGOがつくる

世界（アジア太平洋研究選書）』早稲田大学出版会，2006年。
　　＊国家中心，大国中心の国際政治史に異を唱え，非国家の発展の歴史から20世紀の歴史を振り返るもの。非国家的アクターを重視するリベラリズムの見方と歴史研究を総合する意欲的な書物。
④　増山幹高・山田真裕『計量政治分析入門』東京大学出版会，2004年。
　　＊アメリカにおいては政治学に統計手法を用いることは広く定着しており，政治学における計量分析についてのわかりやすい入門書。
⑤　ハンス・J・モーゲンソー，現代平和研究会訳『国際政治──権力と平和』(1)～(3)，福村出版，2006年。
　　＊リアリズムの国際政治学についての必読の古典。
⑥　毛利和子『周縁からの中国──民族問題と国家』東京大学出版会，1998年。
　　＊漢民族中心に語られることの多い中国の政治を周縁からとらえなおすもの。視点が変われば中国政治についての理解もどのように変わるかを学ぶことができる。
⑦　ブルース・ラセット，鴨武彦訳『パクス・デモクラティア──冷戦後世界への原理』東京大学出版会，1996年。
　　＊デモクラティク・ピース論を計量的に分析し，この書物を中心に，議論が展開したという必読文献。
⑧　Kohane, Robert O. and Joseph S. Nye, *Power and Interdependence*, Longman Pb., 2000.
　　＊相互依存論について，敏感性，脆弱性，複合的相互依存というキー概念を提示し，その後の国際レジーム論の発展を導いたリベラリズムの必読書。

第1章 国際政治を見る眼

佐藤 壮／大芝 亮

1 国際政治学の発展

「科学的」な国際政治学とは

　国際政治学は，第一次世界大戦の前後に生まれた比較的新しい学問である。1919年，ウェールズ大学アベリストウィス校 (University of Wales at Aberystwyth) で国際関係論 (International Relations；学術分野の「国際関係論」は大文字で IR と略される) の講座が最初に開講されたといわれる。

　国際政治学は人類が経験した未曾有の世界大戦を経て，なぜ戦争が起こるのか，どのようにすれば平和を達成できるのかという課題を明らかにすることをめざす。国際政治学を発展させるうえで研究者は次の2点に注意を払った。第一は，現実社会の政策的要請に応えることである。学問のための学問にならないようにということである。第二に，科学性も追求された。国際政治学はあくまでも学問であり，単なる国際問題の時事解説とは異なるからである。科学としての国際政治学とは何か。これはおおよそ次の3点に整理できる。まず，価値と事実を峻別することである。分析において，研究者の価値観によって左右されるのではなく，客観性を重んじることである。次に，相関関係や因果関係の発見を行うことである。最後に，こうした目的を実現するために，方法論を確立することである。具体的には，反証可能な仮説 (falsifiable hypothesis) を実証的に検証するという方法で分析することである。要するに，自然科学に倣った理論を国際政治についても生み出していこうとしたのであり，このような研究姿勢のことを実証主義 (positivism) という。

本章では、まず、様々なアプローチ間で展開された論争史を簡単に整理しておく。

国際政治学をめぐる論争史

これまでに、国際政治学では大きく分けて4つの大論争（Great Debates）があった。それらの論争の概要は次の通りである。

① 第一次論争（第二次世界大戦期～1950年代）

リアリズムと理想主義（idealism）の論争である。理想主義は、啓蒙思想に依拠し、科学的な合理主義に従えば人類は無知を克服でき、社会全体の進歩が可能であり、戦争という惨事を招く不合理な決断を科学的判断により回避できるという。これは国際主義的な外交政策で名高いウィルソン米大統領（Woodrow Wilson）の「十四カ条構想」に端的に表れている。これに対しリアリストの泰斗カー（E.H. Carr）は「理想主義とリアリズムの違いは、錬金術と化学との違いに等しい」と揶揄した。道義に重きを置き過ぎる理想主義はユートピアニズムに過ぎないとして手厳しく批判したのである。

② 第二次論争（1960年代）

行動主義（behaviorism）と伝統主義（traditionalism）の論争であり、国際政治学に自然科学と同じような「科学的」理論を構築することができるかどうかをめぐって議論が展開した。行動科学は、国際政治の事件・事象に関するデータを体系的に蓄積し、これを計量分析などの手法を用いて実証分析することにより、国際政治に関する一般法則を発見していくことが重要であると論じた。これに対し、伝統的な現実主義者であるブル（Hedley Bull）やモーゲンソー（Hans J. Morgenthau）は、歴史的考察や解釈学的アプローチを重視した。この論争以後、現在まで、北米を中心とする国際政治学では実証主義的方法論が主流となっている。

③ 第三次論争（1970年代～1980年代）

パラダイム間（inter-paradigm）論争と呼ばれ、リアリズム・多元主義（pluralism）・マルクス主義の3つの主要なアプローチの間で、そもそも何が重要な問

題であるのかという問題設定に関してすら共通のものがないことが強く主張された。このことは理論間の比較不可能性（incommensurability）という。しかし，このことは，国際関係においては1つのアプローチからだけではなく，多様なアプローチを学ぶことの重要性を認識させることになった。

④ 第四次論争（1980年代半ば以降〜現在）

認識論（epistemology；世界にまつわる知識をどのようにしてもつに至るのか，科学とは何か）や存在論（ontology；世界は何で成り立っており，何を研究の対象とするのか）というメタ理論（meta-theory）をめぐる論争である。ここでの論点は，従来の主流であった合理主義では，国際政治のアクターは自己の利益の最大化を目指して行動することを前提にしてきたが，この前提への疑問がだされたことである。

分析方法に関する争点

以上のような四大論争を通じて，国際政治をどのように分析するかをめぐる争点は以下のように整理できる。

① 分析レベル問題（level of analysis）

研究目的によって，個人（第一イメージ）・国内要因（第二イメージ）・国際構造（第三イメージ）のうちのいずれに分析の焦点を合わせるかは異なってくる。たとえば，第二次世界大戦勃発の原因をヒトラーの個人的な野心に求めるのか，ドイツ帝国の膨張主義的傾向に焦点を当てるのか，大国間の勢力均衡の破綻という国際構造に焦点を当てるのかによって，それぞれ分析が異なってくるのであり，最初にまず研究目的をはっきりさせておくことが必要である。もとより，これら3レベルの分析は相互に関連しており，パットナム（Robert Putnam）の2レベル・ゲーム（two-level game）では，国内政治と国際交渉の連繋が視野に入れられている。

② エージェントと構造問題（agent-structure）

国際的な事象は，エージェント（行為主体）の働きかけにより生じるのか，それとも，構造によりエージェントの行動が制約されるのか。全体が個を規定

するのか，個が全体を形成するのかという問題である。

③ **客観と主観**（subject-object）

　客観的に計測可能な変数（軍事力や経済力）だけで国際現象は理解できるのか，それとも，政策決定者の主観的な認識や国家間で規範がどれだけ共有されているのかという間主観性（intersubjectivity）の問題も分析対象とするのか。

④ **合理的選択**（rational choice）**アプローチ**

　アクターは自己の功利を最大化するように行動するという前提に立ち，合理的な政策選択が行われることを前提とする。しかし，この前提を疑問視する見方もある。

（佐藤　壮）

2　国際政治の理論

リアリズムの理論

　国際政治の見方には，大きく分けて2つのタイプがある。リアリズムとリベラリズムである。

① **古典的リアリズム**

　リアリズムは，まず，国際関係では主権国家が中心的アクターであると見る。そして，主権国家は国家利益（ナショナル・インタレスト，国益）の最大化を求めて行動する。国益には，国家の安全保障の確保だけでなく，経済的繁栄や国民の人権保障なども含まれるが，こうした国益の中でもっとも中核的なものは国家の生存であり，安全保障の確保であるとする。国家は，国益の実現のために国力（ナショナル・パワー）を用いる。国力には，軍事力，経済力，技術力など，様々な要素があり，各国は，軍事力や経済力，技術力の充実に力をいれる。日本の明治政府が主唱した富国強兵・殖産興業政策は，古典的なリアリズムの国際政治観に基づく政策である。

　ある国が富国強兵に励めば，これに対抗する国家も同様に富国強兵政策を採用する。その結果，両者の間では軍備拡大競争が展開する。相手よりも自国が有利に立とうとして，第三国と同盟を結ぶ。こうして，敵対する国家間対立は

同盟間の対立となる。リアリストは，この相対立する2つの勢力が同じ水準にあるとき，平和は維持されるという勢力均衡論を主張する。というのも，対立している国家間・同盟間の力が均衡しているときは，仮に戦争が実施されても勝敗がつかないので，戦争は結局行われないと考えるからである。

　それでは，対立する同盟間に力の不均衡が見られるときにはどうなるのか。この時，戦争が起こる可能性は高くなる。有利な側は戦争を仕掛け，戦争を勝利に導こうとするからである。ここにバランサーとよばれる国が登場し，劣勢にある同盟の側に与することにより，2つの同盟間の力関係は均衡し，戦争は抑止される。

　このような勢力均衡論で本当に平和を維持できるのだろうか。平和戦略としての勢力均衡論に対しては疑問や批判も多い。まず，対立する相手国・同盟と力の均衡を保つことが必要であるとの理屈で実際には軍拡が推進されるにほかならないからである。いうならば，政府が軍拡を進める際に，口実として勢力均衡を主張するにすぎないという見方である。

　次に，現実の歴史を見ると，勢力均衡論で平和を維持しようとした18世紀・19世紀のヨーロッパでは戦争が繰り返されたからである。勢力均衡は平和には寄与しないことが歴史的に明らかなのである。さらに，理論的にも，各国は国益の最大化を図るのであれば，なぜ同盟関係が不均衡なときに，バランサーとして劣勢側に味方するよりも，強力な陣営に加わる（バンド・ワゴン＝勝ち馬に乗る）ことをしないのかという疑問が残るからである。

　それでは古典的リアリズムはすでに過去の遺物なのだろうか。もちろん，そうではなく，冷戦時代に，リアリストは重要な政策提言や政策転換を行っている。まず，20世紀の戦争では民主主義や社会主義などのイデオロギーが重視されるようになり，冷戦時代には特に顕著であったが，相手国の存在自体を悪とみて外交政策を組み立てる傾向が強かった。このような時期に，ジョージ・ケナンなどの現実主義者は，イデオロギーで国際政治をみるのではなく，国益で国家は動くという現実主義的国際政治観の必要性を強調した。イデオロギーでみると，社会主義国と自由主義国はいずれが正しいのかを競うことになり，イ

デオロギーという価値観を妥協させることは難しい。しかし，利益という視点で外交を展開するのであれば，利益を折半するというように，妥協が可能であり，平和共存も可能となるからである。また，1960年代末に，ニクソン米大統領のもとで大統領特別補佐官および国務長官として活躍した現実主義者・キッシンジャーは，ソ連と中国を社会主義国の兄弟国としてみるのではなく，むしろ長い国境を接することから国益の対立が根深い二国とみる。それゆえ，国益という視点からみた場合，中ソ関係は一枚岩ではなく，離反可能であるとして，米中接近を図り，最終的に，冷戦構造を［ソ連・中国対米国］から［ソ連対米中］という図式に変容させることに成功した。

② ネオ・リアリズム（新・現実主義）——覇権安定論

古典的リアリズムは世界経済についても，各国政府が自国産業に対する保護主義的政策を展開すると想定していたが，現実には，1960年代以降，国境を越えた経済活動（ボーダーレス・エコノミー）が急速に拡大していった。そこで，リアリストは，政治の世界では国家中心の国際政治でありながら，なぜ，経済の世界では国境を超えた活動が拡大するのかを説明する新たな理論が必要になった。こうして登場したのが，覇権安定論である。

覇権安定論は，現代のアメリカのように，軍事や経済の双方において卓越した力を持つ国を覇権国（ヘゲモン）とみる。そして，この覇権国が世界秩序（覇権秩序）を提供する。ちょうど，第二次世界大戦後，イギリスやフランスは戦争で疲弊し，ヨーロッパは没落し，またソ連は戦勝国とはいうものの，最大の犠牲者を出しているなかで，アメリカがIMFや世界銀行に多額の出資を行い，またGATT体制を軌道に乗せるために自国市場を開放していった状況がこれに相当する。アメリカは，安全保障に関しては，西欧でNATOを結成し，多大な軍事費を引き受けるというコスト負担も行った。こうしてできたアメリカによる覇権体制はパクス・アメリカーナとよばれる。

この理論において重要なことは，このような世界秩序が国際公共財と考える点である。公共財とは，道路や公園などであり，維持するためには経費はかかるのだが，誰でも利用できるという財である。

世界秩序を維持するためのコストを覇権国は負担する。覇権国が強力な時，世界は安定するが，覇権国も長年のコスト負担のために次第に疲弊してくる。すると，覇権国は，十分なコスト負担ができなくなる。ちょうど，維持経費が削減されると公園が荒れてくるように，世界秩序も不安定になる。

　公共財の話においては，経費負担をせずに便益にだけあやかるフリーライダーが登場する。このフリーライダーのなかで力を蓄積し，覇権国に挑戦する国がでてくると，そこで覇権戦争が起こる。そして，その結果，新しい覇権国が誕生することがある。そうすると，新・覇権国は新たな覇権秩序を形成する。17世紀以降の近代主権国家システムの歴史はこのサイクルの繰り返しである。具体的には，19世紀の覇権国としてイギリスを想定し，パクス・ブリタニカの時代とする。そして，イギリスの覇権に挑戦したのが，フランスのナポレオンであり，ナポレオン戦争は，覇権国と挑戦国の間の覇権戦争であったとする。第一次，第二次世界大戦はドイツによるイギリスの覇権に対する挑戦である。その結果，新しい覇権国アメリカが登場した。

　覇権安定論に対しては，次のような疑問が提起されている。まず，アメリカの覇権体制において，EUや日本はフリーライダーとして想定されている。確かに，日米安保条約に象徴されるように，できるだけ日本は軍事費の負担を小さく抑え，その分，政府予算を研究・開発のためにつぎ込み，このおかげで日本企業の競争力が伸びたとの解釈はある。しかし，アメリカの冷戦戦略に組み込まれたために，1972年まで日中国交回復がなされず，広大な中国市場を失ったことは，日本の支払ったコストではなかったのだろうか。

　次に，覇権秩序を国際公共財としているが，本当だろうか。たとえば自由貿易体制をとりあげると，これによりもっとも利益を得るのはいうまでもなく最強の貿易立国である覇権国であり，開発途上国にとっては必ずしも有利な体制ではない。

　最後に，覇権国の覇権が衰退しているのか，それともいまだ強力なのか，覇権についてどのように判断するのか，明確な基準が示されていない。古典的リアリズムと同様に，覇権安定論においても，やはり力という概念はあいまいな

まま，残されているのである。その後の論争のなかから，力については，ソフト・パワーという概念が生まれた。これは相手を取りこむ力と定義され，議題設定や思考様式にいかに影響を及ぼすことができるかという能力のことをいい，軍事力や経済力等のハード・パワーと区別される。

リベラリズム

リベラリズムは，国家を中心に世界を見る見方を批判して，非国家アクターに着目する。国際組織が自立的な役割を果たすことや市場における企業のインパクトの大きさを評価し，さらに NGO 等の活動が国際政治に及ぼす影響も重視する。イシュー（問題領域）に関しても，安全保障だけを国際政治の中核事項とみるのではなく，国際経済や貧困，人権，環境などもまた国際関係の重要事項として注目する。

リベラリズムの考え方は多様であるが，単に分析の道具としてだけでなく，いかにして戦争を回避して平和を達成するかという問題にいかなる戦略を示唆しているかという点から整理すると，①制度的アプローチ，②経済的アプローチ，③政治的アプローチの3つに分類することができる。ちなみに，リアリズムは，平和を達成する方法として軍事的・政治的アプローチを示しているといえる。

① 制度的アプローチ──国際統合論と国際レジーム論

国際関係には，世界中央政府のように，警察力などを行使して統治を行う主体は存在しない。その意味で国際関係はアナーキー（無政府＝世界中央政府がない）といわれる。そこで，いわば世界中央政府に少しでも近いものを創ることにより戦争を防止しようという考えに基づき様々な政策が実施されている。

こうした現象について，まず，国家統合という視点から国際関係を考察するアプローチがある。ヨーロッパでは，国家のナショナリズムが戦争を引き起こす大きな要因であったと考え，国家の主権を徐々に国際統合体に移すことで不戦共同体を創設していこうとする基本的な考えがある。そのなかでいかにすれば国家統合を進めることができるかについて理論的に考察したものが国際統合

論とよばれる理論である。国際統合理論では，経済政策での共通政策を進めること，また政策決定での多数決制を導入することを国際統合の2つの基準として設定し，経済統合から政治統合へ進む過程について議論を展開した。

もうひとつは国際レジームに焦点をあてるアプローチである。国際レジームとは，国際社会での取り決めおよびこれを守るための仕組みのことをいい，具体的な例としては，GATT／WTOレジームやIMFレジーム，あるいは核拡散問題についての核拡散防止条約とこれを実施するためのIAEAによる査察体制などを総称したNPTレジームなどがある。リアリストはこうした国際レジームは単に加盟各国の意思が反映される場であるとするが，リベラリストは，こうした国際レジームは国家の行動を拘束するという。そして，現在では，環境問題と開発問題が相互にリンクするようになっており，こうした問題の複合化に応じて，国際環境レジームと国際開発レジームが相互にどのように役割調整を行うかという問題が登場している。

② 経済的アプローチ——国際的相互依存論

人，モノ，金，情報の国境を越えた大量の移動により，国家間には，政府レベルだけでなく，企業レベル，あるいは市民レベルでの相互交流・依存関係が深まる。その結果，両国の間では戦争ができないほど利害関係が緊密になってくる。たとえば，現在，もし日米間で戦争が起これば，日本企業と米国企業双方は大打撃を受ける。このことを考えると，実際には日米間で戦争が起こることは想定できない。こうした状態を複合的相互依存とよぶ。

先進諸国同士の間ではすでにこうした複合的相互依存状況が達成されており，こうした国の間では，安全保障問題が必ずしも最優先の外交課題ではなく，むしろ，貿易や投資問題，あるいは外国人労働者問題などが重要な外交課題となっている。当然のことながら，こうした問題をめぐる交渉では，軍事大国の意見が必ずしも通るわけではない。この点に着目すると，相互依存関係を強化することが軍事力の果たす役割を低下させるのであり，その意味で，経済的相互依存関係の進展は，平和に対する経済的アプローチであるといえる。

③ 政治的アプローチ——デモクラティク・ピース論

　民主主義国が平和愛好的か。この問いについて，研究者は様々な研究を行ってきたが，結論は，民主主義国であっても，戦争に訴えることも決して少なくないということであった。しかし，双方が民主主義国である場合には，そうでない場合と比べ，たとえ深刻な対立が生じても大規模な武力衝突＝戦争に至る確率は低い。これがデモクラティク・ピース論の内容である。ラセットらは19世紀以降の国家間戦争を統計的に分析して，こうした事実を発見している。

　この議論では民主主義として確立した国同士の間では戦争は少ないといっているにすぎないが，民主化を進めることが平和につながるとの誤解が多い。この点について，デモクラティク・ピース論は何も言っていない。むしろ，民主化の過程ではかえって紛争が頻発するとの研究がなされている。

コンストラクティビズムは第三のアプローチ？

　1990年代以降，国際関係理論においてコンストラクティビズム（構成主義）とよばれるアプローチが注目されてきた。これは，アイディア，アイデンティティや歴史認識（あるいは歴史の記憶），あるいは規範などの主観的な要因も国際政治に重大な影響を及ぼすことを主張する。リアリストもリベラリストも，たとえば国益といえば，国家安全保障の確保とか，経済的繁栄であるとか，いわば自明のものとして考えるきらいがあったが，本当にそうだろうか，という疑問をコンストラクティビストは提起するのである。何が国益かは，我々自身の価値観や規範によって形成されるのであり，その意味で変化しうるものだという。

　コンストラクティビストは，国際システムを客観的に存在するものとはみない。むしろ，それぞれの国家が国際システムをどのようなものとして認識しているかによって，国際システムの実体が決まってくるという。すなわち，多くの国が現在の国際システムはこのようなものだと認識しているとき，その共有された認識（間主観＝intersubjectivity）がいわば現実の国際システムとして，各国の行動を制約する。たとえば，冷戦の終結といわれるが，アジアでも冷戦は終結したのだろうか。アジアの国際システムはポスト冷戦システムなのだろう

か。コンストラクティビストは，それは，日本や中国，韓国などの政府なりビジネス・コミュニティなりが，アジアでは冷戦は終結しているとの認識を有しているかどうかによっているという。アジアでも冷戦は終わったとの認識がアジア諸国で共有されているならば，政府もビジネスもそのように行動するのであり，その結果，実際に，アジアではポスト冷戦の国際システムが成立するのである。

　以上のようなコンストラクティビズムの考え方を，第三のアプローチとしてみる見方も1990年代当初は存在したが，現在では，リアリズムおよびリベラリズムと融合することができるものとして理解されている。

理論を現実の問題に応用する

　以下は，国際関係理論の入門科目での試験問題である。

問．あるくにたち居酒屋で

　8月の夕方，くにたちの飲み屋で，阪神タイガースのセリーグ優勝を期待する某教員が大好きなビールを飲んでいた。そこへ，大学で国際関係理論入門科目を履修していると思われる学生3人が入ってきて，いきなり議論を始めた。

A子：北朝鮮の核・ミサイル問題を考えると，日本も，これに対抗できるような軍事的抑止力を充実させることが必要だと思うわ。日本だけでは無理なときは，日米共同で取り組んでいけばよいのではないかしら。

B男：北朝鮮問題は国際社会に対する脅威なのだから，やはり国連とか6カ国会議とか，マルチラテラルな場で討議することが必要だと思う。多国間主義がいいと思う。そして，いきなり軍事的対抗よりもまずは経済制裁から始めればいい。

C子：日本では，拉致問題のために北朝鮮に対する反感はあるけど，そこは冷

静になるべきよ。人道支援から始め，経済協力を強化し，日本と北朝鮮の関係を少しずつ改善する。一見廻り道だけど，これが一番効果的だと思うわ。経済的相互依存関係が強まれば，人の往来も増え，拉致被害者情報もかえってたくさん得られると思う。

　貴君はこの3人の会話にどのようにして加わるか？
　いうまでもなく，A子はリアリストであり，B男とC子はリベラリストである。B男は，制度論の発想が強いのに対して，C子は，経済的アプローチに拠っている。このように，リアリズム，リベラリズムの発想は，国際関係の現実の諸問題について考える際に応用できるものである。
　　　　　　　　　　　　　　　　　　　　　　　　　　　（大芝　亮）

■文献案内■
① ジョージ・F・ケナン，近藤晋一・飯田藤次・有賀貞訳『アメリカ外交50年』岩波書店，2000年。
　＊冷戦時代に，イデオロギーにとらわれた外交ではなく，現実主義的な見方に基づく外交をとるべきであると主張したケナンの考え方が集約されている著作。国際関係における古典の一つ。
② 土山実男『安全保障の国際政治学──焦りと傲り』有斐閣，2004年。
　＊現実主義の視点から，セキュリティ・ディレンマ，抑止，核戦略，同盟などを中心に安全保障問題を論じたもの。
③ 山本吉宣『国際レジームとガバナンス』有斐閣，2008年。
　＊リベラリズムの国際関係理論の中心的概念である国際レジームとガバナンスを中心に，国際関係の理論について理解するうえでの良書。
④ 日本国際政治学会編『日本の国際政治学（全4巻）』有斐閣，近刊予定。
　＊日本国際政治学会の研究者が理論，非国家アクターと新領域，地域研究，歴史研究の4つの領域について執筆した全4巻の著作。現代の日本における国際政治学の水準を示すもの。

第2章　戦争と平和
——伝統的アプローチの今日的意義

佐 藤 丙 午

1　伝統的アプローチと国際政治

　冷戦後の一時期，国際関係論において，アメリカ単極の国際秩序を帝国的秩序と見なすべきか，また二極構造から冷戦の終焉をへて多極システムへと収斂する過程における過渡期的な現象と見なすべきかという議論が見られた。国際社会では，ソ連が崩壊してアメリカの競争相手がいなくなり，各国の軍事費ベースでもアメリカとそれ以下の国家の間に大きな差がつくなど，アメリカのパワーは比類ないものと認識されていた。さらに，アメリカ自身も，過去の帝国とは異なり，領土的野心を持たず，自由主義と資本主義，そして民主主義という普遍的価値を推進するなど，過去に例のない「穏健な帝国」であると自認していた。このような「穏健な帝国」が権力政治の面で挑戦を受ける可能性は少なく，長期間にわたってパワーを維持できるとされていたのである。

　ここで紹介したアメリカの単極構造に関する議論には，国際関係論におけるパワーの意味に関し，2つのインプリケーションが含まれている。第一に，我々は現実を分析する際，過去の議論に修正を加え，またそれまでの解釈を変更しつつ議論を進めるということ，そして第二に，国際秩序におけるパワーの役割に対する信念は揺らいでいないということである。すなわち，戦争と平和をめぐる国際社会の議論の中で，グローバリゼーションや規範論，そして批判理論など，国家とパワーをめぐる関係のパラダイムの変更を前提とする議論の挑戦にもかかわらず，国際社会が採用してきた伝統的な政策手法の意義は揺らいでいないのである。しかし，民主主義平和論に代表されるような国際社会の

新たな理念や規範が，国際政治のダイナミズムに変化をもたらしているのも事実であり，分析の際にはこれら新しい観念が国際関係論に及ぼす影響も視野に入れる必要がある。

　我々が国際社会における戦争と平和の問題を考察する際，伝統的なアプローチに対して様々な疑問が呈されているという事実を踏まえることは重要である。たとえば，国家が国際関係における唯一の主体であるという考えは，民族集団やテロ組織など非国家主体が国際関係に及ぼす影響力を見るとき，もはや分析の唯一の前提とは言えないであろう。また一方で，市場経済を受け入れた民主主義国間には二国間および多国間の安定的平和が維持されており，「新しい中世」圏とも呼ばれる状態が樹立されているとの指摘がある。これら「新しい中世」圏内では，紛争を平和的に処理するメカニズムが構築されており，伝統的な勢力均衡（balance of power）や覇権安定論（hegemonic stability）などの方策によって成り立つ国家間の安定状態とは異なった論理が存在するのであろう。経済問題などで見られる国家間対立が，軍事対立に結びつかない理由の一つはここにある。

　もしこれら認識が，国家間関係に質的な変化をもたらしたと考えるのであれば，伝統的アプローチはすでに国際関係を包括的に説明する能力を失っており，部分的なダイナミズムや現象を解説する中間理論の一部に過ぎないとすることも可能であろう。もしくは，その国家や社会の所属する戦略環境の相違に応じて，適用可能な論理が異なるとしてもよいのかもしれない。このように考えると，これまで伝統的アプローチがよって立った国際関係のパラダイムは，新たな現実の前に常に挑戦を受けており，その今日的および普遍的な意義は継続的に検証される必要があることがわかる。たとえば，伝統的アプローチの中には，これまでの国際関係の中で制度化され，規範化され，もしくは国家の行動の中に内部化されているものも多い。たとえば，平和研究では戦争の破壊性に対する恐怖（認識や規範）と国際法（国連を含む）が戦争の防止に大きな影響力を発揮すると教える。しかし，現実には認識の変化や制度に加え，核兵器の存在が戦争の抑止に果たした役割も大きく，核の有意性を認めた上で，その将来的な

意義を議論する必要があるのである。もっとも、核の有意性と核不拡散の間には相互離反関係が存在し、一つの場面において評価を受けたものが、別の局面でポジティブな評価を受けるとは限らない。

今日の国際社会において、戦争を抑止し、平和と安定をもたらす手段として、国際組織や国際レジーム、あるいは民主主義国家体制の普及などが挙げられている。国際組織や国際レジームは、現実主義（realism）の下で「権力構造の付随的現象」と見なされ、これらを通じた国際協調は大国の便宜を制度的に担保するものとされている。しかし、行動規範や行動規則を保証する制度は、権力政治の変動にもかかわらず、自律的な力を発揮することに加え、権力政治の世界における相互不信や不確実性を軽減する効果を生んでいる。また、国連などに見られるように、国家が制度を通じて行使しうる権力は、必ずしも力の分布を反映するものではない。さらに、民主主義国家体制の普及により、法の形成や執行過程、もしくは政策決定過程の透明化が進み、対立する国家間で意思疎通を図り信頼関係を醸成することが可能である。これらの考えは、グロチウス（Hugo Grotius）やカント（Emanuel Kant）の政治思想に根源を辿ることができるものであり、国際社会の伝統的アプローチの一つと解釈すべきなのである。

本章において国連の役割や可能性、また民主主義平和論に注目する理由として、これらアプローチに対して国家が期待する意義が異なってきているのではないかという問題がある。たとえば、広範な人権侵害が発生している国家や地域に対し、国連では「保護する責任（responsibility to protect）」に象徴されるように、直接国家主権の壁を超えた関与を求める声が上がっている。また、関心を持つ国家が、これら問題を国際社会の平和と安定に対する脅威として、国連の承認の下、直接的に介入しようとする動きも見られる。これに加え、アメリカなどは、民主主義平和論を戦略目標としてとらえ、そのための強制的手段を肯定的にとらえる事例も見られる。ここでは、国家が「積極的平和」状態を創作しようとする意思が働いていると解釈すべきなのであろう。もちろん、強制的手段を採用する時点で、積極的平和にとって矛盾した状況が生まれているとの解釈が存在することにも留意すべきである。

以上の関心の下，本章では戦争と平和に関する伝統的アプローチを再検討し，その今日的意義を考察するものとする。

2　国際関係論と戦争

国際関係論における戦争——分析のレベル（Level of Analysis）と戦争

　国際関係論の教科書では，国際社会を無政府状態（Anarchy）と見なし，そのような状況の下では，人間の邪悪性に起因する権力政治の希求か，無政府性そのものの中にある国家間の利益調和の困難性の存在を，国家間戦争の原因と教えてきた。これらはいずれも現実主義の系譜に立つ議論である。これに対し，リベラリズム（Liberalism）では，戦争の原因を人間の邪悪性や無政府性に依拠するのではなく，国家間の相互不信の根源にある相互の意図の不可知性や誤解にあるとしてきた。これら議論は，国際関係論の歴史の中でしばしば繰り返されてきたものであるが，1980年代以降では新現実主義（neorealism）とネオリベラル制度論（neoliberal institutionalism）の議論の中に示されている。

　上記の議論と対比されるものではないが，戦争と平和に関する議論として教えられるもう一つの議論が分析のレベル（Level of Analysis）である。国際関係論を社会科学の中に位置づける試みの中でシンガー（David Singer）らが提唱した分析のレベルは，本来国際関係論の方法論的な枠組みを示すものであった。その後ウォルツ（Kenneth Waltz）は，分析のレベルを戦争の原因論へと援用し，個人，国家，そしてシステムの3つのレベルでそれぞれ説明を加えている。ウォルツは国際関係論における科学的理論構築の可能性を提起し，その中で戦争の原因を，個人の行動（政治指導者の個性など），国家の行動（国内政治過程など），そしてシステム（パワーの分布など）に分類している。ウォルツは特に第三のレベルである国際システムにおけるパワーの分布の変化に着目し，のちに新現実主義（構造的現実主義：structural realism）の提案へと至る。国際システムの分析は，パックス・ロマーナ（Pax Romana）からパックス・アメリカーナ（Pax Americana）に至る大国の興亡を叙述したケネディ（Paul Kennedy）の研究

などに引き継がれ，国家間のパワーの分布の変化と秩序の変動，そしてそれと戦争の関係に注目が集まったのである。

　戦争と平和の問題を考察する際，ウォルツの3つの分類は議論の整理を円滑にし，分析を加える際の方向性を明確にした。個人に注目するアプローチでは，政治指導者の個人的資質の中に戦争に至った理由を探る。たとえば，政治家の生い立ちや政治信条，さらには個人の病歴に至るまで，決断に影響を及ぼす可能性のすべての要素を検討するのである。国家に注目するアプローチは，政治過程から国内社会状況まで，国家の政策決定の諸要素を検討課題とする。これには，政治体制や政軍関係，また戦略文化などが含まれる。システム分析は，国際社会の極構造と平和や安定との関係を整理するのを容易にした。システム分析の導入により，パワー分布の変化と戦争の発生理由の関係を説明するために介在変数を提示する必要があるが，国際社会を巨視的に分析することを促進した意義は大きい。

　このアプローチでは，それぞれ戦争の原因が異なることに注目すべきである。個人のレベルでは，政治指導者の思想信条に問題があると考えることはすでに述べた。国家のレベルでは，国家間の相互不信や信頼の欠如が，政治システムの中でネガティブに作用するとしている。そして，システムレベルでは，力の変動こそが対立の震源であり，変動を補正する試みの中に紛争の原因が生まれるとしている。

平和研究のアプローチ

　今日の国際社会の下で，人間の安全保障が重要であると指摘されることが多い。国際社会は，システムレベルの戦争（第一次世界大戦や第二次世界大戦など）の抑止のための制度や措置を構築し，戦争の発生を防止してきた。さらに，国家間の共存のルールを定め，新たな規範を構築し，軍事的に均衡を保つ工夫を繰り返してきた。このため，特に冷戦後は，国家間紛争を見ることは少なくなった。今日の国際社会において問題となっているのは，国際テロなどのように，国境を超えた勢力が跳梁するケースや，内戦で国内の諸勢力が武力対立を

引き起こす場合であろう。特に1990年代には，民族紛争や宗教紛争など，国内のガバナンスの欠如に起因する武力対立が頻発した。こう考えると，20世紀の二度の悲惨な体験を経て，国際社会はシステムレベルと国家レベルにおいて，戦争の発生を抑制する方策を見出したともいえる。そして，今日安全保障上の課題となっているのが，国境内で引き起こされる紛争に対する国際社会の関与のあり方なのである。

　この問題に対処する際の基本的アプローチは，権力政治に着目するのではなく，諸国家の国民の規範意識の変更による権力政治の論理を転換することにより，国際社会の平和と安定を実現するべきとするアプローチと同じである。平和研究においては，国家ではなく「市民」を分析の中心において，コミュニティの暴力を除去することを主張してきた。今日の国際関係論における奇妙な現象は，従来権力政治を唱えてきた集団と絶対的平和を提唱する集団が，ともに人間の安全保障が重要であるとしている点である。もちろん，そのアプローチには大きな差が存在するが，これまで対立的な概念と捉えられてきたアプローチに近似性があることに注目すべきであろう。

3　同盟と勢力均衡の世界
　　——19世紀の国際政治と国家安全保障の成立

勢力均衡と権力政治

　国際秩序の基本原理を国家理性に委ねるのは，国際社会がキリスト教世界に限定されていた時に可能であった措置であり，国際社会が非キリスト教世界に拡大すると共に，別の秩序原理が必要となっていった。その中で，ウェストファリア体制の確立とともに成立していった国家を基盤とし，諸国間の権力配分の均衡状態が安定をもたらすという考えは，今日に至るまで受け継がれてきた。特に，モーゲンソー（Hans Morgenthou）やキッシンジャー（Henry Kissinger）のような現実主義者は，勢力均衡を安定と秩序の源泉と主張してきた。

　しかし，近代国際関係における勢力均衡の歴史は，一面，戦争の連続でもあった。19世紀のウィーン体制は多国間勢力均衡システムの代表例としてあげ

られるが，ドイツの台頭やオーストリア＝ハンガリー帝国の衰退による秩序の変動を調整することができなかった。また，第一次世界大戦後に国際連盟の下で構築された集団的安全保障の枠組みや軍縮などの措置も，その原因として他に様々な理由があるにせよ第二次世界大戦の勃発を防止できなかったことにも注目すべきである。すなわち，勢力均衡も，またそれを代替すべく考案された各種措置も，戦争を防止することができなかったのである。

ここで明らかなことは，勢力均衡システムは本質的に2つの課題を抱えているということである。国家のパワーは変動するが，それに対応した均衡システムの構築は自動的に行われるのではなく，国家間で何らかの調整作業を必要とするということである。戦争や同盟形成はその作業の一つであり，秩序が不安定から安定へと移行するプロセスに見られる付帯現象といえる。もちろん，同盟形成において，それが対抗的（均衡を目指すものなのか）なものか，それとも便乗的なものなのかを区別して考察する必要がある。いずれにせよ，そこには，戦争を回避するための秩序を構築するために戦争が必要となるという，一見矛盾した状況が生まれる。

第二の課題は，既存の均衡を維持する上で，その現状維持国（status quo power）は秩序への挑戦者を常に抑制し，懲罰する必要があるということである。秩序への挑戦の切迫度はアプリオリに規定されているものではなく，必ずしも常に適切な措置が取られるわけではない。そこには，対応の失敗も含まれていることを念頭に置くべきであろう。たとえば，1930年代のナチス・ドイツに対してイギリスが主導した宥和（appeasement）政策は，この代表例としてあげられることが多い。

19世紀の古典外交と第一次世界大戦——同盟と勢力均衡の破綻

ここで，勢力均衡の動態の一例として，19世紀の欧州の秩序と第一次世界大戦を見ていきたい。

ナポレオン戦争後の欧州の国際秩序を構想する際，列強諸国はフランスを秩序参画に復帰させ，イギリス，フランス，プロシア，ロシア，オーストリアの

5大国（列強）による秩序維持を構想した。ここに構築されたウィーン体制は，その体制内に東方王室を中心とした神聖同盟（正統主義）抱えるなど，近代から現代へと移行する際の時代の矛盾までをも内包するものであった。しかし，自由主義やナショナリズムといった，現代では正当性を持つ規範とされる諸運動の挑戦を受けつつ，少なくともクリミア戦争まで維持された（第一次世界大戦に至るまで100年近く維持されたとの評価もある）。

クリミア戦争以後ウィーン体制が崩壊していったとされる理由は，ロシアのバルカン半島進出を警戒したオーストリアが神聖同盟を離れ，勢力均衡を図る政策に走ったためとする見方が強い。この政策の結果，中東欧州に醸成されていた，王室相互の友愛の精神の下で成り立っていた秩序は崩壊し，各国は権力政治に基づいた勢力均衡と，国民の間に広がる自由主義とナショナリズムの要求とに挟撃されることになる。スラブ・ナショナリズムの台頭に直面していたオーストリアは，1867年にハンガリーの独立運動に押され，オーストリア＝ハンガリーの二重帝国を受け入れることになった。さらに，バルカン半島でのスラブ・ナショナリズムの台頭により，20世紀に入り，特にロシアの影響力の拡大に直面することになる。

ウィーン体制の下での国際秩序は，多極構造の下での勢力均衡の手本とされる。実際，ウィーン体制の下に公式な国際組織は存在せず，当初は列強の間に存在する暗黙の秩序意識の下，個別の争点に対して便宜的な組み合わせで対処することで，事態に柔軟に対処していったとされる。しかし，この体制の下で実践されていた政策面での柔軟性は，ドイツの統一以降失われていった。この影響を受け，欧州における対立の構図を決定的にしたのは，フランスによる英仏協商と仏露同盟の締結であろう。これら枠組みを構築する上で，関係国内で共同防衛の発動条件と内容が合意され，同盟に対する信頼性は高まり，フランスが単独でドイツの台頭に対処するという意味での「見捨てられる」恐怖は払拭された。英露もその後協商関係を構築したが，これは同時に，各国がこの構図の下でドイツとの戦争に「巻き込まれる」蓋然性も高まったのである。

同盟を締結し，その協力の具体的内容に合意し，なおかつ軍事的な相互依存

関係を強めると，特に同盟に依存する国において自国の安全保障への安心感が生じることは間違いない。これは，今日の日米安保体制においても該当するであろう。しかし，同盟への過度の依存は外交政策上の柔軟性を失わせると同時に，自国の安全に対する安心感から，積極的かつ冒険主義的な政策を採用する政治的余裕が生じる。勢力均衡による安定的な秩序は，各国の柔軟性を前提としており，同盟の硬直性が高まると，緊張関係が増してゆくことを念頭に置くべきであろう。日米同盟においても，共通の脅威が明確でない状態下で同盟強化を進める場合，他国や国際組織との戦略関係を開放的に保たない限り，対中同盟に固定化してゆく危険性があると指摘されるのはこのためである。

ウィルソン大統領と勢力均衡論

20世紀初頭に至る欧州の現実に対し，欧州の伝統的なアプローチを超克する新規な手法を導入したのがアメリカであり，それを主導したのがウッドロー・ウィルソン（Woodrow Wilson）大統領である。ウィルソン大統領が第一次世界大戦に参戦する際に米国民を説得したロジックは，「すべての戦争を終えるための戦争（war to end all wars）」という非常に新奇なものであり，14カ条（Fourteen Points）の項目を戦争目的として掲げるなど，それまでの戦争の伝統にはない手法を導入している。ウィルソン大統領の掲げたロジックは，欧州の国際政治への関与に消極的な米国民を鼓舞・動員する上で必要な演出であったし，14カ条宣言についても，当時のアメリカの利益を反映させる手段としての意味があったことは否定できない。しかし，14カ条目に書かれた「国の大小を問わず，政治的独立と領土統一を相互に保証しあうことを目的に」国際会議を開催するという項目が，その後の国際秩序を大きく変えることになる。そして，国際連盟の失敗を経て，この原則は国際連合の中で結実することになった。

国の大小にかかわらず，それぞれが政治的独立と領土統一の権利を有するということは，領域性としての国家の自律的な存続が，国際秩序形成において正統な規範と定義されたことを意味する。そして，もし民族集団や宗教集団が国家という法的地位を獲得した場合，その存続が国際法の下に承認されるため，

国家の歴史とともに存在してきた領域の拡大・縮小という現象のうち，国家の分裂及び縮小という基調を定着させる効果を生むことになったのである。この現象は冷戦後に顕著であり，カナダにおけるケベック州の独立投票，エリトリアの独立，中台対立，そしてソ連の解体（CIS諸国の編成と分裂）など，既存の国家を分裂させる動きに列挙の暇はない。これを反映して国連加盟国は増加する一方であり，たとえ欧州がEU統合に向けて動いているとしても，各国がEUに代表権を任ねる動きはない。そして，この現象は，我々が今日使用する政治的言語の中にも忠実に反映されている。たとえば，東ティモールの独立は民族自決と称えられるが，その逆は，抑圧や「呑み込まれる」などネガティブな用語が使用されていることからも明らかであろう。

　しかし，それぞれの国家が国際法上の地位を獲得することは，権力政治における覇権の獲得や帝国主義における拡張政策の意味に再検討を強いることにつながる。たとえば，攻撃的現実主義（offensive realism）を主張するミアシャイマー（John Mearsheimer）は，国家が拡張主義的政策をとる理由を，国際関係の不確実性や軍事面での攻撃の優位性などとしているが，拡張主義が法的に正当と認知されない手段である場合，拡張目的で攻撃を加えることは不法な侵略となる。たとえ，国家関係の予測可能性が低く，攻撃的な兵器体系を備えていたとしても，領土的な拡張政策が採用される蓋然性が低い場合，国家は相手国の意思や能力をどれだけ警戒すべきものなのであろうか。もちろん，国境に挟まれた資源問題や未帰属の島嶼をめぐる対立が，国家間の全面対立に至る可能性は否定できないが，現在の国際社会においては，そのような対立においても平和的に紛争処理が行われるメカニズムを構築しているのである。

　そしてここに，国際社会は既に勢力均衡や権力政治ではなく，国際組織や国際法をもって秩序形成を補完，もしくは代替させているという主張に現実味が加わるのである。

4 国際組織と平和
—— 集団的安全保障と集団的自衛権

国際連盟と国際連合

端的に言えば，国際連盟と国際連合は，加盟国の集合的な行動によって，国際社会の平和と安定を実現することを目的に創設された組織である。

現実主義の立場から見た場合，国際連盟と国際連合は類似した構造を持っている。ともに大国を中心とした少数の常任理事国に特別待遇を与え，それと並列して，総会では国の大小とは無関係に平等な地位を与えている。連盟と連合の一番の差は，国際連合の安全保障理事会の常任理事国に採決における拒否権を与えていることである。冷戦期において国連の機能喪失の元凶とされた拒否権は，国際秩序構築において大国の利益や意見が必ず反映されるための措置であり，秩序維持の観点からは容認すべきものなのかもしれない。しばしば制度的平等性と実質的平等性の乖離を説明するときに国連安保理の拒否権問題が取り上げられるが，これは国際政治の面からは必要な妥協であるといえよう。

このように，国連には毀誉褒貶がある。しかし，そこには構造的な要因があると見るべきである。そもそも，制度や機構を通じて国際社会の平和と安定を図る試みは，現実主義とリベラリズムの区別なく支持を集めてきた。現実主義において，国家が安全保障上の脅威に直面し，それに独力で対処できない場合は同盟を組むことで，対抗的，もしくは便乗的に対処すると説明している。これに対し，リベラリズムは国際組織を抑止と対処の枠組みにとどまらず，国家間の相互不信や不確実性までも緩和し，国際協調を進める上で重要な構成要素と位置づけていた。

同盟は，複数の国家が共同行動を盟約することで抑止と対処の枠組みを構築する行為であり，権力政治の下での自助の体系を前提として国際組織に第二義的な役割しか期待しない現実主義においても，安全保障上の目的のために制度構築を否定するものではない。通常の安全保障同盟では参加国が限定される閉鎖的な措置であるのに対し，国連などの国際組織は普遍化を体現することで権

威が高まるため、多数の関与が望ましいとされる。しかし、一般的に国際組織において、参加国数と組織の有効性は反比例の関係にあり、参加国の増加が著しい今日、ますます機能不全が進むことに対する懸念が指摘されている。

しかし、上記の懸念があるにもかかわらず、冷戦後の国際社会において、国連の権威は徐々に高まり、アメリカでさえも国連の決議が欠如した状態の下での武力行使は困難になっている。1991年の湾岸戦争の際に第41代ブッシュ政権が提唱した新世界秩序（New World Order）では、国連は参加国の行動の正当性を承認することが期待されていた。しかしその反面、国連の権威をささえる実効力は、アメリカなどの大国が国連の平和維持活動等に関与しているにもかかわらず、下がっているのも事実である。この原因の一つには、国際社会の利害関係が複雑化したことで、各国の合意を取り付けることが難しくなったことがある。これに加え、国連などの国際組織がアプリオリに抱える課題の存在もある。たとえば、国際連盟と国際連合における執行力の限界の原因として、無政府状態の国際社会の下で約束順守の規範が希薄ゆえの規定遵守問題、さらに行動規範を柔軟に改変できず、規則が形骸化してしまうという問題、そして規則解釈に関する法的管轄権を持つ機関による仲裁が期待できない問題が指摘されることが多い。

このため、今後国連などの国際組織に対して何を期待すべきなのかという議論は尽きないのであろう。しかし、たとえば、国際連盟や国際連合などの国際組織に期待するのは、抑止と対処の枠組みを強化することなのか、それとも対立の緩和を促進するフォーラムの機能なのか、もしくは新たな規範を創造して各国を主導する存在なのか、などの問いは容易に結論が出るものではない。むしろ、このように果たすべき役割に対して複数の期待が併存しているところに、国際組織に対する評価の難しさがあると理解すべきである。

集団的安全保障と集団的自衛権

国連憲章の下で、国連安保理が発動できる強制措置を伴う平和維持機能は、第7章に基づく経済制裁（憲章第41条では「兵力の使用を伴わないいかなる措置」、

「経済関係及び鉄道，航海，航空，郵便，電信，無線通信その他の運輸通信の手段の全部又は一部の中断並びに外交関係の断絶を含む」とある）と，第41条で目的を達することができなかった場合に採用できる軍事制裁（第42条では「国際の平和及び安全の維持又は回復に必要な空軍，海軍または陸軍の行動」「国際連合加盟国の空軍，海軍又は陸軍による示威，封鎖その他の行動を含む」）である。

　第41条に基づいた国連軍は，これまで朝鮮戦争の時の一度しか編成されていないが，国連安全保障理事会が平和に対する脅威，平和の破壊又は侵略行為の存在を認めた場合，集団的安全保障に基づいた国連軍が編成され，紛争原因に対処することになっている。しかし，冷戦期においては米ソの対立ゆえに，また冷戦後においても安保理内の対立を回避することを目的に，国連軍の設置は見送られてきた。2003年のイラク戦争においても，国連決議に基づく有志連合が戦争を遂行したのであり，議論の最中に国連安保理の常任理事国が米英とそれ以外に意見が割れた事実を見ると，国連の創造者たちが想定したような集団的安全保障の実現を期待するのが難しいことがわかる。

　このため，各国は安全保障政策において個別的自衛権と集団的自衛権への依存を強めることになる。国連憲章第51条では，「国際連合加盟国に対して武力攻撃が発生した場合には，安全保障理事会が国際の平和及び安全の維持に必要な措置をとるまでの間」に個別および集団的自衛権の固有の権利を行使することを禁止しないとしている（事後に国連安保理に報告することが求められている）。この原則を補強するように，国連憲章第8章では国連の目的及び原則と一致することを条件に，地域的取り決めによる対処を歓迎している。冷戦期の北大西洋条約機構（NATO）やワルシャワ条約機構（WPO），そして日米安全保障条約なども，国連憲章に基づく平和措置を補完するものであり，その枠内で行使が許された集団的自衛権のための取り決めである。集団的自衛権の行使については，共同防衛や共同作戦行動などから，2003年のイラク戦争の際のNATOで見られたように，戦闘機の領空通過の許諾などもこの枠内で実施される。

　先にあげた事情により，見通す限りの将来，国際社会の平和と安定を維持する上で，当初想定されたような形で集団的安全保障措置が，機能する可能性は

第2章　戦争と平和

少ないであろう。しかし，機能することが期待できる地域的取組みの多くは，その対象地域が限定されており，紛争のすべてに対応することは想定されていない。必然的に，国連にも地域的取り決めでもカバーされない場所が存在することになる。もし，アメリカの単独行動主義を肯定的に評価するとすれば，国際社会から取り残された地域の問題に対処する上で，既存の秩序維持に利益を持つ主導国による秩序回復措置ととることもできる。このように考えると，アメリカの行動は国連の機能の補完措置と見なすこともできるのである。近年NATOがアフガニスタンで国家建設任務に関与しており，これに対しても同様の評価を下すことができるのかもしれない。

国連の平和維持機能と平和作戦

　国連憲章の下で，実際的に平和維持機能を果たしてきたのが「国際連合平和維持活動（PKO）」である。国連憲章には，PKOに係る規定はなく，UNEF Iを創設した際のハマショールド事務総長は国連憲章第6章（紛争の平和的解決）と第7章（平和執行）からこの措置を導き出した。国連PKO実施に当たっては，①停戦合意の存在，②当事国の同意，③中立性・公平性，④武器の使用の制限（自衛の場合のみ）という4つの原則が慣行として確立している。その活動内容としては，当初より実施されてきた平和維持軍（PKF）による停戦監視・兵力引き離しや停戦監視団による停戦監視に加え，近年は文民による停戦監視，人権監視，復興支援，そして組織・制度構築などの行政支援活動も実施されるようになった。

　国連PKOは，国家間の紛争の再発防止を目的としているため，国内の人権侵害や内戦の調停・仲介を効果的に実施することができない。また，ルワンダの虐殺やソマリアで話題になったように，国連の授権の下に行われる活動は，事前にその内容が決められており，現地の状況の変化に十分に対応できない面がある。これは，国連PKOが国家主権と内政不干渉の原則を前提として構築されており，なおかつ国内反対勢力や非国家主体等の活動を制圧する権限を与えられていないためである。また，国連PKOは持続可能な和平枠組みの構築

に関与することを求められていないため、平和定着を図る上で重大な欠点があると指摘されている。

　直面する課題に対し、伝統的な国連PKO活動には、2つの方向で改革が進められている。1つは、ボスニア内戦に派遣された国連保護隊が安全地帯の確保を追加任務で付与されたように、活動の中で必要な措置を漸進的に加えていくものである。第二に、人権規範の普遍化に対応するために、活動原則を根本的に改革し、当初より強制機能を発揮することを要請するものである。これら改革は、国連の平和維持活動の包括的な見直しを通じて公式化されていくことになる。2000年に設置された国連平和活動パネルの報告書（ブラヒミ報告）以降、累次にわたる検討が実施され、2004年12月に提出された将来の平和と安全への脅威に対処するため国連の在り方を包括的に見直す「有識者によるハイレベル委員会」の提言により、紛争後から開発に至る包括的アプローチを助言する平和構築委員会の設立、文民警察の常設的初期展開能力の創設、AU等地域機関との協力、PKO要員による性的搾取・虐待問題への対処への重要性などが合意されている。さらに、現在これらの検討の結果、今後対処すべき6つの課題（教訓、複合的PKO、緊急展開、訓練、服務規律問題、地域の平和維持能力〔とりわけアフリカ〕）が提案され、その後、毎年検討が重ねられている。

　国連PKOに対する期待は大きいが、現在変容の最中にあり、今後の展開に注目すべきであろう。

5　「核の均衡」と冷たい平和

核戦略と国際政治

　核兵器に対する嫌悪感を無視し、その兵器としての能力や派生現象を見るとき、この兵器が平和（消極的平和）と国際秩序の安定にもたらした効果を評価せざるを得ないであろう。冷戦に代表される二極システムは、国際関係論では相互の利害得失が明白であるために本質的には不安定とされる。しかし、冷戦期には、度重なる危機や各地で発生した代理戦争にもかかわらず、米ソ両陣

営を中心とした核戦争の危機に対する恐怖から，秩序を安定化させることを選択した。そこには，核の時代においてはたとえ敵対国との間においても，協調的に安全管理を実施することが重要であるとの規範が存在したのである。

しかし，核兵器を保有することで抑止効果が高まり，結果的に自身の安全が確保されるという論理は，1990年代に核保有を希求する国々が採用した論理でもあった。たとえばインドとパキスタンは，相手の核保有を理由に核開発を推進し，北朝鮮は対米交渉力を確保するために核兵器がどれだけ重要であるかを非常によく理解していた。セーガン（Scott Sagan）は，国家が核兵器を取得する動機について，非核兵器国が核兵器国の軍事的脅威を認識している場合，国家の力を誇示することで国内向けの引き締めを図る場合，地域覇権の獲得，そして産業界の要請を挙げている。いずれの動機に基づくものにせよ，冷戦後の核開発の事例からは，各国が核兵器の持つ背景には，必ずしも戦争遂行（war-fighting）ではなく，むしろ抑止効果に対する期待があるように見える。

しかし，パキスタンや北朝鮮など，核兵器の開発を進める国家が，周辺国との間に，もしくはアメリカとの関係において冷戦期の米ソ間に成立していた相互確証破壊（MAD）体制の構築を目指しているというわけではない。新興の核兵器保有国は，その兵器の規模や性能においてアメリカの兵器体系に劣り，また核保有に触発された周辺国との間で核競争が発生しているわけでもない。したがって今日の国際社会には，グローバルなレベルで核戦略を推進する核兵器国と，個別の争点で核兵器の影響力を使用して政治的利益の実現を目指す，いわば戦略目的実現のために核兵器を利用する意思を持つ国が共存している状態にあることを理解する必要がある。

この状態は，第二次世界大戦後に核兵器が戦略の中心に据えられるようになって以降の特異な進展と見なすべきであろう。核兵器の使用が国家及び人類に及ぼす破滅的な効果を考えたとき，核抑止が成立している限り，各国は今後，ナポレオンの戦略や第一次世界大戦の際に採用されたドイツのシュリーフェン計画（Schlieffen Plan）のように，急襲による短期的な勝利を成功させることは困難である。これは，核によらない抑止力を考えても該当するであろう。国家

間戦争が困難になってゆくとともに，国際社会において，抑止力を強化し，それを安定させるための方策が重要とみなされるようになっていったのである。しかし，核兵器を政治目的を実現する手段の一つと見なす新興核兵器保有国の存在は，核戦略の中心である抑止の意義を再検討する必要を生むことになる。

核兵器の役割——冷たい平和の論理

　核兵器と国際政治に関わる問題を考察する上で，核抑止がどのような条件の下に成立しているかを検証する必要がある。20世紀の国際政治では，核保有が米ソ及び一部の国家のみに限定されていたため，核抑止は相互確証破壊を確実に実現することで成立させることができた。そもそも抑止とは，一方が相手勢力に対して受忍不可能な損害を確実に与える能力を保有することが引き起こす効果である。この効果は，一方が，相手勢力が攻撃する意図を事前に知っており，それに対する反撃の信頼性と蓋然性が高い場合，相手国が戦略を検討する際に重要な要素となる。抑止には懲罰的抑止（deterrence by punishment）と拒否的抑止（deterrence by denial）があり，前者は反撃の確実性を重視するもので，後者は相手の攻撃を無力化することを重視するものである。このような抑止が成立することは，これまでも知られた事実であった。しかし，核兵器の登場とともに，国際社会の関心はこれらを組み合わせ，いかに効果的な核抑止を確立するかという問題へと集中していったのである。

　モーガン（Patrick M. Morgan）は，核抑止の成立する条件として，激烈な紛争，合理性の存在，報復力の存在，受忍不可能な損害に関する認識，攻撃の信頼性，そして安定性に対する認識の一致を挙げている。これらは，抑止論の理論的な可能性を説明するものであり，戦略レベルにおいてこれらの条件をすべて満たすような状況が存在したかどうかという問題を説明するものではない。それゆえ，核抑止の意義について様々な議論が繰り広げられている。たとえば，核抑止論の非道徳性や政治的限界（政治家の判断の失敗や冒険主義的な行動等）を指摘し，核兵器によらない安全を求めるべきとする立場や，対価値攻撃（counter-value）を可能とする核保有量で十分とする最小限抑止論などが存在している。

さらに，通常兵器を含めた戦争遂行能力（先制攻撃能力，対軍事打撃力，投射能力の保護など）を重視する主張も存在した。さらに，米ソの核戦略では，紛争の初期段階より核兵器の応酬を前提とするのではなく，核抑止を効果的に機能させる上で紛争がどのように拡大し，それをどのように管理するかという問題も重視されていたのである。

非対称な抑止と核兵器の今後

1990年代に，冷戦の終焉に対して核兵器がどれだけの意義を持ったのかという議論が行われた。また，核の保有量は過剰であったのかどうか，また核兵器は大国に相互抑制を迫るという理論的説明は正確だったのかなど，今日においてもなお，冷戦期の核抑止の意義について再検討が進められている。これら議論は歴史研究の再検証を必要とするものであり，早期に結論を見ることはないであろう。しかし，もし核拡散の脅威に直面する今日国際社会のために，早急に結論を出す必要がある問題があるとすれば，米ソの「核の均衡による平和」が我々が直面する大量破壊兵器（WMD）の脅威に対して応用可能かどうかということであろう。換言すれば，冷戦期の核抑止と今日のそれとは，質的にまったく異なったものであるのかどうかである。

この問題は3つの方向で議論する必要がある。第一に，21世紀の国際社会において，政策的に核抑止による安定を必要とするような政治対立が存在するかどうかである。もちろん，発展目覚ましい中国を新たな脅威と主張する集団は存在する。しかし，民主主義と市場経済を取り込みつつ地域覇権国への道をたどりつつある中国が，短中期的に冷戦期のソ連のような，体制や国家の生存を左右する脅威へと変貌する蓋然性については疑問が呈されているのも事実である。また，ロシアが再び大国への道をたどる可能性や，中ロを含めた反アメリカ連合が組織される可能性，そして文明の衝突の顕現などは否定できないが，これもまた政治対立から軍事対立へと向かう道筋を明確に描くことはできていない。

第二の議論は，テロ集団や非国家主体など，領域国家を基本としない脅威に

対して核抑止は成立するかどうかである。第43代大統領ブッシュが2002年9月に発表した国家安全保障戦略（National Security Strategy of the United States）では，それら新たな脅威に対して従来の核抑止は効果的ではないとしている。アメリカは核態勢の見直しを行い，核の投射手段ではなく，攻撃手段（核および非核），防衛手段（受動防衛，能動防衛など），防衛インフラという新たなトライアド（三本柱）を重視する方向へ向かうとしている。そして，第三の議論では，脅威の質の変貌が指摘されている。ブッシュ政権の安保戦略に限らず，安全保障論では非国家主体などの新たな脅威に対して核抑止が効果あるかどうか議論が進められている。これは一面，地域的な平和と安定を乱す従来型の脅威と核兵器が結びつくことに対し，どのように対処するかという問題である。そこでは，第一義的には国連や外交手段が活用されるのであろうが，それら平和的手段が脅威を有効に防止できなかった場合，通常兵器や核兵器を含む各種軍事手段の活用が検討されることになるであろう。そこでは，対処方法の検討の中で破壊力の小さい小型核兵器の開発や，非核兵器国に対する消極的安全確証（negative security assurance）の見直しが進められるのであろう。

　これら状況に対し，核兵器が使用される可能性が高まるという評価と，通常兵力による戦争遂行によって対処されるために核の使用に至らないのではないかという評価がある。いずれにせよ，核兵器国がNPTの規定にある核軍縮の義務を果たさないことが，核兵器の使用に対する各国の不信感を高め，核拡散を招いているという批判があるのは事実であり，これが，今後の議論の動向をみる上で一つのポイントになるのではないであろうか。

6　対テロ戦争と国際安全保障
　　——伝統的アプローチの復権？

　本章では，勢力均衡，国際組織を通じた多国間による平和と安全の維持，そして核兵器の役割について検討した。これら政策手段は，いずれも国際社会の平和と安定を高める上でプラスの評価とマイナスの評価がある。これら政策手段を分析する場合，新たな戦略環境や国際社会の規範の下で，今後どれだけの

有意性を持つのかを検討する必要がある。

　新たな戦略環境を考察する際，アメリカの単極システムが崩壊しつつあると指摘される中で，国際協力を可能にする規範の基盤は何かをみる必要がある。1970年代の米国の覇権の後退期においては，西側諸国による自由主義社会の維持が規範として確立し，陣営内の国際協調が進んだ。今日の国際社会の下で，グローバルな安全保障共同体意識や民主主義平和論が国際協調の基盤となるのであろうか。その場合，伝統的アプローチに関する国際関係論の主説は維持されるのであろうか。

　さらに，我々は国家主権の変容や国境を超えた脅威の存在を前提とした国際社会の新たな規範を考察する必要がある。たとえば環境問題への国際社会の対応などを考察する際，国家システムの下で，国際社会に共通する安全保障課題に取り組む必要が生まれている。しかし，それら課題への対処においては，それぞれの国家の能力に依存する現実は変わっていない。国家というシステムは，どれだけこのギャップに耐えることができるのであろうか。換言すると，国家の枠組みの意義が変化している中で，国家主権の強化によってしか対処の枠組みがない現実に対し，国際社会はどのような答えを出すべきなのであろうか。

　伝統的アプローチの今日的有意性を考察する場合，これらの問題を検討しなければいけない。特に，国家の役割の変化については，様々な分野で指摘されている問題でもあり，国際関係論の発展を考える上で重要な論点であり続けるであろう。

■文献案内■

① 石井修『国際政治史としての20世紀』有信堂，2000年。
　＊19世紀末の国際情勢から冷戦の終焉に至るまで，国際政治史上の重要な問題を包括的に解説している。事実関係から，その経緯，そしてその後の政治過程に与えた意味までも簡潔にまとめられており，歴史と政治の相互作用が理解できる。
② 鈴木基史『平和と安全保障』東京大学出版会，2007年。
　＊国際関係論の諸理論を利用し，国際社会の安定的平和の実現を図る上で，権力，制度，そして自由と民主主義の３つの分野で考えられる措置の理論的可能性を評

価したもの。理論の発展可能性にも言及されており，学問的動向も把握できる。
③ 田中明彦『新しい中世』日本経済新報社，1996年。
 ＊国際システムの変化を大局的に論じ，グローバル社会では統一的権威は確立しつつあるが，統合権力は成立していないとする現状分析を踏まえ，西欧や日本を中心とした「新しい中世」圏を中心に，階層構造の国際システム観を提示した。
④ Kohane, Robert O., *After Hegemony : Cooperation and Discord in the World, Political Economy* Princeton University Press, 1984（ロバート・コヘイン著，石黒馨・小林誠訳『覇権後の国際政治経済学』晃洋書房，1998年）。
 ＊米国の覇権後退が指摘されていた1970年代後半，主に国際通商や金融の分野で国際協調体制が出現した理由を国際関係の理論で説明した。覇権国不在の下でも国際協調の可能性があることは，現実主義の理論的発展を促すものであった。
⑤ Mearsheimer, John J., *The Tragedy of Great Power Politics*, New York : W.W. Norton, 2001（ジョン・J・ミアシャイマー著，奥山真司訳『大国政治の悲劇――米中は必ず衝突する！』五月書房，2007年）。
 ＊近代の国際関係史を振り返り，大国間の対立の要因を攻撃的現実主義の立場から解説したものである。本書では，大国による支配的な影響力の希求が，構造的に戦争の可能性を高めると指摘している。
⑥ Nye, Joseph S., Jr., *Understanding International Conflicts : An Introduction to Theory and History*, 7 th., New York : Longman Pub Group, 2008（ジョセフ・ナイ著，田中明彦・村田晃嗣訳『国際紛争――理論と歴史』原書6版（有斐閣，2007年）。
 ＊国際紛争の発生する理由を，国際関係論を用いて説明している。1994年に初版が発表された同書は，理論の発展史を現実の事例に当てはめて解説しており，国際関係論および安全保障論の基礎的な学習に最適なものである。
⑦ Kissinger, Henry, *Diplomacy*, New York : Simon & Schuster, 1994（ヘンリー・キッシンジャー著，岡崎久彦監訳『外交（上・下）』日本経済新聞社，1996年）。
 ＊外交史の研究者の立場から，リシリューやビスマルクから今日に至る国際政治史において各国の外交が果たした意義と意味を分析したものである。為政者がこれまで国際秩序の維持にいかに腐心してきたかを知ることができる。

第3章 新しい戦争・正しい戦争

秋山信将

1 冷戦後の国際安全保障における「新しい」脅威

　冷戦が終わり，世界は米ソ両国による大量の核攻撃の応酬による破滅の危機から解放された。一方，民族や宗教，社会・経済的な利害の対立などに根差した地域紛争や内戦が頻発するようになった。ストックホルム国際平和研究所の統計（SIPRI Yearbook 2007）によれば，冷戦の終焉（1990年）から，2006年までの間に発生した武力紛争は，57件で，そのうち，国家間での武力紛争は，4件（イラク・クウェート戦争，インド・パキスタン紛争，エチオピア・エリトリア紛争，アメリカ・イラク戦争）にすぎない。このような国内での紛争は，たとえば，ソマリアにおける国家の破たん，ルワンダでのフツ族によるツチ族の虐殺，旧ユーゴスラビア（旧ユーゴ）の解体に伴う内戦などに見られるように，政府の正当性や当事者能力が失われ，主権国家の領土の一体性が失われ，往々にして一般市民に対する虐殺などの著しい人権の侵害や，戦乱を避ける大量の避難民の発生などの人道的危機を伴う。

　そうした経験を経て，伝統的な国家間の安全保障の枠組みではとらえきれない問題，すなわち，難民，迫害や虐殺などの人権侵害，環境，感染症といった保健衛生，飢餓などをいわゆる「人間の安全保障」の問題と定義し，人間一人ひとりの生存が脅かされることが国際社会の秩序の維持や安定に対する脅威となるという考え方が定着してきた。紛争における難民・国内避難民の保護・帰還や被災者に対する人道支援など，国境を超えて弱者を「保護する責任」の必要性について，共通の認識が高まりつつある。

著しい人権侵害や人道的危機への対処は，人道支援のような非軍事的な措置のみでそれが可能になるわけではない。今起きている著しい人権侵害や人道的危機を終息させるために武力による介入を行うべきであるという議論も高まっている。1999年，ユーゴスラビア共和国（以下，ユーゴ）コソボ自治州のアルバニア系住民を，セルビア人系治安組織による迫害から救う目的で，北大西洋条約機構（NATO）軍はユーゴの首都ベオグラードを爆撃した。これは，事前の国連安保理決議による承認を得た武力行使ではなく，国際法の観点からは反対論も根強いが，その一方で著しい人権侵害と人道的危機から人々を救うための「人道的介入」であり政治的，道徳的に見れば「正しい」戦争である，との主張もある。

　また，2001年9月11日に発生したアメリカ同時多発テロをはじめ，バリ島，マドリード，ロンドンなど，テロリストによる一般市民を標的とする攻撃が増加している。9.11同時多発テロは，約3000人という市民（非戦闘員）の犠牲者の数もさることながら，テロリストが民間旅客機を乗っ取り，それを武器に変えてワールド・トレードセンターや国防総省に突入するという，まったく新しい手法の攻撃として世界中に衝撃を与えた。もはや，テロリズムは公共の安全を脅かす「犯罪」というより，国際の平和と秩序を脅かす「安全保障」上の脅威として認識されるようになった。

　この9.11同時多発テロを引き起こしたイスラム原理主義グループ「アル・カーイダ」は，アフガニスタンにおいてその統治が破たんしたともいえるタリバン政権の庇護の下（アル・カーイダもまたタリバン政権には様々な形で協力を提供した）で，イスラム原理主義を媒介とし，またグローバリゼーションの流れに乗って，世界各地にネットワークを構築してきた。

　テロリスト・グループのような非国家主体や「ならず者国家」は，アメリカなどから，従来の主権国家間の安全保障に対する考え方とは異なる価値観を持ち，従来の軍事力による抑止が効力を持たない「非対称な脅威」とみられるようになった。こうした新しい脅威に対しアメリカは，自衛のための先制行動も辞さないこと，大量破壊兵器の拡散とこれらのアクターとの結びつきが大きな

脅威を構成すること，民主化を促進し，「ならず者国家」については「レジーム・チェンジ（体制変更）」も辞さないこと，などを特徴とする，いわゆる「ブッシュ・ドクトリン」と呼ばれる，新しい国防戦略を打ち出した。2003年の対イラク戦争は，まさにこのドクトリンを体現する（しかしその正当性については議論の余地がある）武力行使のあり方を提示したともいえる。

このように，安全保障の脅威が多様化する中で，従来の主権国家間の戦争を想定したような戦争観や戦争をめぐる道義性・正当性の解釈は，変容を迫られている。

2　「新しい戦争」の特徴

国家による組織的暴力独占の終焉

戦争とは元来，①国家による，②政治的目的をもった，③戦闘による暴力のやり取りを意味し，それによって国際社会の平和と安全が脅かされる状態を指していた。組織的暴力の独占は，近代の主権国家の成立と主権国家によって構成される国際社会のあり方と密接に関連していた。

しかし，近年平和に対する脅威と見られる事態には，これらの要件に合致しないものが増加している。たとえば，テロリズムは，非国家主体による市民を対象にした無差別攻撃であるし，また，内戦型紛争においては，国家間ではなく，政府対民兵組織，あるいは，異なる民族組織同士の間で戦闘が交わされ，そこでは国家は戦争の主要なアクターではない場合も多い。戦争の動機についてみると，国家の生存以外の，たとえば国家内部における異なる民族間の権力闘争や，帰属をめぐる争いであったり，あるいは国境を越えた民族的宗教的共鳴やリンケージといった，「アイデンティティの政治」が重要性を高めた。また，政治的な主張を掲げつつも身代金目的で政治とは無関係の人々の誘拐を重ねる「民族組織」や「テロ組織」も存在する。

そして，暴力の形態についても従来の国家間の戦争とは異なる。たとえばテロリズムは，テロリストによる政治家や市民に対する一方的な破壊活動であり，

それに対処する側（正規軍や警察など）の持つ暴力装置とは形態が異なる。テロリストと国家（軍）の間には，対称的な暴力の交換は存在しない。テロリズムは，従来の戦争のように暴力の行使によって直接その目的を達成することはない。テロリストにとって暴力は恐怖心を与える道具であり，その恐怖心によって他者の意思を曲げることでその目的が達せられるのである。そして，その暴力の対象となるのは，テロリストたちが敵と認識している者だけではない。無辜の市民であってもその恐怖の犠牲となりうるのである。

　これらの現象は，国家が正規の暴力を独占し，そうした暴力の独占が国際秩序を形成する時代からの変化と，その中での国家というアクターの「相対化」を意味する。また，「戦争」の主体として，国家と非国家主体の垣根が低くなり，同時に，戦争と「犯罪」の垣根があいまいになっていることを示している。これはまた，こうした活動を取り締まる側の認識にも変化をもたらした。テロリズムとは元来「犯罪」であって「戦争」ではない。本来ならば警察力によって対処すべき公共安全・治安の問題であるが，ジョージ・W・ブッシュ (George W. Bush) 大統領の「テロとの戦い (War on Terrorism)」は，テロリズム（とりわけ，アル・カーイダのような国際テロリズム）を最大の脅威と位置づけ，軍事力によって対処すべき安全保障上の問題であるとの立場を鮮明にした（ブッシュ大統領は，2001年9月20日，上下両院合同会議で，テロリストをナチズム，ファシズム，全体主義の継承者と位置づけ，テロとの戦いは，文明の戦いであり，「進歩，多元主義，寛容，自由を信じるすべてのもの」の戦い，つまり世界の戦いであると述べた）。テロとの戦いは，単にアメリカだけの戦争でなく，世界共通の敵であるテロリストに対する世界全体の戦争であるとの認識を示したのである。

グローバリゼーションの中の紛争，紛争のグローバリゼーション
　グローバリゼーションとは，ヒト，モノ，カネ，そして情報の国境を越えた交流が拡大すること，そして交流のレベルの高度化や高速化が非常な勢いで進んでいくことである。このグローバリゼーションは，戦争・紛争のあり方にも大きな影響を与えている。

第3章 新しい戦争・正しい戦争

　戦争の「新しさ」の形態の一つとして，グローバル化した経済と戦争とのリンケージがあげられる。ダイヤモンドや金，プラチナなどの貴金属や産業的に価値の高いレアメタルから，武器や麻薬・大麻のような不法薬物や，はては人間に至るまで，さままざまな「財」がグローバルなネットワークを通じて取引されている。そしてそのような取引は，非合法な犯罪組織がトランスナショナルなネットワークを通じて媒介する場合が多い。さらに，こうした非合法な取引で獲得された資金が，内戦の当事者やテロリスト組織へと流入し，彼らの活動を支える資金源となっている。また，高度にグローバル化した金融システムを通じて不法な取引によって獲得した資金を運用したり，マネーロンダリングを行って資金を隠匿するといったことも行われている。

　また，民族紛争（内戦）のグローバリゼーション，すなわち内戦に関与するアクターのグローバリゼーションも起きている。旧ユーゴスラビア（以下，旧ユーゴ）の解体の過程で発生した内戦は，そうした特徴を顕著に表している。旧ユーゴにおける紛争は，セルビア人勢力，クロアチア人勢力，ボスニア人勢力による，それぞれのエスニシティ，もしくはナショナリズムをむき出しにした内戦であったが，それぞれの勢力は独力で戦っていたわけではない。むしろ，各勢力とも国外に住むそれぞれの民族出身者とのトランスナショナルな支援のネットワークを構築していた。たとえば，クロアチア人勢力は，ドイツに住むクロアチア系移民からの資金提供や，ドイツ政府への承認の働きかけなどの支援を得ていたし，ムスリム系のボスニア人勢力には，イスラム諸国からの義勇兵が参加していた。また，ボスニア人勢力は，「戦争代理店」と揶揄されるようなパブリック・ディプロマシー（イメージ戦略）を担当する企業と契約し，様々なメディアを通じて国際世論，特に米国の世論の支持を獲得しようとした。そして言うまでもなく，内戦を終息に向かわせるべく関与したのは，国連や欧州連合（EU），NATOといった国際組織であった。

　しかし，こうした現象はグローバリゼーションの影響の表層的な部分であって，社会の深層への影響も見逃せない。市場経済や民主主義といった今日のグローバリゼーションを支える価値が，その導入がうまくいかなかったことで逆

に社会的なつながりの弱体化や異なる社会集団（民族集団）の間の亀裂を拡大する要因となる危険性もある。社会的セーフティネットが未整備のままに市場経済を導入したことによる格差と貧困層の拡大によって社会不安や不満が高まれば、排他的な民族主義的主張の受け入れられる余地が拡大し、国家内部の秩序は不安定化して紛争へと発展する。国内において存在する紛争の原因、あるいは対立する集団の間の境界を構成する、民族や社会階級、宗教、権力関係といった社会的、経済的な亀裂が国境を越える形で形成され、時には増幅される。グローバリゼーションとは、カルドー（Mary Kaldor）の言うように、国内外の様々なアクターや要因の統合と包摂のプロセスであると同時に、分裂と排他主義のプロセスでもあるといえよう。

3　相対化される「善」

　民族や宗教の差異（アイデンティティ）という排他的な価値観同士の間で戦争が行われる場合、普遍的と考えられるような価値（たとえば、人権や人道主義）であっても、規範としては絶対的ではない。また、アイデンティティをめぐる争いの場合、どちらかが一方的に悪で、どちらかが完全に善であると言い切れない場合がよくある。紛争当事者のどちらにも紛争の原因や不法行為が存在する場合が少なくない。たとえば、コソボにおいて迫害されていたアルバニア系住民は、NATOによる空爆終了後、セルビア系住民に対する報復ともとれるような迫害を行っていたことが報告されている。また、ムスリム系住民やロマ人にも被害が出たという。すなわち、人権侵害から保護されるべき人々が、立場を逆転し人権侵害を行う側に回ってしまったのである。

　また、アイデンティティを拠り所に動員をかけて集団を形成し、戦争を遂行する場合、兵士と民間人の区別は限りなく曖昧になる。たとえば、イスラム過激派による自爆テロの実行犯が、ごく普通の学生であることは珍しくないし、過激派の兵士は戦闘がないときには一般市民と一緒に同じ生活をしている。また、スーダンのダルフールで活動する反政府勢力のグループは生活共同体でも

あり、そこでは子供から老人までが兵士たちと行動を共にする。軍事と非軍事の日常の境界が極めて不明瞭な状況である。とすると、たとえば、アフガニスタンやイラクなどにおいて米軍を中心とした有志連合が「テロとの戦争」を戦うとして、誰がその戦争における「敵」となるのか、明確ではない。兵士と民間人の区別が曖昧なことで、戦争中の行為の正しさ (jus in bello〔後述〕) の絶対的な基準を決めるのも困難になる。

著しい人権侵害や人道的危機に武力をもって人道的介入を実施する場合、人権や人道以外の諸価値との間で摩擦が発生する可能性がある。国連憲章などで定められ、これまでの国際秩序を規定してきた重要な価値である、武力行使の原則的禁止や主権尊重・内政不干渉の原則と、人権の尊重や人道主義はどのような関係にあるのか。また、武力介入を実施すれば、戦争とは無関係な民間人を巻き込んだ、二次的被害 (collateral damage) を発生させるかもしれない。すなわち、武力による人道的介入には、国際法の下での合法性や二次的被害を恐れて「人道的被害を看過する不正義」と、武力介入によって「二次的被害や国際秩序の規範を侵犯する不正義」という2つの正・不正のあり方がある。そのような状況においては、介入という行為に「絶対的な善」を見出し、主張することは難しいであろう。

その他、たとえばコソボにおける住民の迫害という人道危機 (国家ではなく人々の安全の危機) への対処として NATO 軍が250キロも離れた首都ベオグラードを空爆したことに対しては、目的と手段の合致に対するかどうかの疑問がある。またアフガン戦争のようにアル・カーイダというテロリスト・ネットワーク (非国家主体) に対して国家の伝統的な軍事力によって対処し、攻撃の対象として、アル・カーイダを匿ったとされる主権国家 (タリバン政権) をも含むという非対称な戦争のあり方についてもその合目的性や合理性にまったく疑問なしとは言えない。

戦争の「新しい」担い手

「新しい戦争」とは、その形態が新しいというだけでなく、従来の戦争には

見られなかったアクターの登場という点でも新しいといえよう。戦争の主体として，民族や部族集団，そしてテロリスト集団が注目を浴びるようになったことは先に述べたとおりだが，それに加え，「有志連合」という，国連や同盟などとは異なる，新しい形態の国際社会による紛争介入の主体や，民間軍事会社（PMC：Private Military Company）という武力行使の担い手が登場した。

　「有志連合」とは，「ある特定の具体的な課題（タスク）に対処するために，それに賛同し（意思を持ち），能力を持つ国々が参加する（アドホックな）連合」である（山本吉宜『「帝国」の国際政治学』東信堂，2006年，322-323頁）。国連や地域機構のような集団安全保障体制や，集団的自衛権の行使の形態としての同盟とは異質の国際社会による武力行使の形態である。

　1990年の湾岸戦争においては，国連安保理決議678による授権の下で30カ国以上の国が参加して「多国籍軍」が構成された。国連というもっともグローバルな組織による権限を付与される一方，正規の手続きを経た国連軍の派遣には現実的に困難が伴うため，自発的な意志によって，多様な形で協力を申し出た有志国の間でアメリカの主導により多国籍軍を構成し，事態に対処することが，効果的かつ迅速な対処を可能にすると考えられた。

　アフガニスタン戦争，イラク戦争においても，実際に軍事行動を起こしたのは，国連が組織した国連軍でも，PKOでもなく，世界各国が自発的に協力して兵力を拠出した，アメリカが主導する「有志連合」と呼ばれる多国籍軍であった。これは，国連憲章にある集団安全保障体制が機能する可能性が小さいこと，国連のメカニズムによる対処には，それが実施に移されるまでに時間がかかることなどから，近年よく使われるようになっている国際的な介入の形態である。

　また，アフガニスタン戦争やイラク戦争においては，PMCが脚光を浴びている。PMCは，紛争・戦闘地域に派遣され，戦闘をはじめ，兵站業務，訓練，機材の整備や供給，要人の警備などの業務を実施し，正規軍の支援を行う企業である。PMCの活動が目立つようになった背景には，正規軍の運用に比べて低コストで効率よく作戦が実施できるというコストパフォーマンスの高さや，

PMC の人員が「戦死」したとしても公式の戦死者にカウントされず，その数値を抑制することにより世論の批判をかわすことができるなど，PMC を使う側のメリットが指摘される。その一方，PMC は戦時国際法上の地位が不明確であり，ジュネーブ条約の適用外にあることから戦争犯罪的な行為の取り締まりが困難になる恐れや，逆に PMC 側が捕らわれた場合に捕虜として適正な扱いを受けられないなどの問題点も指摘される。

4 正しい戦争

「正しい戦争」の基準とは

このような「新しい戦争」に直面した国際社会は，著しい人権侵害や人道的危機を生じさせる内戦やテロリズム，テロリズムを支援する国家などに対してどう対処するのかについて，冷戦期以前とは異なる考え方を取るようになってきている。特に武力行使のあり方については，国際法の観点からの合法性，国連安保理の授権，政治的・道徳的正当性，手段の正当性など様々な側面において，その変化が見て取れる。

しかし，はたして「正しい戦争」はあるのか，もし「正しい戦争」があるとして，それはいったいどんな戦争なのか，また誰にとって正しいのだろうか。

戦争（武力行使）が正当であったかどうかを判断するには，戦争の目的の正当性（*jus ad bellum*），戦争中の行為の正当性（あるいは合法性，*jus in bello*，いわゆる戦時国際法），それに，武力行使の結果の正当性（*jus post bellum*）の3点から判断する必要があろう。*Jus in bello* は，どのような手段によって戦争を遂行するのが適法か，どのような行為が許容されるのかを定める法のことで，戦争の非人道性を軽減し，また手段を制限することにより戦争被害を縮小させることを意図した。*Jus ad bellum* は，一般的に戦争，もしくは武力介入が，その動機，原因において正当性があるかどうかを明らかにする法である。*Jus post bellum* は，戦争の結果として人道的目的が達成され，正当性が確保されていることであり，付け加えるならば戦争の遂行についての説明責任も含まれる。

そして,「本来ならば」これらの正当性が正当な手続きをもって認定される必要がある。

「正戦論」の系譜

「正戦」とは,一方が正しく,他方が不正であると決めることができる戦争である。正戦論は,古くはアウグスティヌスにさかのぼるが,近代の国際秩序確立期の17世紀に「国際法の父」といわれるグロティウスは,『戦争と平和の法』において戦争の正当原因（*justa causa*）を,「自衛」,「権利の回復」,「刑罰」の3つとした。そこでは,人類の共同の利益に反する不正な行いに対する「刑罰」（あるいは懲罰）として武力を行使することが正当性をもつとされ,またそのために人道的介入も正当化された。

その後近代欧州において主権国家を単位とする国際関係が確立されてくると,主権国家平等原則から,国家主権行使の究極の形態としての戦争には,その原因からは正・不正の判断をつけることはできないという考え方が主流になった。その議論では,もし正当な形式を踏んで戦争が開始された場合,当事国にはどちらの側にも国際法上の権利は維持される（「無差別戦争論」）。そこでは,正しい戦争と不正な戦争の区別は,その原因においては成り立たないため,*jus in bello* が戦争を規制する主たる法の考え方であった。したがって,近代国際法が戦争の規制において交戦規定たる戦時国際法の分野で発展を遂げていったのは自然の成り行きであった（ハーグ陸戦条約,捕虜等の取り扱いを定めたジュネーブ条約など）。

その後,19世紀から20世紀にかけて,再び国際の平和や正義という価値が戦争の正・不正の判断に入ってくるようになった。1914年に始まった第一次世界大戦は,欧州をはじめ各国に戦争による人道的被害の悲惨さを印象づけ,戦争における行為の正・不正ではなく,戦争という行為そのものを防止しない限りそのような人道的惨禍や人権侵害は免れられないとの認識を深めた。1917年,アメリカの第一次大戦参戦を表明する議会演説でウッドロー・ウィルソン（Woodrow Wilson）大統領は,アメリカの参戦は,報復が目的なのではなく自

己中心的で独裁的な勢力から平和と正義の原則を擁護するためであり，善悪の基準は各国とその国民によって守られるべき時代の始まりにいると述べ，正しい戦争であることを強調した。第一次大戦後に設立された国際連盟はこの思想の流れを引き継ぐ。

そして，連合国側がドイツや日本などに対する制裁として遂行した第二次世界大戦の後，両国の「戦争犯罪」を裁いたニュルンベルグ国際軍事裁判および東京極東軍事裁判は，自衛のための戦争と侵略のための戦争を区別し，後者を不正な戦争としてその遂行の責任者を処罰した（これらの裁判の手続き等の適正をめぐる問題についてはここではふれない）。そして国際連合はその憲章の中で，（国家間の関係のみならず）国際秩序の維持を重視する観点から，武力行使を原則的に禁止する一方で，その例外として自衛権の行使（憲章51条）と，国連による集団安全保障の強制措置（憲章39条）をさだめ，武力行使に正・不正の区別があることを明確にした。その後今日に至るまで，とりわけ冷戦後，破たん国家内での内戦やテロリズムなど，従来の戦争をめぐる国際法では必ずしも明確に想定されていない事態が国際秩序の維持にとって重大な要因として浮上してくる中で，この「自衛」と「平和に対する脅威，平和の破壊及び侵略行為」を誰がどのように認定するかをめぐって様々な議論が繰り広げられた。

戦争（武力介入）の「合法性」をめぐって

国連憲章第2条4項において，国際関係における武力の行使と武力による威嚇が禁止され，また，他国の「領土保全または政治的独立」が保障されている。武力の行使が許されるのは，国連憲章第51条にある，武力攻撃が生じた場合に国連が必要な措置を取るまでの間の緊急避難としての個別的，集団的自衛権の行使および「平和に対する脅威，平和の破壊及び侵略行為」に対しては武力の行使を含む措置を取る場合のみであるとされている。また，1970年の国連総会決議2625（「友好関係原則宣言」）は，武力行使の禁止と他国に対する介入の禁止を謳っている。

しかし，こうした武力行使禁止の原則に対しては，冷戦期の米ソの対立に

よって国連の集団安全保障体制が機能不全に陥る中で，国際社会の対応が問われる事態が発生した。米ソの協調も可能になった冷戦後になっても，国連憲章の想定する集団安全保障体制は，その制度設計のとおりに機能することはなく，むしろ，国際政治の実態の変化に，武力行使の正当性を担保する手続き的規範となるべき国際法の武力行使禁止の原則の解釈が伴っていないことで，加盟国単独あるいは複数による武力介入の正当性の議論をめぐって混乱が生じているようにもみえる。

　たしかに，国連憲章の条文の解釈に照らせば加盟国単独あるいは複数による武力介入は違法であるとの解釈に疑問がないように見える。しかしその一方で，国連憲章第2条7項では，前段で国内管轄権内にある事項に干渉する権限を国連に与えるものではないと述べながらも，後段ではその原則が第7章に基づく強制措置の適用を妨げるものではないとし，国内管轄権内にある事項であっても平和に対する脅威や破壊に該当するならば，国内への武力行使も可能であると読むこともできる。

　また国連憲章第51条に規定された自衛権の発動要件としての「武力攻撃が発生した場合」の解釈をめぐっては，慣習国際法の解釈から，現実に武力攻撃による侵害が起きた場合だけでなく，明白かつ現実の危険（急迫不正の侵害）が差し迫っている場合においても自衛権の発動は認められる（先制行動，preemptive strike）。しかし，2003年に始まったアメリカ軍を中心とした多国籍軍によるイラクのサダム・フセイン政権打倒の軍事行動には，はたしてそのような「明白かつ現実の危険」が存在していたのか。この武力行使の理由は，サダム・フセイン政権が大量破壊兵器を獲得したり，テロリストを支援し，あるいは他国やテロリストに対して大量破壊兵器を譲り渡すことを阻止することであったが，これが自衛権発動の要件である急迫不正の侵害にあたるのか疑問である。もしそうでないとすれば，イラク戦争は予防戦争（preventive war）であり，それを許容するとすれば武力行使禁止の原則の境界線は限りなく曖昧になる。ただし，それに対する反論としては，そのような危険があるとわかっていて，その危険が顕在化するまで座して待つしか方法はないのか，また，危険が顕在化してか

ら対処する方がより犠牲は大きいのではないか，との議論がある。

　では，テロリストのような非国家主体やテロリストを支援する国家を対象にした自衛権の行使はどうであろうか。9.11同時多発テロは，それまで最大でも数百人規模であった被害者の数が，約3000人ともいわれる大規模なものになったことで，「テロ」の概念を変えてしまうような事件であった。その後ブッシュ大統領が「テロとの戦い（war on terrorism）」を宣言したが，まさに9.11同時多発テロの政治的衝撃は「戦争」並みであったといってよい。この事件を受けてアメリカは，アフガニスタンのタリバン政権の庇護下にあるアル・カーイダに対して攻撃を実施した。このアメリカの攻撃は，自衛権の行使とされ，また米国を支援するNATO軍も，域外にあるアフガニスタンの攻撃に際して，第5条にある自衛権を発動した。また，国連安保理の決議1368と1373でも，「テロ攻撃を国際の平和と安全に対する脅威と」認定し，個別的または集団的自衛権を認めた。

　国連憲章第51条には，「武力攻撃」が発生した場合，安保理が国際の平和と安全の維持に必要な措置を取るまでの間，自衛権を行使できるとある。「武力攻撃」とは，1986年の国際司法裁判所によるニカラグア事件判決によれば，「武力行使」のもっとも重大な形態であり，他のより重大ではない形態の「武力行使」，つまり「武力攻撃に至らざる武力行使」とは区別されるべきとされる。テロの場合，低強度紛争として武力攻撃とはみなされないとされるが，アメリカはこれに対して自衛権の発動を「武力攻撃が発生した場合」に限定しない立場を表明してきた。また，テロリストを匿ったり支援したりする国に対する武力攻撃についても，従来の法解釈に従えば，テロ支援国家の行為は「武力攻撃に至らざる武力行使」の範疇に留まるのであって，自衛権行使の対象ではない。ところが，アメリカによるアフガニスタン攻撃は，国連安保理をはじめ国際社会から追認され，大きな異論を唱えられることはなかったのである。

　これはどのように理解すべきか。国際法の解釈とは別に，国際法の「執行」の側面や，武力行使の政治的・道徳的な実態面から，武力介入を論じてみる必要がでてくるであろう。

政治的・道徳的観点からみた「正しい戦争」

　国際社会が長い時間をかけて醸成してきた，主権国家間の内政不干渉の原則と，20世紀に入って以降高まった民族自決権の論理によって，国家間の紛争はある程度抑制され，国際社会の平和が維持されてきたといえよう（ただし，こうした原則の解釈に国家の都合による恣意性があったことは否めない）。しかし，これらの原則は同時に，権威主義体制や独裁政権などによる反体制派に対する人権侵害や国内の少数派に対する非人道的な扱いを許してきた一因にもなっている。あるいは，国家の統治体制が崩壊し，政府が機能しない中でいくつかの集団が紛争を繰り広げるような破たん国家においては，紛争によって一般の人々が生命や生活を脅かされる人権侵害の状況が発生していることもある。

　また，アイデンティティをめぐる内戦の場合，どちらかの勢力が一方的に不正義であると決めつけることはできない。少なくとも当事者にとっては，自らに正義があると信じる状況というものが存在する可能性は十分にある。たとえば，民族自決権に基づく解放・独立闘争（これは必ずしも冷戦後の新しい問題ではなく，戦後アフリカやアジア諸国が独立を果たす中で何度か問題になった）を，既存の国家の秩序を脅かす不正な戦争であると言い切ることは難しい。そして，解放闘争の手法として，ゲリラ活動やテロが使用されることも否定できない。これらは伝統的な戦時国際法の観点からは違法とみなされるであろう（ただし，民族解放闘争の場合には，捕虜となった場合などに人道的扱いを受ける権利を失われないということを規定するジュネーブ条約の追加議定書がある）。これだけ見てみても，当事者間で「正しい戦争」を判断するかがいかに難しいかわかる。

　したがって，国際社会がそのような内戦に介入する際の正当性をめぐる議論はより複雑なものとならざるを得ない。介入に反対する議論としては，先にみたような従来の国際法解釈に従うべきという立場があり，また暴力による介入は暴力の連鎖を生むことになるので，いかなる場合にも武力介入はすべきでないという絶対的平和主義に立脚する姿勢，あるいは，介入することによって介入する側が得られる利益はないという国益論などがある。国家主権を尊重する立場からの議論は，次のように展開する。そもそも国際法における主権尊重，

内政不干渉の原則というのは，主権国家の間での紛争なき共存を目指すことが予定されているのであり，主権国家の性質までは立ち入らない。したがって，独裁政権や権威主義体制によって主権国家が支配されていたとしても，主権国家間の関係に影響が及ばない限りそれは他国の干渉すべき事柄ではない。つまり，この考え方に立脚すれば，国家の性質は国際秩序の維持には原則的には無関係であるともいえる。

　しかし，虐殺などの著しい人権の侵害や，避難民の大量発生などの人道的危機を座視して良いのか，という道徳的議論からの反論は有力である。しかも，著しい人権侵害や人道的危機を看過することは，国際人権規約や世界人権宣言などによって確立されてきた人権・人道規範への国際的約束と矛盾するのではないか。近年の国際社会における「人間の安全保障」論や「保護する責任」論などの高まりの中で，人道主義，人権の尊重，あるいはそれらの侵害が国際の平和と安全に対する脅威，すなわち国際秩序に対する脅威を構成するという解釈は，人道的危機に対する国連安保理決議でも見られるようになっている。

　旧ユーゴスラビア紛争への介入を例に「主権侵害」について考えてみたい。我々は，介入というと，国連や多国籍軍，同盟などによる軍事介入を想起しがちであるが，前節でも述べたように，現代の国内紛争は，多様なメカニズムでグローバリゼーションの中に巻き込まれており，また，紛争のプレーヤーも，必ずしも国内の民族・宗教グループだけとは限らない。たとえば，ボスニアにおいては，紛争を激化させた要因として，ボスニア国内の各民族グループは国外の勢力からの支援（セルビア人勢力へのユーゴスラビア軍，ムスリム勢力へのトルコ，サウジアラビアなどの義勇兵の関与「より不正」な介入）があげられる。国連による介入以前に，民族同士の争いがまさに海外の勢力を巻き込んでトランスナショナルな「新しい戦争」となっている状況においては，ボスニアという国家が主権国家として尊重，保全されるべき存在であることをやめたとみなすこともできる。もしそうだとすれば，国際法の伝統的な主権主義による人道的介入批判が妥当かどうか検討の余地がある。むしろ，そのようなグローバル化した「新しい戦争」においては，主権尊重のみが「正義」を定義する要素であり続

けることには無理があると言わざるを得ない。介入の不正義を主張し，主権を尊重し，それで国家間関係は維持されるとしても，不正な介入を受け入れ，人権侵害や人道的危機のような「人間の安全保障」が脅かされている内戦国家の状態は解決されえないのである。

　ただし，人権や人道といった普遍性の主張に，恣意性が入ってくる恐れがないとはいえない。難民の自国内への流入を防止する「人道的封じ込め」の要素やパワー・ポリティクス的な動機（隣国での紛争が自国へと波及することに対する自衛権を理由とした介入），国益に直結しない事案における不介入（ダブル・スタンダードの問題），あるいは，介入の動機と手段のギャップ（地上における個人個人の人権が侵害されている状況に対して，空爆という制裁的な手段をもって侵害をやめさせるのは，はたして人権と人道主義に照らして最適な手段であったのかというような議論）などは，こうした恣意性の問題をはらむ。また，著しい人権侵害や人道的危機を放置していた国家の政府を打倒し，その後に民主的な政府の樹立を支援する際に，そのような政府が実際に当該国の国民による民主的な手続きを経て樹立されるのかどうか。また，当該国の国民はどのようにそれを受け入れるのか。もしその国民が受け入れないとしたら，それはいかに民主主義を標榜する政府であっても，非民主的な手続きによる政府の樹立という矛盾が生じることになる。

　人道的介入をめぐるもっとも重大な論点は，「人道的危機（それは往々にして虐殺などの多くの者にとっての生命の危機を意味する）を止めるために武力行使は許されるのか」という点であるが，その点については，1990年代になって国連安保理は，国内の紛争や著しい人権の侵害の状況に対して「国際の平和と安全に対する脅威」，つまり，国連憲章第39条の「平和に対する脅威，平和の破壊又は侵略の行為」を認定するようになった。これは，人権擁護や人道主義といった普遍的価値が，国連憲章第2条第7項にある，国内管轄権内にある事項に対しては干渉を行わないとする規定を超越し得ることを意味する。1990年の湾岸戦争時のイラクの侵略に関する決議（安保理決議660）やイラクからの難民流出に関する決議（同688），ソマリアに関する安保理決議（同733および794, 1992

年），ボスニア（同770,1992年），ルワンダ（同918,1994年），東ティモール（同1264,1999年）などがこれに該当する。たとえば，ルワンダに関する安保理決議918（1994年）では，ルワンダにおいて広範かつはなはだしい国際人道法違反があり，ある特定のエスニック・グループを壊滅させる意図をもってそのグループのメンバーを殺すことは，国際法のもとで処罰されるべき犯罪を構成するとし，この状況を国際の平和と安全に対する脅威と認定している。

　NATOがコソボへの空爆を実施する際，イギリスのトニー・ブレア（Tony Blair）首相（当時）は，1999年4月のシカゴでの講演で「これは，領土的野心ではなく，価値に基づく正戦」であり，「悪の独裁者」をこのままのさばらせておけば，後になって彼を止めようとしたらより多くの血や愛すべき人たちを失うことになる，と述べた。つまり，正戦には，悪者を放置することで将来直面するであろう不正義を防止することも含まれるということになる。ブレア首相の演説は，介入する不正義（武力不行使，主権尊重の原則の侵害や，不正義を取り除くのに付随して発生する民間人の犠牲者やインフラの破壊，環境問題などの「二次的被害」の発生）と，介入しない不正義（人権侵害や人道的危機を見逃す）を比較し，後者をより問題視する考え方を表している。

アメリカの「新しい戦争」——あいまいな武力攻撃正当化の論理

　9.11同時多発テロから1年後の2002年9月，ブッシュ大統領は『米国の国家安全保障戦略』を発表した。この文書は，「ならず者国家」やテロリストが，その破壊力ではソ連に及ばないものの，その性質や動機，それにいったん大量破壊兵器をもてばそれを使用する可能性が高いことで今日の安全保障環境をより複雑かつ危険なものにしている，と述べ，また，これらの敵には，通常の抑止は効果がないと分析する。

　そのため，こうした新しい敵が持つ能力や目的に合わせて，差し迫った脅威の概念を改める必要があり，また，脅威が大きければ大きいほど行動を起こさないことのリスクも大きくなるがゆえに，これまでも国際法によって認められてきた先制行動を取る必要があり，さらに，敵がいつどこを攻撃するのか不確

実であったとしても，自らの防衛のためには予防的な行動をとらざるを得ない場合もある，とする。

　このいわゆる「ブッシュ・ドクトリン」に規定された先制行動は，従来，攻撃準備中など差し迫った攻撃の危機（「急迫不正の侵害」もしくは「明白かつ現実の危険」）が存在する場合に許されると解釈されているが，2003年に大量破壊兵器を開発しているという疑惑を理由に開始されたイラクへの武力攻撃では，はたしてそのような「明白かつ現実の危険」が存在していたのか疑問であり，結果論ではあるが，イラクにそのような大量破壊兵器開発の事実は存在していなかった（それに対しては，サダム・フセイン大統領自身が，あたかも大量破壊兵器計画があるかのように振舞って国際社会に錯誤を生じさせたのだ，という反論もある）。

　さらに言えば，大量破壊兵器保有の疑惑（罪）と，「レジーム・チェンジ」の強制という懲罰との比例性（proportionality）が取れているのかという疑問もあるし，また，はたして武力攻撃以外の選択肢はなかったのかという疑問もある。フランスなどは，アメリカが武力行使に踏み切る前には「査察の継続」という選択肢を挙げており，また国連監視検証査察委員会（UNMOVIC）のブリクス（Hans Blix）委員長も，査察を継続すれば大量破壊兵器計画が存在しなかったことは明らかになったであろうと懐述する。

　むしろ，そこにはアメリカによる人道目的以外の利益への考慮が働いてはいなかったか。石油資源の安定供給や，中東地域の安定のためといった政治的な国益（この場合，同盟国なども含まれるであろう）に基づく思惑が隠されてはいなかっただろうか。国民（自国軍の兵士）の生命を危険にさらす以上，いかなる戦争であっても戦争と国益の配慮は切り離すことはできない，というリアル・ポリティクスの議論はもっともである。しかし，そうだとすると，人権や人道という普遍的な価値の正当性のレトリックを限定的な受益者のために消費することになるし，戦争の目的の正しさ（*jus ad bellum*）とは矛盾する。

5 今後の課題
――「正しさ」をいかに確保していくか

　国際社会が，内戦のように国内の秩序の問題を国際社会平和や国際秩序に密接にかかわる問題として認めるようになれば，国内秩序の安定化のために民主主義を導入する必要性や人権の尊重を理由にした介入についても認められるというのは，その論理だけとって見れば近年の人道主義や「人間の安全保障」の高まりの中では政治的・道徳的には合理的である。しかし，その実施方法についてはより慎重を期さなければならない。民主主義や人権が普遍的な価値であるとしても，その具体的に意味するところについては必ずしも普遍的な合意があるわけではない。このような状況において民主主義や人権を理由にした介入を認めてしまえば，大国による恣意的な武力介入や内政干渉を容認してしまいかねない。

　国際的な規範が未成立のまま，武力による介入が行われるという状況は，多くの場合に武力介入の決定や実行を主導することが想定される大国，とりわけ冷戦後唯一の超大国となったアメリカにとっても結果的に好ましくない結果を招く可能性もある。国連安保理決議という正当化の手続きを踏まずに自ら正・不正を判断してそれに対する懲罰を行えば，①戦後アメリカ自らが築き上げ，その権力の基盤としてきたリベラルな国際秩序を破壊し，アメリカの権力の正統性が失われる，②国際社会がコンセンサスあるいはそれに近い形で平和に対する脅威や平和の破壊を認定する作業の欠如は，善悪の価値判断を相対化させ，その中でアメリカに対抗する勢力が力を得る，③アメリカの恣意的な判断によって懲罰の実施・不実施が決められることはないのか，もしあるとすればそれはダブル・スタンダードの批判を免れない，などの状況が発生することが考えられる。このような危険にもかかわらず戦争を遂行しようとすれば，「永遠平和のための永遠戦争」（ゴア・ヴィダル）を戦わざるを得なくなるであろう。イラクにおける膠着状態は，まさにこのような状況に陥る現実の危険を示唆している。

しかし，ここで留意しなくてはいけないのは，不正義を正す側の武力行使における正当性の問題だけでなく，不正義の状態をいかに是正していくのかについても同時に考えていく必要があるということである。たとえば，イラクの場合，国連安保理決議1441によってイラクがそれまでの安保理決議を履行してこなかった状態にあることを確認しているが，それに対し国連や国連加盟国は何らそれを是正するような措置について定められなかった。決議違反に対して何ら是正措置が取られない，もしくは，そうした措置の決定・不決定が国連安保理の裁量下にあるとするならば，それは厳密には法現象とは言い難いとの議論もありえる。そして，現実において現行の法解釈を超越したところで武力介入が検討され実施されているとしたら，むしろ国際法，政治的・道徳的議論を含め，介入の正当性は国際規範に依拠するところが大きい。その意味では，国連との協調の下でカナダ政府が組織した「介入と主権国家に関する国際委員会 (ICISS)」の報告書『保護する責任』(2001年) が，国家主権の尊重と武力不行使を原則とする従来の国際秩序と，人権・人道的価値の擁護という新しい原則の整合化の一つの試みであるといえる。

　アイデンティティをめぐる対立が顕在化し，またグローバリゼーションが進む中で善悪の境界がより曖昧になる内戦や民族紛争などの「新しい戦争」においては，正・不正，あるいは正義・不正義をどう判断し「正しい戦争」を遂行するのか。今後も内戦などによって人権侵害や人道的危機が発生した場合に，そのような危機から人々の安全を確保するために国際社会による介入を要請する声は出てくるであろう。その中で，誰が，いかに正当な目的をもって (*jus ad bellum*)，正当な手段と方法により (*jus in bello*)，正当な結果を残し，説明責任を果たすか (*jus post bellum*) がより厳しく問われることになるであろうし，そのような配慮を重ねることが国際秩序の維持にもつながるのである。

■文献案内
① 筒井若水『違法の戦争，合法の戦争——国際法ではどう考えるか』朝日選書，2005年．

＊国際社会，国家と戦争の関係，戦争と権利など，戦争にまつわる多様な論点について国際法の立場から平易な言葉遣いやわかりやすい例えを引きながら解説。
② 広島市立大学広島平和研究所編『人道危機と国際介入——平和回復の処方箋』有信堂，2003年。
＊紛争時に発生する難民や虐殺といった人道的な危機の構造的要因や，国際社会の多様なアクターが人道危機に対してどのように関与し解決を目指すのか，その動機や関与の方法などについて分析。
③ 最上敏樹『人道的介入——正義の武力行使はあるか』岩波新書，2001年。
＊「人道的介入」とはどのような行為を意味するのか，そして何が問題なのかを，国際法，国際政治の両面からわかりやすく解説。
④ 山内進編『「正しい戦争」という思想』勁草書房，2006年。
＊「正しい戦争」は果たして存在するのか，もし存在するとしたら，誰の，何のための戦争なのか。この問いかけに，古代ギリシャ・ローマ時代からの西洋世界の歴史や国際法的思考だけでなく，イスラムなど別の視点からも議論。
⑤ Kaldor, Mary, *New and Old Wars : Organized Violence in a Global Era*, 2nd edition, Stanford : Stanford University Press, 2007.
＊冷戦後の地域紛争や内戦，テロリズムの脅威の高まりを国際社会・国内社会の構造的変化から説明し，そのような紛争が従来の国家間の戦争とどのように異なるのかを分析，説明。
⑥ Walzer, Michael, *Just and Unjust Wars : A Moral Argument with Historical Illustrations*, 4th edition, New York : Basic Books, 2006.
＊戦争における「正義」，「道徳性」の問題について，戦争の歴史を紐解きながら考察を加えている。いかなる場合に戦争が許されるのか，いわゆる「正戦論」について議論。

第4章 平和維持と平和構築

石原　直紀

1　平和維持活動の生成と発展

冷戦と国連

　国際連合（以後国連）は，世界のほとんどすべての国を加盟国とする普遍的な国際機関として，国際関係の運営に重要な役割を果たしている。国連憲章は，その冒頭で「われら一生のうちに二度まで言語に絶する悲哀を人類に与えた戦争の惨害から将来の世代を救い」とうたい，国連の活動目的の中心に国際社会の平和と安全の維持を据えた。国連の創設に当たってその中心となったのは，アメリカのローズヴェルト大統領をはじめとした第二次世界大戦の連合国の指導者たちである。彼らは，国連を構想するに際して，第二次大戦を防ぐことのできなかった国際連盟の弱点や大戦をひき起こしたドイツ，イタリア，日本といった枢軸国が再び国際社会の平和への脅威とならないようにすることを強く意識していた。アメリカ，イギリス，フランス，中国，ソ連（当時）という5つの安全保障理事会（以後安保理）の常任理事国が中心となって，国際社会の平和と安全を維持していこうとしたのである。

　しかし，国連を設立した時点で創設者たちは，米ソの対立による冷戦の到来を十分には予想していなかった。冷戦は，国連の機能，特に国際社会の平和と安全の維持における国連の役割を著しく制約することになる。アメリカとソ連は，それぞれの政治的立場から拒否権の応酬を繰り返し，安保理の機能をほとんど麻痺させてしまったのである。

　そもそも国連は，国際社会の平和と安全を維持するために集団安全保障とい

う考え方を基礎にしている。この集団安全保障という考え方は，すでに国際連盟においても採用されていたものだが，加盟国が他のいずれかの国から侵略を受けた場合に，加盟国全体が集団でその侵略者に対し制裁を加え，平和を回復しようとする国際的な安全保障システムである。ただ，こうした考え方は，今日でも依然として理念に留まっている。国連加盟国は，国連憲章の第51条を拠りどころとして，実際には日米安全保障条約のような二国間の同盟や北太平洋条約機構（NATO）といった地域的安全保障の取り決めに自国の安全保障を委ねてきたのである。

一方で冷戦は，結果的に様々な地域紛争，国内紛争の火種が大規模な戦争へと発展することを封じ込める役割も果たした。国際社会は，そうした紛争の勃発，拡大が連鎖的に米ソの直接対決へとつながることを強く懸念し，国連もこの点に力を注いだ。とはいえ，冷戦下で国際社会が戦争や紛争をまったく経験しなかったわけでないことは言うまでもない。数次のイスラエルと周辺アラブ諸国との戦争，旧植民地の独立をめぐっての紛争，米ソが関係していたため国連はほとんど有効な活動ができなかったベトナム戦争やアフガニスタンの紛争など，冷戦下でも決して少なくない戦争や紛争が起きたのである。

そうした中で国連は，冷戦が課した制約にもかかわらず，様々な紛争において国際法や国際社会の良心を体現すべく中立的な立場に立って，紛争の解決を目指した努力を積み重ねてきた。国連事務総長や国連に集う加盟国の代表たちは，国際社会の平和と安全のために冷戦下の国連に何ができるのかについて知恵を絞り，外交的手腕をふるった。今日，国連の代表的活動の一つとして広く知られている平和維持活動（Peacekeeping Operations=PKO）も，そうした努力の中から生まれた国連活動の一つである。PKOは，冷戦期において，中東やキプロスなどにおける紛争解決を支援する国連の活動として，国際社会からも高い評価を受け，1988年にはノーベル平和賞も受賞した。

PKOの生成と発展

国連のPKOは，国連の創設者たちが本来国連活動として考えていたもので

はなかった。すでに述べたように，PKO は，国連自身が冷戦の制約の下で国際社会の平和と安全のために貢献できる方法を模索する中で，試行錯誤と経験の積み重ねによって生成，発展してきた活動なのである。国連の平和維持活動の端緒は，1948年のイスラエルの独立をきっかけに起きた第一次中東戦争と，インドとパキスタンのカシミール帰属をめぐる衝突に国連が仲介努力をする過程で生まれてきたというのが定説となっている。しかし，当時，この2つの国連活動は，必ずしも今日言われるような PKO としてとらえられていたわけではなかった。それにもかかわらず，その活動の形態や内容には後の PKO の構成要素となるものが含まれていたと言える。第一は，紛争当事者の停戦を前提とした国連の展開ということであり，第二には，軍人を広い意味での停戦の監視活動に使ったということである。第一の停戦の確保という点での PKO の役割は，平和を作り出すための調停，仲介活動とは異なる。もちろん，PKO の展開を前提として，紛争当事者を停戦に導くこともある。しかし実際の PKO の活動そのものは，紛争当事者が停戦に同意し，戦闘行為を停止して初めて可能となるのである。

　もちろん，いったん停戦が合意されれば，自動的に戦闘が終わり，戦闘再開の危険がまったくなくなるのであれば，そもそも PKO は必要とされない。しかし，現実の戦争や紛争においては，いったん停戦が合意されたとしても，それは戦闘が再開される危険性をはらんだ脆弱で不安定な平和を達成したに過ぎない。そこで国連のような中立的な第三者が当事者の間に介在することによって，脆弱な平和を安定した持続的なものにし，話し合い，外交を通じた真の紛争の解決を支援しようとする活動なのである。また，PKO を展開することは，紛争当事者の相手方への疑心暗鬼を取り除き，戦闘期間を短縮し，結果的に犠牲者を少なくするためにも役立つのである。したがって PKO そのものは，必ずしも紛争の解決に直結するわけではなく，対話や外交的手段によって紛争を解決するための時間と環境を作り出すための活動と言ってもよいだろう。PKO の中には，上述の2つの紛争の収拾のために展開した国連休戦監視機構（UNTSO）や国連インド・パキスタン軍事監視団（UNMOGIP），さらに後に展

開した国連レバノン暫定隊（UNIFIL）や国連兵力引き離し監視隊（UNDOF）といった長期にわたって活動を継続しているものもある。これらのPKOは，今日も依然として活動を継続しているが，そのことはとりもなおさず，これらの紛争がPKOの存在を必要としており，真の解決には至っていないということでもある。

UNTSOやUNMOGIPの活動で後のPKOの活動原則につながった第二の点として，軍人を国連の停戦監視活動に使ったことがあげられる。そもそも国連憲章において，国連の創設者が考えていたのは，集団安全保障を実現するために軍事力を使うことであった。この考え方に立てば，国連は，加盟国から提供された軍隊を国連の権威と指揮の下に使い，平和を破壊し，他国を侵略した国に対し，軍事力を持って制裁を課し，平和と秩序を回復しようとするものであった。ただし，そのような形での集団安全保障が，未だに一度も発動されていないことはすでに述べたとおりである。

PKOにおける軍人や軍事組織の役割は，戦闘行為ではなく，彼らの持つ軍事的な専門知識を停戦監視に役立てようとするものである。UNTSOの事例からも明らかなように，国連によって設立された停戦監視委員会のメンバーに軍人を加えることにより，停戦違反の有無の判断や紛争当事者の意図などを迅速かつ的確に判断し，停戦の継続を図っていこうとするものなのである。

PKOの活動原則

このように，PKOの原型は1948年に発足したUNTSOとUNMOGIPという形での2つの紛争への国連の関与によって先例が作られた。これが今日見られる平和維持活動へとさらなる発展を見たのは，1956年の第二次中東戦争において国連が派遣した第一次国連緊急隊（UNEF I）においてである。第二次中東戦争は，エジプトのスエズ運河国有化宣言に端を発し，イギリス，フランス，イスラエルがエジプトに攻撃を加えたことにより勃発した戦争である。国際社会は，国連の場において早期停戦の確保に努め，その一環としてUNEF Iを創設した。国連総会での集中的な論議を経て，早期停戦確保のために何らかの形

で国連の展開が必要かつ有効であろうとの認識が共有された。この議論を加盟国の側でリードしたのが当時のカナダの外相のレスター・ピアソン（Lester Pearson）である。これ以来カナダは，PKOの生みの親としての自負の下に，北欧諸国などと並び，国連PKOに積極的に自国の部隊を派遣し続けてきている。

　カナダを中心とした加盟国側の要請を受け，国連事務局で具体的な活動計画の作成を主導したのが，後にアフリカで非業の死を遂げ，伝説の事務総長となったスウェーデン人，ダグ・ハマーショルド（Dag Hammarskjöld）であった。国連総会の要請に応えるべく，ハマーショルドは側近の事務局スタッフらの補佐を受けながら短期間の間に，その後1967年まで中東に展開する国連平和維持活動UNEF Iの活動内容と原則をまとめあげた。後にハマーショルドは，UNEF Iの活動原則を「研究摘要」と呼ばれる政策文書の形で発表するが，この中に盛られた原則のいくつかがUNEF Iやそれに続くPKOの実践を通じて，今日，PKOの活動原則として定着するに至ったのである。

　その活動原則の第一は，紛争当事者の同意に基づいて展開するということである。すなわち，紛争当事者が停戦を実現し，それを継続させるための国連の展開に同意して初めて，実際にPKOが現場で活動を行うことができるのである。言い換えればPKOは，戦闘が継続している状況において，当事者の間に割って入り，実力をもって停戦を強制するものではないのである。第二は，いったん国連PKOが展開したならば，PKOはいずれの紛争当事者にも偏らず，中立公正な立場で停戦の維持に当たるという原則である。そして第三が，武器の自衛目的以外での使用禁止という原則である。PKOに参加する部隊の隊員は，武器の携行は許されるが，その使用は厳しく自衛目的に限定されている。

　そもそもPKOへの軍人の参加形態には二通りある。1つは，各国から参加した将校クラスの軍人が各国混合のチームを作ってパトロールを行い，紛争当事者とのコミュニケーションを通じて停戦監視を行う軍事監視員と呼ばれるグループである。この軍事監視員は，武器は持たず，非武装で活動を行う。もう1つのグループは，やはり加盟国から派遣されるのだが，数百人の部隊として

参加し，それぞれ部隊単位で駐屯して停戦監視のためのパトロールの支援や紛争当事者の武装解除，道路などの補修や人員，機材などの輸送，さらに通信や医療活動などを行う。このPKO部隊の要員は，小銃やピストルのような小火器を持つことを許されるが，その使用は自衛のために限定するという原則である。すなわち，万一PKOの部隊や要員が攻撃を受けた場合には，自分たちの身の安全を守るためになら武器の使用が許されるのである。したがって，PKOにおける武器の使用は，基本的に防御的な性格のものであり，これを相手に何らかの意志を強制する目的で使ってはならないのである。

　PKO活動の現場でこうした原則を貫くためには，現場の状況に応じた柔軟な判断力が求められることは言うまでもないし，紛争当事者の意図や戦闘能力についてもできるだけ的確に把握することが欠かせない。中には，PKOを自分たちの政治的，軍事的な目的に利用しようとする紛争当事者もいるし，偶発的な衝突が戦闘の再開につながることもあり得る。実際，国連によれば，2008年の5月現在，これまでのPKOにおいて，2400人余りの要員が活動のさなかに命を落としているのである。この数字が示すように，PKOは常に危険の伴う活動なのである。しかし，同時にPKOが，兵士の犠牲を前提とした軍事行動とは根本的に性格の異なる活動であることを明確に理解しておくことは重要である。

PKOと国連憲章

　PKOは，国連が作られたときには考えられていなかった活動であることはすでに述べた通りであり，したがって国連憲章のどこにも平和維持活動という言葉を見出すことはできない。では一体，この独創的な国連活動の憲章上の根拠をどこに求めたらよいのであろうか。国連が国際法である憲章に根拠のない活動を行うことができないのは，言うまでもないことである。この問題について国連は，基本的にPKOは，紛争の平和的解決について規定した第6章下の活動であるとしてきた。しかし同時に，しばしば比喩的に，PKOは6章半の活動であるとも言われる。それは，紛争の平和的解決についての第6章の規定

と集団安全保障についての規定である第7章との中間に位置するあいまいさを伴った活動であるとの考え方があることの反映に他ならない。

　一方で冷戦後，平和への破壊や脅威を前提として国連に強制力行使を容認する第7章に言及したPKOが増えつつあることも事実である。しかしながらこのことは，国連PKOが自動的に強制力の行使を前提としているわけではないことにも注意をしておく必要がある。このように，冷戦下の紛争に対処するために国連が創設したPKOは，国際社会でも高く評価され，平和と安全の分野における国連活動として定着してきた。冷戦が終焉を迎えつつあった1988年までに国連は15のPKOを発足させたが，その内の5つは，今日も活動を継続している。

2　冷戦後のPKO

冷戦後の紛争と国連

　20世紀最後の10年間に国際社会は，冷戦の終焉という大きな変革を経験する。第二次世界大戦終結以来，約40年間の国際政治の構造を規定してきた米ソの対立が終焉を迎えたのである。そのことは，国連の活動にも大きな変化をもたらした。米ソの拒否権の応酬から解放された安保理は活性化し，国連のPKOも活動の内容と数の双方において著しく拡大した。上記のように冷戦下に発足したPKOを含め，今日までに63のPKOが設立されたことからも，そのことは見てとれる。一方で，PKOの需要の拡大は，それだけ国際社会の紛争が増えた結果でもあった。米ソ両大国の核戦争の危機が減じた反面，冷戦時代米ソの対立によって封じ込められていた国内紛争や地域紛争が頻発するようになったのである。

　このような国内紛争や地域紛争に対応するため，PKOは新たな役割を担うようになる。それまでにはなかった活動内容を盛った新世代のPKOが創られ，カンボジアやモザンビーク，東ティモールなどで大きな成果をあげた。他方，ソマリアの人道危機や旧ユーゴスラビア解体の過程で起きた民族紛争，ルワン

ダにおける虐殺などをめぐってはPKOが十分に機能せず，国際社会のPKOと国連への期待感を低下させる結果ともなった。しかしながら，こうした成功と挫折を経ながら国連は，冷戦期の伝統的な国家間の戦争から冷戦後の地域紛争，国内紛争に関与することを通じて，平和構築と呼ばれる新たな活動領域にも深くかかわるようになっていくのである。

　冷戦の終焉とほぼ時を同じくして登場したエジプト人のブトロス・ブトロス・ガリ（Boutros Boutros-Ghali）国連事務総長は，1992年の6月に，後に様々な論議を呼ぶことになる「平和への課題」と題した政策文書を発表する。この文書は，冷戦終焉を受けて，国連が憲章の範囲内で平和と安全の分野の活動をどのように強化していったらよいのか，という安保理の問いかけへの事務総長の回答であった。

　ガリは，その中でいくつもの提言をしているが，国連PKOとの関連で注目すべきは，第一に国連の平和への関与のあり方を，予防外交，平和創設，平和維持，平和構築と紛争の4つのレベルに分けて，それぞれの段階を通して国連としての継続的かつ相互連関的な関与を行うべきであるとした点である。もう一つは，PKOが安保理から与えられた任務を果たすためには，武力行使を伝統的な自衛目的に限定せずに，必要があれば平和強制という形で，より積極的に実力を行使する可能性も検討すべきであるとした点である。もちろんここでガリが意図した武力行使は，彼自身もはっきり述べているように，国連が創設当初に構想し，憲章にもうたわれているような集団安全保障の発動としての武力行使ではない。それが依然として時期尚早であることは，ガリ自身が「平和への課題」の中で明言している。彼の意図は，PKOが実際の活動において直面する意図的な停戦違反やPKO要員への攻撃などに対して，従来の自衛目的を超えた積極的な武力行使によって，停戦の回復をはかり，安保理から与えられた任務を果たすことを考えてもよいのではないか，という趣旨であった。

　この提言に対しては，加盟国からも賛否両論が起きたのであるが，十分な議論を行い，コンセンサスが作られるのを待たずに，当時深刻な人道危機にあったソマリアや民族浄化が激しさを増す旧ユーゴスラビアに派遣されたPKOで

部分的に実施されることになる。その結果，この2つのPKOは，初期の目的を達することなく撤退に追い込まれ，PKOの限界という厳しい教訓を残すこととなったのである。

新世代のPKO

同時に国連は，冷戦後のPKOで新たな活動の可能性を実証する成果もあげる。その代表が，国連カンボジア暫定統治機構(United Nations Transitional Authority in Cambodia = UNTAC) と呼ばれたPKOである。カンボジアの紛争は，冷戦後の地域紛争ではない。冷戦下のカンボジア国内における紛争にアメリカ，ソ連，中国といった大国がそれぞれの政治的利益や思惑から，カンボジアの紛争各派の後ろ盾として関与したことによって，複雑化し長期化した紛争であった。約20年に及んだカンボジアの紛争と混乱において，1975年から3年間に渡ってカンボジアを支配したポル・ポト政権が100万人にも及ぶといわれるカンボジア人を虐殺した悲劇は，広く知られている。

カンボジア紛争が国内的には長期の戦闘による紛争当事者の疲弊，国際的には冷戦の終結により，紛争の政治的解決が模索されることとなった。その結果，1991年に結ばれたパリ和平協定によって，紛争各派間の停戦とカンボジアの国民和解政府の樹立を目指すこととなったのである。そして，国民和解政府樹立までの移行期間の紛争の停戦監視や武装解除，カンボジア国民による自由で民主的な選挙の実施等カンボジアの再建支援という大事業が国連に委ねられることになったのである。その責任を果たすために作られたPKOが国連カンボジア暫定統治機構（UNTAC）である。ガリ事務総長によって，その最高責任者に任命されたのが日本人の明石康氏であった。また，このPKOは，日本の自衛隊が初めて参加したPKOとして，日本にとっては特別な意味を持つPKOともなったのである。

UNTACは，いくつもの新たな活動内容を持ったPKOであり，そのことから第二世代の複合型PKOと見なされるようになった。以下でUNTACを例に，新世代PKOの特徴を見てみよう。UNTACは1992年から1993年にかけてカン

ボジアで活動を展開したのだが，その構成をみると，約1万6000人の軍事要員に加え，3600人の文民警察官，約2400人の文民からなる極めて大規模なPKOであった。安保理によってUNTACに与えられた任務も，軍事部門の行う停戦監視や武装解除の監督といった伝統的な活動に留まらず，約37万人のカンボジア難民の帰還支援，民主的な選挙の実施，行政や人権の監督，復旧復興事業の支援等広範な活動内容を含む野心的なPKOであった。

　UNTACは，軍事部門の活動とともに多様な文民の活動を統合的に進めるPKOであったが，文民部門の活動内容のいくつかは，カンボジア和平を実現したパリ和平協定の中にすでにその構想があった。パリ和平協定とその付属書において，難民の帰還や復旧・復興などのプログラムが具体的に提示されていたのである。パリ和平協定に基づいてPKOの具体的活動計画を準備したのは国連事務局であるが，その構想の骨格は，パリ和平会議の段階で参加国が想定していたと言える。もっとも，パリ和平会議には国連も参加しており，協定案作りには，国連関係者が関与していたとも言われており，その意味では，PKOの歴史にとって画期的な転機となった文民による多彩な活動分野の構想は，パリ和平会議参加国と国連との共同作業によって作られたというのが正確であろう。

　国連にとって一つのPKOで軍事部門，文民部門の多様な活動を一体として進めながら，一国の国作りに大がかりに関与するというのは，これまでに経験のない壮大な実験であった。もっとも，詳細に検討すれば，UNTACの活動のいくつかは，冷戦期のPKOにも萌芽的に存在していた。たとえば1962年の西イリアンにおけるPKOは，統治移行期間の監視という役割を担ったものであったし，文民警察の活動や選挙監視も1989年にナミビアの独立支援のために派遣されたPKO, UNTAGの活動内容に含まれていたものである。また，冷戦期のPKOの多くは国家間紛争の解決支援という形態だったが，国内紛争への関与という性格を持った活動がないわけでもなかった。1960年から1964年のコンゴにおける紛争への関与は，コンゴ国内の抗争をめぐるものであったし，キプロスにおけるPKO, UNFICYPは，基本的にキプロス国内のギリシャ系住民

とトルコ系住民の武力対立の再発を抑止する目的で展開したものであった。

　しかし，そうだとしても難民帰還支援をPKOの一環として行うことや，人権監視や復旧・復興支援，さらに大規模な行政監督などこれまでには経験していない分野の活動を同時にPKOの活動内容に組み込み，一体として統合的に行うこと，またPKO自体の規模の大きさという意味でUNTACは，PKO史上画期的な活動であったことは間違いない。

　もちろん，こうした多彩な活動の個々の領域において，それぞれがどの程度の成果を挙げ得たかについての評価は一様ではない。たとえば選挙実施についても，カンボジアの歴史においては，民主的な選挙を実施した経験は乏しく，国王，軍人，共産党系政権の圧制の下にあったカンボジア人にとって，民主主義の選挙を理解し，これに積極的な参加を促すという作業は，大変に難しいものであった。選挙法を作り，有権者登録を行い，各政党に公正な選挙活動を促すという仕事を行わなければならなかった。特に，当事者の一つであったポル・ポト派が和平プロセスから離脱し，UNTACの活動に様々な妨害を試みるようになってからは，選挙実施自体も最後まで楽観視できない状況であった。そうした中で，90％近い高い投票率によって自由で公正な選挙を成功裏に実施し，予定された期間内にカンボジアの国民和解政府を作り上げることに成功したことは，UNTACの成果として特筆されてよいだろう。

　一度や二度の民主的選挙の実施によって，社会に民主主義が根づくと考えることは，現実的でない。民主主義の先進国といわれる欧米においても，人々の意識と行動に民主主義が定着するには長い年月を要している。多くの途上国は，程度の差こそあれ，伝統的な統治形態から，近代的な民主主義への移行の過程にある。国連開発計画（UNDP）などが，開発援助プログラムとして，民主化支援を行っているのもそうした過程を継続的に支援していこうとすることの表れと理解できる。いずれにせよ，UNTACがカンボジアでの民主的選挙を成功裏に実施し，国民和解政府を作り上げたことは，UNTAC型のPKOに対しての国際社会の評価と信頼を確立したことは間違いない。

　一方でUNTACの活動でもっとも大きな障害となったのが武装解除を断念せ

ざるを得なくなったことである。今からみれば，パリ和平協定において段階的武装解除に同意したポル・ポト派の真意が疑わしいものであったことは明らかである。しかし，UNTACの活動プロセスにおいて，同派が武装解除にまったく応じようとしなかったことが，UNTACの活動の様々な局面でもっとも大きな障害となったことは間違いない。ポル・ポト派の武装解除が実現しない中で，当時の人民党が作るプノンペン政府を中心に他派の武装解除だけを進めることは，各派の戦闘能力のバランスを崩す結果となる。さらに，ポル・ポト派は実際に武力を行使して他のグループやUNTAC要員をも対象に攻撃を繰り返したのである。このことは，プノンペン政府側の報復攻撃を誘発する結果ともなったし，選挙にかかわる政治暴力も含め，民主的な選挙に必要な環境を著しく損ねることとなったことも事実である。

　UNTACの経験からも明らかなように，強制力を持たないPKOにとって，武装解除のような活動は，当事者の協力がない限り事実上困難である。また，紛争当事者にとって武装解除は，自分たちの戦闘能力を減ずる結果となるだけにもっとも神経質にならざるを得ない部分である。紛争当事者が真に和平を求めていない場合，この作業はうまくいかないことが多いし，ソマリアにおけるPKOのように，武装解除を強行しようとすると戦闘に巻きこまれ，和平プロセスを頓挫させる結果となることが少なくない。その意味でPKOにとって武装解除は常に困難を伴った活動であると言える。

　UNTACの成功にとって重要だったもう一つの要素は，パリ和平協定という政治的な枠組みの存在であった。これを基礎に関係国が国連安保理などを通じてUNTACの活動に外交的な支援を続けたことが，ポル・ポト派を除く各派が和平プロセスを大きく逸脱することなく，国民和解政府の設立にこぎつけることができた要因と言える。UNTACの成功は，国連PKOの新たな活動領域を切り拓いたし，後のモザンビークや東ティモールなどのPKOも含め，UNTAC型の複合型PKOの定着に大きく貢献したと言えるだろう。

PKOの現状と課題

　1990年代のPKOが成果とともに厳しい試練にも直面することになったことは，すでに述べた。有効な統治機構が存在せず，いくつもの軍閥の跋扈するソマリアで起きた食糧不足による人道危機への対処から始まったPKOは，PKO自体が紛争の当事者化することによって挫折を余儀なくされる。また，旧ユーゴスラビアにおいては，停戦合意を自派に有利な戦局作りに利用しようとする旧ユーゴスラビアの民族各派によって，武力行使の出来ないPKOの限界を露呈する結果となった。結局NATOによる限定的空爆によって初めて民族浄化と呼ばれた非人道的な行為を停止させることができたのである。

　こうしたケースにおいて，しばしばPKOや国連の失敗といった言い方がされがちであるが，これは極めて表面的な見方であると言わざるを得ない。PKOを成功させるためには，一般に次のような条件が必要と考えられる。第一に，紛争当事者の停戦合意の尊重とPKOへの協力の確保である。紛争の当事者は，停戦中であっても常に，解決に向けて自らに有利となる機会をとらえようとしてPKOを利用することが少なくない。こうした中で，当事者が停戦合意を尊重する意思を放棄すれば，たちまちPKOの活動の余地は失われてしまう。したがって，PKOにおいては，紛争当事者の停戦維持への意志と，PKOへの基本的協力姿勢が不可欠といえるのである。第二は，安保理がPKOの立ち上げを決定したなら，その活動に必要な人員，機材，資金といったリソースをきちんと提供することの必要性である。安保理は，ソマリアや旧ユーゴスラビアの場合も，事務総長が求めた規模の兵力を認めずにPKOの展開を決めたのである。PKOに必要な兵員，機材，資金これらすべては加盟国から提供されるべきものであるが，加盟国は，しばしば自らの果たすべき責任を果たさずに国連のPKOを政治的外交的に利用し，うまくいかないと国連のせいにするという態度をとりがちである。加盟国のこうした姿勢は，結局PKOの能力を低下させ，国連そのものへの信頼を損なう結果となることは言うまでもない。第三は，加盟国のPKO活動への政治的な支援である。UNTACにおいては，パリ和平協定という政治的枠組みが存在し，それに沿って安保理を中心に，UNTACの

活動を支援するための外交が効果的に展開された。これに対し，旧ユーゴスラビアでは，関係国の思惑が一致せず，安保理の効果的な支援がなされなかったのである。また，ルワンダの虐殺を防ぎ得なかったのも，現地の PKO 司令官が虐殺に対する警告を発し，再三 PKO の増強を求めていたにもかかわらず，国連本部と加盟国は積極的に対応しようとしなかったのである。ルワンダは，自らの国に影響を与えかねない紛争には PKO を積極的に使おうとするが，アフリカの紛争に関与することには逡巡するという加盟国，特に安保理常任理事国のダブル・スタンダードの犠牲になったと言っても過言ではない。そして PKO を成功させる四番目の条件として，国連事務局や PKO の現場の適切かつ効率的なマネージメントをあげることができる。

　国連 PKO にどのような任務を与えるかを決めるのは，常任理事国を中心とした安保理である。また，PKO が与えられた任務を果たすために必要なリソースを提供するのも加盟国である。さらに，人命も含め PKO が負うべきリスクとコストを決めるのも加盟国なのである。このことからも PKO の能力は，つまるところ加盟国の PKO への支援の姿勢如何によって決まることが理解されよう。

　1990年代の紛争において成功と挫折を経験した PKO であるが，2008年5月現在，世界各地で，17の PKO が活動を行っている。その予算規模は PKO 史上もっとも大きく50億ドルを超えている。国際社会は PKO を必要としており，紆余曲折を経ながらも PKO 自身の能力も活動内容や形態において，進化を遂げてきていることは間違いない。

　他方，現在の PKO の能力では，効果的な対応のできない紛争に対し，多国籍軍が平和維持活動に携わる事例も増えてきた。たとえば，旧ユーゴスラビアやコソボにおいては，NATO が軍事力を背景として平和維持にあたり，統治機能や文民警察の部門を国連が担うといった，異なる機構が互いに連携，協力して平和維持から平和構築までの一連の平和活動を実施するという分業パターンが登場してきた。こうした事例は，アフガニスタンにおいても見られる。また，1999年の東ティモールにおいては，東ティモールの独立をめぐる住民投票

の後の混乱を収拾するために豪州を中心とした多国籍軍が治安の回復に当たった。その後 UNTAC 型 PKO，国連東ティモール暫定行政機構（UNTAET）が東ティモールの暫定統治を行い同国の独立への過程を支援した。さらにアフリカでは，西アフリカ諸国経済共同体（ECOWAS）のような地域共同体がシェラレオネ，リベリアなどで一時的に平和維持活動に従事し，国連 PKO に活動を引き継ぐといった事例もあった。同様に，アフリカ共同体（AU）は，欧米諸国の支援などを受けながら，自身の PKO の能力を強化しようとしている。AU はスーダンの平和維持活動に兵員を派遣しているし，2008年6月現在，国連とAU は合同で新たなハイブリッド型平和維持活動を立ち上げた。このように平和維持活動を担う主体が国連だけでなく多様化してきているが，その中で国連が確立してきた PKO の活動原則はどうなるのか。国連や地域機構，多国籍軍などとの連携，協力がどのような状況で可能であり，望ましいのか。こうした問いに答えるためには，それぞれの PKO の特徴の検討や様々な活動経験の緻密な分析が必要である。

　国連自身も2000年にコフィ・アナン事務総長のイニシアチブで PKO 強化のための委員会を設立し，様々な提言を盛ったいわゆるブラヒミ・レポートを発表した。その中の提言の一部はすでに実施されているが，多くの提言がその実現可能性を加盟国の国連 PKO への姿勢にゆだねたまま残されている。そうした動きと平行して，国連も平和維持のみならず平和構築も含め，平和と安全にかかわる一連の国連の活動を包括的，統合的な平和活動へと変容させつつあるのである。

3　平和構築

平和構築の概念と活動

　1992年にガリ事務総長が，国連の平和・安全への取り組みの最終段階として「平和構築」という概念を提唱して注目された。平和構築をガリは，「紛争再発を防ぐために平和を強化し，確かなものにすることに役立つ仕組みを探求し，

それを支援する活動」と説明している。特に国内紛争の場合，紛争を経験した社会は，道路や橋，学校や病院など生活に欠かせない施設が破壊されていることが多い。水や電力の供給といった基礎的な生活インフラも不十分である。それのみならず統治を行うための政府機構や公務員，治安を維持するための警察を含めた司法体制，地方の行政機関やコミュニティーのネットワーク，学校の教師や教科書の不足など社会生活に不可欠な基盤が崩壊していることも少なくない。さらに，紛争で敷設された無数の地雷の除去や紛争で対立した人々の和解と共生のための基盤づくりなど，紛争後の社会が取り組まなくてはならない課題は多様で複雑だ。

　紛争を経験した社会がこうした様々な分野の再建，構築に自力のみで立ち向かうのが非常に困難であることは，想像に難くない。そこで国連など国際社会からの支援が必要になってくるのである。UNTACの例でも見たように，PKOは，その活動内容に復旧・復興事業や人権監視，地雷撤去など，紛争後の社会再建プログラムにつながる活動を含んでいることも少なくない。しかしPKOの活動期間にできることは，時間的にも資金的にも限られている。たとえば，息の長い活動の求められる地雷撤去などを例にとっても，作業に当たる人々の訓練やそのための資金や機材などの継続的提供が欠かせない。

　一方で，国際社会は，国連機関をはじめ途上国の経済的，社会的発展を支援するための開発援助の組織やプログラムといったものをすでに持っている。同様な開発援助システムは，二国間援助の枠組みでも存在している。それらの開発援助メカニズムを平和構築に結びつけていくことはできないのか，また，それらの既存の開発援助活動と，いわゆる平和構築と呼ばれる活動にはどのような違いがあるのだろうか，といった疑問がわくのも当然だ。

　先のガリの概念提示にもあったように，平和構築活動は，言うなれば平和維持から平時の開発援助への移行期間になされるべき活動と性格づけることができる。平和維持の局面が成功裏に終了したとしても，紛争からさして時間のたっていない社会は依然として不安定で脆弱な状況にある。そうした条件の下で紛争に逆戻りしないことが何よりも重要なことも明らかである。もし，紛争

へ逆戻りすることがあれば，それは，その社会にとって大きなマイナスであることは言うまでもない。しかし，それは同時に，平和維持に関与した国連，ひいては国際社会全体にとって，それまでの平和への努力が無に帰すことにも等しいのである。それはPKO，ひいては国連への信頼を著しく失わせることともなるのである。ここにも冷戦終焉を受けてPKOが，新たな活動分野を切り拓くとともに平和構築活動も含め，紛争終結後の社会の再建に多様な形で取り組むようになった必然性があると言えよう。

平和構築委員会

　二国間であれ多国間であれ，多くの開発援助機関は，本来，平和で治安が安定している社会状況の下で活動を行うことを前提としている。従って紛争の余燼のくすぶる不安定な状況で開発援助活動を行うことは躊躇する傾向があるのである。開発機関にしてみれば，貴重なリソースを動員して様々な援助活動を行っても，それが治安の悪化や紛争の再発で台無しになってしまっては，元も子もない。また，開発援助のための資金を提供している加盟国などに対しても説明責任が果たせないと考えるのも自然である。

　さらに，移行期間に援助の対象となる事業には必ずしも従来の開発援助のプログラムには組み込まれていない内容がある。たとえば治安維持のための警察や司法システムの構築，元兵士の武装解除（Disarmament），動員解除（Demobilization），民生復帰（Reintegration）いわゆるDDRと呼ばれる活動，対立した民族の和解や共生を促進するプログラムなどである。したがって，平和構築とは，こうした平和維持活動と平時の開発援助のギャップを埋めるための活動であるということもできよう。

　また，国連の平和維持活動にかかる経費は，加盟国の義務的負担となっているし，国連開発計画（UNDP）等様々な開発援助のための資金は加盟国を中心とした自発的拠出金の形で提供される。しかし平和構築活動に必要な資金，あるいは平和維持活動を終えて平時の開発援助が始められるまでの活動に必要な資金を調達するメカニズムは存在していなかった。もちろん，一部の平和構築

活動プログラムは，PKO の一環として組み込まれていることもあり，その場合には通常の PKO 活動資金や特定のプログラムのための拠出金などで活動を行うことが可能だ。しかし，こうした資金の確保された活動は，平和構築のほんの一部でしかない。そのことは，平和構築の重要性を認識した国際社会によって2006年に設立された国連の平和構築委員会が，同時に2億5000万ドルの平和構築基金を設立したことからもうかがえよう。

　平和構築という概念は新しいし，平和構築委員会の活動，平和構築資金の運用なども始まったばかりである。しかしながら，冷戦後国際社会が経験した多くの地域紛争，国内紛争が平和構築と呼ばれる活動を必要としていることは明らかであり，このニーズにいかに効果的に応えていくことができるかが，国連機関や国際社会に課せられた課題であることは間違いない。

国際刑事裁判所と真実和解委員会

　紛争後の社会の再建に必要なのは，生活基盤の整備といったハード面のみではない。紛争によって負った人々の心の傷をどう癒していくか，紛争で引き裂かれたコミュニティーの絆をどう修復していくか，といったテーマに取り組むことも極めて重要である。この関連で，紛争後の社会にあって取り組むべき課題の一つに，紛争中に起きた虐殺，民族浄化，人道上の犯罪などへの対応がある。現代の人権意識の発達と広がりは，こうした紛争の最中に起きた罪を闇に葬り去ることを許さなくなってきている。旧ユーゴスラビアにおける民族浄化やルワンダでの虐殺については，安保理によって国際法廷が設置され，首謀者の裁判が行われている。また，自国民の虐殺からすでに20年近くが経過しているとはいえ，カンボジアにおいても国際社会の強い圧力を背景に，外国人判事を含む国内法廷を設立し，虐殺に関与したポル・ポト派の中心人物の裁判が始められた。

　これらの法廷は，いずれも個別のケースについて暫定的に設立されたものである。しかし国際社会は，こうした人道に対する罪を裁くためにさらに一歩を進めて，2003年に常設の国際刑事裁判所（ICC）を設立した。国際刑事裁判所

は，戦争犯罪や人道に対する罪を犯した個人を裁くことができる。国際的な軍事関与を頻繁に行うアメリカが，自国の軍人がこの法廷で裁かれることを懸念し，参加していないという問題はあるにせよ，人道上の罪を裁く常設の司法システムが確立したことは，国際社会にとって大きな前進と言ってよい。

　しかし，民族浄化や虐殺を経験した社会にとっては，このような公的なメカニズムだけで，すべてが解決されるわけでないことも言うまでもない。そもそも民族浄化や虐殺といった行為は，一握りの指導者だけで行われるわけではなく，時には一般市民まで含め，多くの加害者が存在するのが通例だ。こうした加害者全員を法的に裁くことは，現実には不可能である。そこで，いわば社会全体としてこうした罪を事実として明らかにし，その加害者の罪の告白，謝罪などを通じて，これを赦すという非公式な方法の有効性が注目されている。真実和解委員会と呼ばれるメカニズムである。

　そもそも真実和解委員会は，南アフリカのアパルトヘイト時代の人種差別による様々な罪状を明らかにするとともに，加害者の告白や謝罪を通じ，和解と共生を図っていこうとする方法として始まった。旧ユーゴスラビア，ルワンダ，さらに東ティモールなど多くの紛争地域で試みられており，NGO，大学・研究機関，さらに国連や国連難民高等弁務官事務所（UNHCR）などとも連携しながら，紛争後の社会の人々の和解を進めるアプローチとして注目を集めている。また，様々な復旧，復興プロジェクトに対立した民族の共同参加を条件として組み込むことによって，互いの憎しみを軽減し，和解を促進しようとする試みもなされている。

　もちろんこうした方法によって，すべての人々の心の傷や憎悪が消え去るわけでないことは言うまでもない。深い憎しみや心の痛みを抱える人々にとってこうした方法を強いられることは，むしろ残酷な場合すらあるだろう。長い時の経過だけが，そうした傷を癒しうることも少なくないはずだ。しかし国際社会が，紛争後の社会の再建に関与する上で全ての可能な方法を動員すべきであるとするなら，こうした非公式な和解を促進し得るアプローチの価値も決して過小評価されてはならない。

第4章　平和維持と平和構築

　グローバリゼーションと情報の伝達能力の飛躍的発展は，平和を従来の自国の安全と平和という狭い国益の視点からだけ考えることを許さなくなりつつある。国際社会が意識の上で共有する平和を実現するために，実際の平和と安全の管理能力を強化していくにはどうしたらよいのか。国連憲章が想定した集団安全保障への道のりは遠いにしても，現在の国際社会と国連が直面している課題は，明らかにその方向に通じるものだと言えよう。

■文献案内■

① 明石康『忍耐と希望――カンボジアの560日』朝日新聞社，1995年。
　＊副題のカンボジアの560日が示すように，著者が事務総長特別代表として国連PKO，(UNTAC)を指揮した経験を詳述。UNTACが実際に活動の中で直面した様々な困難にどのように対応したか，UNTACのオペレーションと外交の実際を詳述。

② 明石康『国際連合――奇跡と展望』岩波書店，2006年。
　＊国連の全体像について解説した読みやすい文献。長く国連事務局に高官として勤務した著者が，国連について多角的に記述。著者は，UNTACやUNPROFORといったPKOの事務総長特別代表も務めた経験から，PKOに関しての記述は含蓄のある洞察に富む。

③ 香西茂『国連の平和維持活動』有斐閣，1991年。
　＊PKOについて歴史的，理論的に解き明かした本格的な学術書。国連の集団安全保障の概念，国際連盟の時代の経験に始まり，国連発足時から冷戦期のPKOの生成，発展過程を個別のPKOを取り上げながら，包括的，多角的に分析している。

④ 神余隆博編『国際平和協力入門』有斐閣，1995年。
　＊冷戦後のPKOの展開を中心に，政府でPKO政策に関与した実務家の論考。カンボジア，ソマリア，旧ユーゴスラビアなどのPKOの事例から冷戦後のPKOの特徴を解説。さらに，各国のPKO政策や日本のPKO参加についても論じている。

⑤ 上杉勇司『変わりゆく国連PKOと紛争解決――平和創造と平和構築をつなぐ』明石書店，2004年。
　＊PKOを平和創造と平和構築をつなぐ連続的な和平プロセスのダイナミズムの中に位置づけ，PKOの個々の介在機能，移行支援機能，人道的介入機能という視点から，キプロス（UNFICYP），カンボジア（UNTAC）の事例を取り上げて理論的な解明を試みた研究。

⑥ 篠田英明『平和構築と法の支配』創文社，2003年。
　＊平和構築における法治システムの構築といった平和構築の一活動領域に限定した

狭い意味での法の支配ではなく，PKO のプロセスに関する和平合意，選挙支援活動，法の執行と司法活動など一連の活動を法の支配という視点から体系的，理論的に分析を試みた著作。

⑦ 山田満・野本啓介・小川秀樹・上杉勇司編『新しい平和構築論』明石書店，2005年。
　＊NGO を含む様々な国際協力の組織で平和構築の現場で実務経験を有する人々の論稿。何より現場での経験に基づいた考察が，平和構築活動の具体像を知る上で有益な書物。

⑧ Diehl, Paul F., *International Peacekeeping*, Baltimore and London Johns Hopkins, 1994.
　＊PKO を紛争の多様な性格に関連づけて分析し，武装解除，人道支援，選挙監視に平和強制など PKO の諸活動の有効性や課題について包括的に分析。PKO にかかわる様々なテーマの要点をおさえつつ多角的に分析した書物。

⑨ Jeong, Ho-Won, *Peacebuilding in Postconflict Societies*, Boulder Rienner, 2005.
　＊平和構築概念の解説，戦略やプロセス，さらに治安と武装解除，政治的移行，開発や和解と社会再生といった個別の活動分野についてもそれぞれ具体的に分析。平和構築を多角的かつ包括的に解説した著作。

第5章 グローバル化と反グローバル化

山田　敦

1　グローバル化とは

グローバル化の特徴

　私たちは「グローバル時代」に生きている，とよく言われる。一人ひとりがグローバル社会の住人であり，インターネットでグローバル・コミュニケーションを楽しんだり，グローバル企業の商品を購入したり，地球環境などのグローバル・イシューについて論じたりしている。

　では一体，グローバル化（Globalization）とは何だろうか。その今日的特徴として，少なくとも4点を挙げることができるだろう。

　第一に「重層的」であること。すなわち，今日のグローバル化は，政治，経済，社会，文化など，あらゆる分野で同時進行している。政治では民主主義や人権規範が少しずつ世界に広がり，経済では金融，貿易，生産，技術などのグローバル化が著しい。社会面では犯罪（たとえば国際テロ），疾病（エイズ），ヒトの移動（国際移民）など，文化面でも文学，音楽，映画，アニメなど，グローバル化の例は枚挙にいとまがない。

　第二に「複合的」であること。すなわち上述した各分野のグローバル化は，それぞれ独立しているのではなく，互いに影響を与え合い，複雑に絡み合って進行している。

　第三に「拡張的」であること。すなわち，ますます多くの国・地域，アクターを巻き込んで進行している。大国も小国も，先進国も開発途上国も，大都市も地方も，老若男女にかかわらず，グローバル化の影響を多かれ少なかれ受け

ている。もちろん影響は一律ではないが，グローバル化と無縁でいられることは，まずないだろう。

　第四に「加速度的」であること。シルクロードが古代中国とヨーロッパを結んだように，グローバル化は古の時代にも見られた。しかし今日のグローバル化は，運輸・通信技術の発達を背景に，かつてないスピードで，しかも速度を上げつつ進行している。

グローバル化への抵抗

　グローバル化が進むことで，私たちは遠く離れた国々の文化，情報，製品，サービスなどに，以前に比べてずっと簡単に接することができるようになった。しかし重層的，複合的，拡張的，加速度的に進行する今日のグローバル化は，その影響が甚大であるだけに，強い抵抗や反発も生み出してきた。それが「反グローバル化」の動きである。もっとも耳目を集めた反グローバル化の事件の一つに，米国シアトルでの暴動がある。1999年11月末，シアトルでWTO（世界貿易機関）の閣僚会議が開かれたとき，大規模な反対デモが繰り広げられ，一部が暴動に発展して，機動隊が鎮圧のため出動する騒ぎになったのである。このデモには，環境保護団体，人権保護団体，消費者団体，労働組合，農業団体など，多種多様なグループが参加していた。

　なぜ，貿易を専門とするWTOの会議が，環境，人権，労働といった一見無関係なグループによる反対運動のターゲットにされたのであろうか。彼らはなぜ，こぞってグローバル化に反対しているのか。グローバル化と反グローバル化の政治力学を理解するために，この章ではWTOを中心とする貿易問題に焦点を当て，検討していきたい。

2　貿易のグローバル化

自由貿易主義の考え方

　大阪の物品を東京で販売する場合，輸送料はかかるが，特別な許可は必要な

い。だがソウルやニューヨークの物品を東京で売ろうとすれば，輸送料の他に，税関を通過するための書類や，税金（関税）の支払いが必要である。国内と違って，国境を越えるモノの取引には，関税の他にも，様々な障壁がある（輸入数量制限や，国ごとに異なる安全基準など）。貿易自由化とは，そうした貿易障壁を取り除いていくことをいう。外国との商取引に対する国家（政府）の介入を減らし，市場の働きに委ねることと言い換えてもよい。

　自由貿易主義とは，貿易を自由化したときの様々な利益を強調する考え方である。第一に，輸入の利益がある。貿易によって，国内には存在しない，または不足しているモノを，外国から購入できる。たとえ国内にあるモノでも，もっと安く，品質の良い品を輸入できるかもしれない。

　第二に，輸出の利益がある。海外へ市場が広がることで，生産が拡大し，雇用が増え，経済が成長する。輸出で利益を上げれば，輸入を増やすことも可能になるだろう。

　第三に，世界全体にも利益がある。各国が相対的に生産性の高いモノ（比較優位財）に生産を特化し，生産物を交換する，すなわち「国際分業」を行うことにより，世界全体で生産効率が向上する。これが18〜19世紀の経済学者D・リカードの比較生産費説である。

　そして第四に，国際関係上でも利益が期待できる。貿易の拡大は，国同士の相互依存関係を強め，国際協調を促進する。もちろん利害対立が消えることはありえないが，戦争のように相互依存関係を断ち切るような紛争は回避されるようになるだろう。これが国際政治学における相互依存論の中心命題である。

GATT / WTO の歩み

　このように様々な利益が期待できるとはいえ，貿易自由化は決してひとりでに進んできたわけではない。世界大恐慌後の1930年代には，各国が貿易障壁を張り巡らせる「近隣窮乏化政策」をとり，それが世界経済をいっそう不安定化させ，第二次世界大戦の一因となった。その反省から，大戦後には貿易自由化を前進させるための国際的な制度・ルールがつくられた。それがGATT(General

Agreement on Tariffs and Trade：関税および貿易に関する一般協定）である。

　第二次世界大戦後の国際政治経済秩序であるブレトンウッズ体制は，3本柱で構成されていた。通貨・金融問題を担当する IMF（国際通貨基金），戦後復興支援を担当する世界銀行（正式名は国際復興開発銀行，IBRD），そして貿易問題を担当する GATT である。GATT はスイスのジュネーブ，IMF と世界銀行は米国ワシントン DC に本部を置いて発足した。ただし GATT は，上記の英語名が示すとおり，一種の合意事項（agreement）にすぎず，当初は国際組織としては脆弱であった。本来は ITO（国際貿易機関）という国際組織が企図されたのであるが，主要国の意見がまとまらずに頓挫し，いわば暫定措置として出発したのが GATT であった。

　順調な船出とは言い難かったが，GATT はやがて，戦後自由貿易体制の支柱となる。当初から変わることのない GATT の原則は，「自由」と「無差別」である。「自由」とは，様々な貿易障壁を減らしていくことを意味する。「無差別」とは，一つには内外無差別，すなわち国内の企業や製品と，外国の企業や製品とを，正当な理由なく差別しないことを意味する。もう一つには，貿易相手を差別しないこと，たとえばA国に対する貿易障壁だけを減らして，B国やC国に対しては障壁を維持する，といった差別をしないこと（最恵国待遇）を意味する。自由と無差別がセットになることで，多国間で貿易が拡大していくことが期待されたのである。

　こうした原則を掲げる一方で，GATT はいくつか例外も認めてきた。当初は貿易自由化交渉の対象を工業製品に限定し，多くの国で保護が根強い農産品は除外された。工業製品についても，輸入が急増して国内産業が壊滅的打撃を受けた場合には，一時的に輸入を制限してもよいというルール（セーフガード）を設けた。また，開発途上国にいきなり先進国と同じ自由化ルールを適用することは無理だと認め，途上国に対する優遇措置を設けた。こうした現実的な対応をとったからこそ，自由・無差別の原則も守られ，貿易自由化が着実に進行してきたといえるであろう。

　GATT による貿易自由化は，とくに多角的貿易交渉（ラウンド）を通じて進

表5-1 GATT／WTOのラウンド（多角的貿易交渉）

	開催年	名称	参加国・地域数	おもな特徴
第1回	1947	ジュネーブ	23	関税引き下げ
第2回	1949	アヌシー	13	同上
第3回	1951	トーキー	38	同上
第4回	1956	ジュネーブ	26	同上
第5回	1960〜61	ディロン	26	同上
第6回	1964〜67	ケネディ	62	一括引き下げ方式
第7回	1973〜79	東京	102	非関税障壁の削減
第8回	1986〜94	ウルグアイ	123	農業、「新分野」交渉
第9回	2001〜	ドーハ	152	ドーハ開発アジェンダ

（注）2008年5月16日現在のWTO加盟国・地域数。
（出所）WTOウェブサイト（www.wto.org）などを参考に筆者作成。

められてきた。これは，すべてのGATT加盟国が一定期間，集中的に行う貿易自由化交渉をいう。現在進行中のドーハ・ラウンドを入れて，これまでに9回のラウンドが行われ，それぞれ重要な成果を上げてきた（表5-1）。1960年代のケネディ・ラウンドでは，それまでの国別・品目別の交渉に代えて，一定の方程式を当てはめて多品目の関税率を一気に削減する「一括引き下げ方式」が採用された。1970年代の東京ラウンドでは，関税だけでなく，非関税障壁（補助金，政府調達，製品基準など）が削減の対象とされた。1985〜94年のウルグアイ・ラウンドでは，長らく例外とされてきた農産品が自由化の対象とされたほか，知的財産権やサービス貿易などの「新分野」へ交渉範囲が大幅に拡大された。GATTを発展させてWTOを設立することを決めたのも，このウルグアイ・ラウンドであった。

2001年に正式スタートしたドーハ・ラウンドは，「ドーハ開発アジェンダ」とも呼ばれ，開発途上国問題をはじめて前面に打ち出した。貿易を通じて，途上国の貧困削減や経済発展をいかに後押ししていくかが，重要なテーマである。

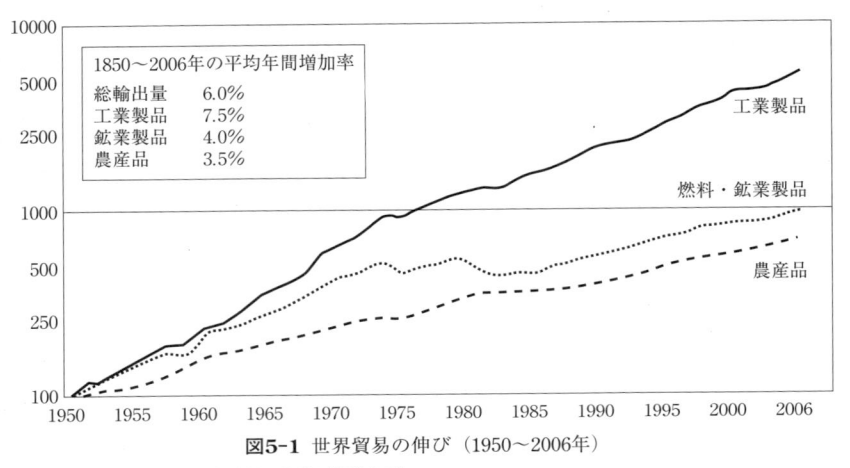

図5-1 世界貿易の伸び（1950～2006年）

1850～2006年の平均年間増加率
- 総輸出量　6.0%
- 工業製品　7.5%
- 鉱業製品　4.0%
- 農産品　　3.5%

（注）1950=100とした貿易量の推移（対数表示）。
（出所）WTO, *International Trade Statistics 2007* (http://www.wto.org/english/res_e/statis_e/its 2007_e/section 1_e/its 07_highlights 1_e.pdf), p.2.

GATT/WTOの成果

　GATTの発足から，WTOに発展した今日まで，約60年間の成果をまとめれば，以下のように言えるだろう。第一に，世界貿易の拡大である。図5-1に示されるように，GATTが当初から関税引き下げの対象としてきた工業製品の貿易は，1950～2006年に50倍以上に増えた。同時期に，燃料・鉱業製品（石油，石炭，天然ガス，ダイヤモンド，チタンなど）の貿易も約10倍，保護主義が根強い農産品の貿易でさえ約7倍に伸びた。

　第二に，自由貿易体制に参加する国々の増加である。1947年，ジュネーブで最初のGATTによる貿易自由化交渉が行われたときの参加国は23カ国にすぎなかった。それが1970年代の東京ラウンドでは約100カ国に増え，現在のドーハ・ラウンドでは約150カ国に拡大している（表5-1）。当初のGATTは欧米先進国が中心であったが，次第に開発途上国や旧社会主義国が増え，WTOになってからは2001年に中国，04年にカンボジア，07年にベトナムが加盟国となり，さらにロシアなど約30カ国も加盟国となるための申請を済ませている。今後も加盟国は増える見込みであり，世界最大の国際組織である国際連合の加盟

国数（約200カ国）に近づいていくであろう。

　第三に、国際組織としての体制強化である。前述のとおり GATT は「協定」としてスタートしたが、WTO（World Trade Organization）は名実ともに「組織（organization）」であり、いろいろな仕組みが強化された。貿易問題で加盟国の間に対立が生じたときに、裁判所として機能する紛争解決機関は、GATT 時代よりも迅速に、かつ大きな権限をもって裁定を下せるようになった。また、少なくとも2年に1回開催される閣僚会議が最高意思決定機関であることや、閣僚会議の下に一般理事会を置くこと、一般理事会の下に分野別の理事会や委員会を置くことなど、組織体系が整えられた。

　第四に、自由化をめざす対象分野の拡大である。ウルグアイ・ラウンド以降、工業製品だけでなく、農産品も交渉対象となった。また、モノの貿易だけでなく、サービス貿易の自由化（金融、通信、運輸、旅行、教育などの産業の国際化）も進めていくことになった。特許や著作権などの知的財産権を守るための国際的ルールも、WTO で協議されている。さらに現在のドーハ・ラウンドでは、環境保護や、途上国の開発などの大きな問題に取り組んでいる。

　要するに WTO は、もはや貿易だけを扱う国際組織ではなくなった。かつての西側諸国も東側諸国も、先進国も途上国も参加して、貿易、知的財産、環境、開発といった広範な問題に取り組む「グローバル組織」に成長したのである。それは GATT/WTO の成功物語であるが、しかし同時に、強大な抵抗・反動を生み出す原因ともなった。次節から、そのような反 WTO の動きを見ていく。

3　保護主義と地域主義の高まり

保護貿易主義の考え方

　自由貿易に様々な利益があることは前節で述べたが、誰もがそのすべてに賛同しているわけではない。貿易に一定の制限を設けることが必要であるという考え方、すなわち保護貿易主義には、次のような主張がある。

　第一は、幼稚産業保護論である。ある産業が未成熟なうちに輸入を自由化す

ると，もっと優れた外国製品が流れ込んできて，赤子の手をひねるように，国内企業をなぎ倒してしまうだろう。国にとって重要な産業では，外国製品と競争できるようになるまで輸入を制限すべきであると，幼稚産業保護論は考える。将来性のある産業の育成をめざす国は，この立場をとりやすい。日本も1970年代まで，コンピュータ・電子産業の育成のために保護措置をとっていた。

第二は，斜陽産業保護論である。すでにピークを過ぎ，国際競争力を失った産業であっても，国内企業をすぐに倒産させ，失業者を大量発生させるわけにはいかない。新たな職探しなど，調整に時間がかかるため，その間は輸入品の流入を一時制限しておく必要がある。先進国から途上国へ競争力がシフトした産業において，この立場がとられやすい。米国やEUは現在，繊維・衣料や鉄鋼産業で中国からの輸入急増に直面し，貿易の制限に乗り出している。

第三に，安全保障上の理由から保護貿易主義がとられることがある。軍需産業はもちろん，軍事利用可能なハイテク産業で，多くの国が自国企業に保護や支援を提供している。また，日本は農産品（とくにコメ）の貿易自由化に消極的であるが，その理由として，一定の食糧自給率を維持することが「食糧安全保障」の観点から必要不可欠であると主張している。

自由化のジレンマ

貿易自由化が進むほど，保護貿易主義が高まりやすい。これは自由化のジレンマといえるだろう。すなわち貿易の自由化が進み，輸出入が増えるほど，輸入品との競争にさらされる国内産業が増え，工場閉鎖や失業の危機に直面して保護を求める声が高まりやすいのである。とくに貿易赤字が膨れあがった国では，貿易黒字国に対する不満が強まり，保護貿易主義が台頭しやすい。

いずれの国も，貿易の自由化を望むセクター（産業部門）と，保護を望むセクターの両方を抱えている。一般に，国際競争力の強いセクターは，海外市場への進出をめざし，一層の貿易自由化を希望する。輸入品の販売業者も，仕入れ値が安くなるので貿易自由派である。国際的な生産ネットワークをもつ企業（東アジア諸国で生産する日本企業など）も，部品を現地に輸出し，完成品を本国

に輸入するため，貿易障壁が除去されることで利益を得る。

　反対に，国際競争力のないセクターは，輸入品と競合していけないため，保護貿易派となりやすい。保護貿易派による自由化への抵抗は，しばしば深刻な国内政治問題となる。日本の農業はその典型である。日本の農産品は，外国産品より割高なものが多い。消費者は，味や安全性に問題がなければ，安い輸入品を歓迎するであろう。農産品の輸入拡大を求める諸外国からの対日圧力も，強まる一方である。しかし，農協によって組織化された日本の農業セクターは，昔から自民党の重要な支持基盤であり，農林族と呼ばれる議員を通じて大きな政治力をもつ。そのため日本の農産品貿易は，一部で輸入を増やしてきたものの，いまだに保護主義的だと批判されている。同じように，たとえばアメリカでも，繊維産業や鉄鋼産業を保護するかどうかが，大統領選挙の争点になるなど，しばしば政治問題化する。

　自由化が進むほど抵抗が強くなるという自由化のジレンマは，GATT/WTOにおけるラウンドの長期化によく示されている。一連のラウンドを通じて自由化は大きく前進してきたが，最近になるほど交渉は難航している。交渉開始から妥結までに，ケネディ・ラウンドは4年，東京ラウンドは7年，ウルグアイ・ラウンドは9年を要した（表5-1を再度参照）。現在のドーハ・ラウンドは，2001年に正式にスタートして，当初目標とした2005年末までの交渉妥結を果たせず，いまだに終点が見えない。

FTA/EPAの広がり

　多国間交渉の停滞と裏腹に盛んになってきたのが，二国間または少数国間でのFTA（自由貿易協定）およびEPA（経済連携協定）の締結である。FTAは，広範な品目について互いの関税を削減・撤廃する取り決めである。EPAはFTAより幅広く，貿易だけでなく投資，知的財産権の保護，ヒトの交流，経済協力などについても取り決めたものをいう（ただしFTAの中にも知的財産権条項などを盛り込んだものがあり，両者の区別は必ずしも明確ではない）。

　WTOは「無差別」が原則なので，特定の相手国だけと自由化を行うFTA/EPA

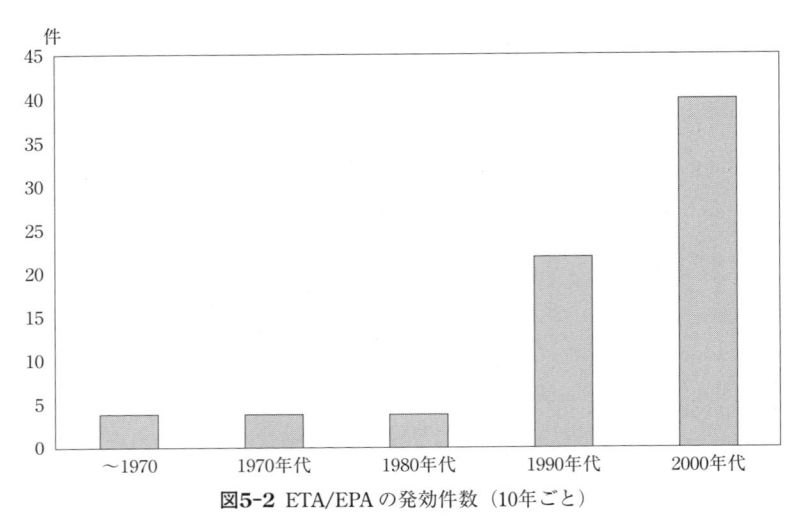

図5-2 ETA/EPA の発効件数（10年ごと）

（出所）WTO, "Trade Remedy Provisions in Regional Trade Agreements," staff Working Paper, September 2007（http://www.wto.org/english/res_e/reser_e/ersd 200703_e.pdf），p.75.

とは矛盾する。そこで WTO は，一定の条件を付けて，FTA/EPA のような地域貿易協定を例外として認めている。条件とは，締結国間で実質的にすべての貿易障壁を近い将来に廃止することや，第三国に対して今までよりも貿易障壁を高めないことなどである。

図5-2は，WTO に報告された FTA/EPA の件数の推移を示している。1980年代まではわずかな増加にとどまっていたが，90年代から急増しはじめ，2000年以降はさらに加速している。

国別に見ると，①もっとも FTA 締結に熱心なのは，チリ，メキシコ，シンガポールなどの中小国である。これらの国々は，締結相手国との貿易を増やすことはもちろん，相手国からの投資を呼び込み，経済成長に結びつけることを企図している。②アメリカや EU のような大国も，FTA 交渉を積極化している。アメリカはカナダ，メキシコとの NAFTA（北米自由貿易協定，1994年発効）を中心に，イスラエル，ヨルダン，韓国などと締結した。現在，キューバを除く西半球すべての国々で FTAA（米州自由貿易協定）を締結しようと交渉中であ

る。EUはそれ自体が一種の地域貿易協定であるが，EUとして一つにまとまって域外の国々とのFTA交渉に乗り出している。③日本はやや出遅れ，交渉を急いでいるところである。シンガポールとのEPA（2002年発効）を皮切りに，メキシコ，マレーシア，フィリピン，チリ，タイ，インドネシア，ブルネイ，ASEAN（東南アジア諸国連合）などと締結または大筋合意に達した。

新地域主義の功罪

FTA/EPAの拡大は，「新地域主義」とも呼ばれる。かつての地域主義は，1950年代に本格化した欧州統合に代表されるように，地理的にも経済発展レベルでも近い国々が結びつくものであった。それに対し，近年のFTA/EPAでは，近隣国同士だけでなく，地域横断的な結びつきが目立つ。日本とメキシコ，EUとチリ，アメリカと韓国などである。また，先進国と途上国が結びついているのも，新地域主義の特徴の一つである。

FTA/EPAがこれほど広がってきたのは，大きなメリットが期待されるからである。第一に，多国間ではまとまりにくい交渉が，二カ国または少数国であれば早く妥結できる可能性がある。第二に，関税の削減・撤廃により，締結国同士で貿易が拡大し，経済成長につながることが期待できる（これを貿易創出効果という）。そして第三に，WTOよりも先進的な取り決めを結ぶことが期待できる。投資，知的財産，環境，労働など，多国間交渉で行き詰まっている問題が，FTA/EPAには合意事項として盛り込まれている例がある。たとえ一部の国同士でも，そのような貿易自由化を前進させるFTA/EPAを増やしていくほうが，WTO交渉を停滞させたままでおくよりも，世界全体にとって利益になるという意見もある。そう考えれば，FTA/EPAはWTOを阻害するというより，むしろ補完すると評価することができるだろう。

他方，FTA/EPAの増加を憂慮する意見もある。第一に，例外があまりに増えれば，WTOの「無差別」原則が骨抜きにされてしまう。第二に，たとえWTOの決まりどおり，FTA/EPAの締結国が第三国に対して貿易障壁を高めることをしなくても，締結国同士で貿易が増えれば，そのあおりを受けて輸出が減る

国が出てくるだろう（これを貿易転換効果という）。NAFTA 成立後，メキシコからアメリカへの輸出が増えると，日本からアメリカへの輸出が減るのではないかと，日本の産業界は懸念した。第三に，別々の内容をもつ FTA/EPA が乱立すると，貿易ルールの国際的統一が遠のいてしまう（スパゲティが絡まる様子にたとえて「スパゲティ・ボウル効果」と呼ばれる）。そして第四に，FTA/EPA はギブ・アンド・テイクの関係にある国同士が結ぶものなので，これといって提供するもののない後発開発途上国などは仲間はずれにされてしまう。

4　広がる反グローバル化の動き

WTO に対する抵抗は，保護貿易主義だけではない。環境，労働，人権，医療，安全性など，貿易とは無関係に思えるような分野から，反 WTO の声が高まっている。そして，それら各分野からの反 WTO の声は，次々に重なり合い，より大きな反グローバル化の訴えとして，今日の世界に鳴り響いている。いくつか代表的なグループの主張を見よう。

地球環境と貿易

環境と貿易のつながりに目を向け，反 WTO 運動を展開しているのが，環境保護団体である。彼らは，貿易自由化が環境破壊につながる理由を，次のように説明する。

第一に，貿易自由化が進めば，魚介類の輸出国はより多くの水産資源を，木材の輸出国はより多くの森林資源を，乱獲する動機を強めることになるだろう。農産品の輸出国も，増産のために化学肥料を濫用しやすく，それが土壌を変質させ，生態系の破壊が進む。

第二に，WTO は，多くの国や地方自治体が設けている環境保護基準を「非関税障壁」として，一律に除去する方向に動いている。A 国が厳しい環境保護基準を設け，その基準を満たさない B 国の製品を輸入禁止とした場合，非はどちらの国にあるか？　WTO は，自由貿易を阻害しているとして，A 国に対

し環境保護基準の緩和・撤廃を求める傾向にある。

　第三に，多国籍企業はコスト削減のために，環境保護基準がゆるやかな国・地域に進出しようとする。進出先では，なるべく公害対策などに費用をかけずに工場を建てようとする。よってグローバル化は，「環境にやさしくない」企業進出を助長し，進出先の環境汚染を悪化させやすい。

　こうした環境保護団体からの批判に，WTOが応えてこなかったわけではない。WTOの設立協定前文には，環境の保護・保全に努め，「持続可能な開発」をめざしていくことが明記された。その後も，WTOの中に「貿易と環境に関する委員会（CTE）」を設置し，貿易が環境に与える影響などについて検討している。しかし，具体的な対応策を生み出すには至っていないとして，環境保護団体はWTO批判を続けている。

労働と人権
　労働組合は，かねてより貿易に強い関心を寄せてきたが，近年では「古い労組」からの脱皮をめざし，人権保護団体や環境保護団体と連帯するようになった。彼らの連帯を可能にしたのが，反WTO，反グローバル化の運動である。

　アメリカをはじめとする先進国で，とくに鉄鋼や自動車のように輸入品との競争が厳しい産業では，労働組合は保護貿易主義に傾きやすい。工場閉鎖やレイオフ（一時解雇），賃金引き下げなどを恐れ，業績悪化の原因を安価な輸入品の殺到に見出して，輸入規制を政府や議会に要求する——という「外国叩き」が，保護主義的な労組によくある行動パターンであった。

　しかしWTO時代になってからの労組は，自分たちの「職を守る」ことに加え，世界中の労働者の「人権を守る」ことを，活動目的としてアピールするようになった。彼らは，反WTOの理由を次のように主張する。安価な輸入品との競争に直面した企業の経営陣は，コスト削減の方策を探り，国内では操業ができなくなったと考えれば，賃金の安い途上国に工場を移転する。それゆえ貿易自由化は，先進国の労働者にとって失業や賃金引き下げ，労働条件の悪化を招くと同時に，途上国の労働者が低賃金で搾取されることにつながる。かくし

て世界全体で，労働者の人権や尊厳が，貿易によって損なわれていく。

　こうした労組の主張は，人権保護団体の主張と重なり合う。彼らが連帯した例が，「スウェットショップ」問題であった。1990年代後半，アメリカの有名スポーツメーカーのウェアやボールを製造する東南アジアの工場で，児童労働，低賃金・長時間労働，セクハラなどが常態化していることが発覚した。同様の問題は，他のスポーツ用品メーカー，シューズ・メーカー，カジュアルウェア・メーカー，有名大学のロゴ入りウェアなどの製造工場でも起きていた。人権保護団体は，労組，学生団体などと連帯し，スウェットシャツが文字どおり「汗」まみれの劣悪な労働施設（＝スウェットショップ）でつくられていることを糾弾した。

　このとき糾弾されたメーカーは，ちょうど企業の社会的責任（CSR）への関心が高まっていたこともあり，速やかに直営工場の労働基準強化に乗り出した。しかし下請け工場や，そのまた下請けの労働者が置かれている状況まで，完全に把握されているわけではなく，さらなる調査と対応が求められている。

フェア・トレード

　自由貿易主義によれば，貿易の拡大はすべての国・人々に恩恵を与える。だが，途上国の人々は世界貿易体制に組み込まれることにより，かえって生活が悪化しているという批判もある。先進国は付加価値の高い工業製品を輸出できるが，途上国は収穫量が不安定な農産品や，労働集約的な低価格品を生産するしかない。貿易自由化は，この分業体制を固定化する。それゆえ今の世界貿易は，先進国と途上国の貧富の差を拡大する構造になっている，という批判である。これは，開発援助団体や途上国の人々による反WTO論の一つでもある。

　WTOも，途上国問題に関して決して無関心ではない。現行のドーハ・ラウンドは，「ドーハ開発アジェンダ」とも呼ばれ，貿易を通じて途上国の開発を実現することを主要な検討課題（アジェンダ）とし，途上国の利益を考慮することを前面に打ち出している。しかし，ラウンド自体が難航しているため，具体的な成果は不透明である。

反WTOの声が高まるなか、市民レベルで進められてきた動きに「フェア・トレード」運動がある。これは、自由貿易（フリー・トレード）に代えて、途上国の生産者にとって利益となる公正貿易（フェア・トレード）を実現しようとする運動である。フェア・トレードの支持者は、今日の貿易体制下では、仲買人や流通業者（主に多国籍企業）が不当な利益を上げ、途上国の生産者や労働者が搾取されていると主張する。そこで是正策として、途上国の生産者と直接契約を結び、しかもその契約を長期的なものにして、継続的な仕事をつくり、最低価格を保証するなど、生産者側の利益を図ることにした。また、農薬や化学肥料に頼らない自然農法に転換したり、児童労働を禁じるなど労働条件を改善したりすることにより、環境や労働の問題にも取り組んでいる。

フェア・トレード商品は、途上国の農産物（コーヒー、カカオ、バナナなど）、手工芸品、その他様々な品目に広がっている。商品には、国際フェア・トレード認証機構（FLO）などによる認証マークが付けられる。先進国における消費者の間での認知度も高まってきた。とはいえ、今日の世界貿易の全体に占める割合はごくわずかなものにすぎず、これだけで貿易と開発の問題が解決に向かうとは考えにくい。

エイズ治療薬と特許

国連合同エイズ計画（UNAIDS）の報告によれば、2006年末に世界全体のHIV（ヒト免疫不全ウィルス）感染者は3950万人で、2004年から260万人増加した。2006年中の新たな感染者は430万人、同年のエイズ死亡者は290万人にのぼる。感染者数がもっとも多いのは、相変わらずサハラ以南アフリカ地域で、世界全体の約三分の二（2470万人）を占め、しかも増加しつづけている。

こうした途上国のエイズ問題に取り組む開発援助組織や人道支援組織、医療関係者などからも、WTOを批判する声が上がっている。なぜだろうか。

治療に効果のある抗HIV薬が欧米の医薬品メーカーによって開発されているが、その治療を受けるためには年間1万〜2万ドルの費用がかかる。途上国の感染者には、とても手が届かない。世界でもっとも治療薬を必要としている

地域で，その薬が使えないわけである。それは，薬価を釣り上げている現在の特許制度，とくにWTOのもとでつくられたTRIPS（貿易関連知的財産権）協定に問題があるからだ——と，ノーベル平和賞を受賞した「国境なき医師団」をはじめとする国際NGOは訴えてきた。

　モノやサービスの貿易が拡大すると，特許や著作権などの「知的財産権」についても国際的なルールが必要になる。ハイテク機器や医薬品が輸出されれば，その特許が外国でも保護される必要があるためである。そこで1980年代のウルグアイ・ラウンドにおいてTRIPS協定がつくられ，WTO協定の重要な一部となった。これによって，相違のあった各国の特許制度が統一に向かうこととなり，途上国も（5～10年間の猶予を与えられたが）先進国と同じ特許制度を整備する義務を負った。エイズ治療薬の特許も協定の対象となり，先進国の製薬会社の決めた薬価が世界中に適用された。

　ところが1990年代に入ると，インドやブラジルの製薬会社が，欧米企業の開発した抗HIV薬のジェネリック薬（コピー薬）を製造し，安価で販売しはじめた。途上国政府やNGOは歓迎したが，欧米の製薬会社は強く抗議した。新薬の開発には多大な研究開発投資が必要であり，特許が保護されて利益を上げることができなければ，もっと良い新薬を開発する道が絶たれる，というのが欧米メーカーの主張であった。ジェネリック薬の賛成派は，途上国の危機的状況を救う必要性を強調したが，欧米メーカーは安価なコピー薬が先進国にも流れ込んでくる可能性を憂慮した。

　長らく対立が続いたが，やがて事態は少し前進する。2001年11月，WTOのドーハ閣僚会議において「TRIPS協定と公衆衛生に関する閣僚宣言」が採択され，HIVやマラリアなど伝染病の蔓延が「国家非常事態」に当たると認められた場合のみ，例外的に，その国の政府が「強制実施権」を発動できる（ジェネリック薬の製造を許可できる）ことが合意されたのである。2003年8月には，WTO一般理事会において，自国でジェネリック薬を製造する能力がない後発開発途上国も，ジェネリック薬を輸入することが認められた（ただし，先進国への流出を防ぐために，オリジナル薬と区別できる包装にすることや，輸入の際にWTOに通報

することなど，厳しい条件も定められた）。さらに，欧米の医薬品メーカー自身も，途上国向けに一部の抗HIV薬を安価で提供しはじめた（先進国向けの半分から10分の1程度の価格）。

とはいえ，前述のとおりHIV感染者は世界でさらに増え続けており，現在のように特許制度の「例外」として対処する方法が，いつまでも機能するとはかぎらない。途上国への配慮を打ち出した現行のドーハ・ラウンドにおいて，最重要課題とされている問題の一つである。

食の安全

GATT/WTOでは長らく農産品を例外扱いしてきたが，ウルグアイ・ラウンドから交渉の対象とし，貿易自由化を進めてきた。それに対し，農業輸入国の一部から保護主義的な抵抗が続いていることは，すでに述べた。

それとは別に，農産品の安全性への懸念を理由に，貿易自由化に抵抗する国や消費者団体もある。安全基準は国によって違いがあるが，GATT/WTOでは，安全基準を言い訳にして輸入制限を行うのは不公正だと取り決めている。しかし本当に安全性が心配されているのか，それとも輸入制限の言い訳にすぎないのかが，しばしば係争点となる。

その一例が，遺伝子組み換え作物（GMO）をめぐる米欧の対立である。GMOは遺伝子組み換え技術によって品種改良された作物で，害虫に強いトウモロコシや大豆，日持ちのするトマトなどがある。GMO生産で世界第1位のアメリカでは，すでに大豆の約9割，トウモロコシの約7割がGMOだと言われる。しかし人体や環境，生態系への影響について不安を抱く消費者も少なくない。ヨーロッパや日本では，とくにそうした不安が強い。

EUは1998年，安全性への懸念を理由に，新規のGMOの認可を一時停止すると発表した。それに対し，GMO輸出大国であるアメリカ，アルゼンチン，カナダが，EUの規制は不当な輸入制限であるとWTOに訴えた。この対立は2003年，EUがラベリング（食品の原材料にGMOを含むかどうかの表示義務）を強化することを条件に，新規認可を再開することで一応の決着をみた。現在GMO

の貿易については，国際的合意として「カタルヘナ議定書」（2003年9月発効）がある。輸出国が輸入国に対して事前通知の義務を負う一方，輸入国は安全性を科学的に評価して認可（または不認可）を迅速に決めることを取り決めている。

　日本とアメリカの間では，狂牛病（BSE）問題が貿易摩擦となった。2003年，アメリカでBSEの発生が確認されたため，日本はアメリカ産牛肉の輸入禁止に踏み切った。輸入再開の条件として，日本は牛の全頭検査を求めたが，アメリカ側は全頭検査を必要とする科学的根拠が不十分であるとして拒否し，より緩やかな条件での輸入再開を要求した。2005年，生後20カ月以下の牛に限定して輸入が再開されたが，翌年に危険部位の混入が発覚し，再び輸入禁止となる。2006年7月，安全性が確認された加工施設の牛肉に限って輸入を再開することとなったが，日本の消費者団体は，食の安全をないがしろにした対米譲歩だと日本政府を批判した。

　2006年頃からは，中国産の農産品や加工食品，玩具の安全性が問題視される事件が相次いだ。野菜から危険レベルの残留農薬が検出されたり，食品製造の品質管理が問題視されたり，玩具の塗料から有害物質が検出されたりしたため，多くの国が中国産品の輸入規制措置をとった。

　貿易がグローバルに拡大すれば，伝染病や有害物質もグローバルに広がる危険がある。そのことを，これらの事例はよく示すものであった。

5　グローバル・ガバナンスへ向けて

　環境，労働，人権，医療，安全性など，前節でみた諸問題は，一見すると貿易とは関係ないように思える。専門家はこれらを「非貿易的（non-trade）」関心事項と呼んできた。貿易そのものではないけれども検討すべき事柄，という意味である。しかしこれらの問題は，もはや「非貿易」と片づけることができないほど，貿易と不可分の関係にある。

　なぜそうなったのか。それは貿易というものが，私たちが暮らす社会のあら

ゆる側面に影響を及ぼすようになったからであろう。モノ・サービスの国境を越えた取引は今日，かつてなかったほどの数量，金額，地理的広がりで行われている。その結果，たとえば農林水産品の貿易が環境破壊と結びつき，多国籍企業の経済活動が世界中で労働問題や人権問題を併発し，医薬品の特許ルールが医療従事者や患者からの反発を生み，食の安全が世界全体の懸念事項となった。どれも，貿易が小規模な時代にはなかったことである。

このような貿易の拡大を支える役割を果たしてきたのが，GATT/WTO である。1947年に23カ国で出発した GATT は，約60年後の今日，約150カ国の WTO へと成長した。幾度かのラウンドを通じて，関税だけでなく非関税障壁の削減を実現し，工業製品だけでなく農産品でも，モノだけでなくサービスの分野でも，貿易自由化に大きく貢献した。TRIPS 協定のように知的財産権分野でも国際ルールづくりを進めてきた。

貿易自由化の中心的存在であるだけに，批判の矛先も WTO に向けられることとなった。環境保護団体，労働組合，人権保護団体，農業団体，消費者団体，医療団体，開発支援団体など，実に様々なグループが，それぞれの大義から反WTO 運動を展開する。貿易自由化の進展は，WTO の成功物語であると同時に，WTO 批判を生み出した源泉でもある。様々なグループからの反 WTO の声は，より大きな反グローバル化の訴えとなって鳴り響いている。

貿易自由化・グローバル化の中心に位置する国際機関として，WTO が直面する課題は極めて大きく，多岐にわたる。現在進行中のドーハ・ラウンドでは，第3節で述べた保護貿易主義勢力だけでなく，第4節で述べた広範な反グローバル化勢力にも満足のいく合意をまとめなければならない。たいへんな難題であるが，取り組むうえで不可欠なのは，反対するグループを排除せず，討議に参加させることであろう。政府代表による密室協議に終始せず，NGO などの参加を得て，国際社会の声を反映させていく必要がある。それがグローバルな問題解決に民主的に取り組む「グローバル・ガバナンス」への第一歩であろう。

■文献案内

① D・ヘルド，A・マッグルー，中谷義和・柳原克行訳『グローバル化と反グローバル化』日本経済評論社，2003年。
　＊著名なグローバリゼーション研究者ふたりが，平易に書き下ろした書。グローバル化（および反グローバル化）とは何かを，政治，文化，経済など様々な切り口で検討し，グローバル時代の望ましい世界秩序を提唱する。

② 小倉和夫『グローバリズムへの叛逆――反米主義と市民運動』中央公論新社，2004年。
　＊各国大使をつとめた元外交官が，欧州，イスラム圏，アジア，アフリカなど世界各地で生じている反グローバル化（その一部は反アメリカニズム）運動の現状と背景を描写。反グローバル化がいかに根強く，かつ広範なものであるかがよくわかる。

③ 小寺彰編著『転換期のWTO――非貿易的関心事項の分析』東洋経済新報社，2003年。
　＊WTOの解説書はいくつもあるが，本書は伝統的な貿易問題だけでなく，この章の最後に言及した「非貿易的関心事項」（環境，労働，人権など）にWTOがいかに取り組み，これから何が課題であるかを，詳しく検討している。

④ 山根裕子『知的財産権のグローバル化――医薬品アクセスとTRIPS協定』岩波書店，2008年。
　＊この章の第4節で取り上げたエイズ治療薬の高価格と特許制度の問題について，最も詳しい一冊。

⑤ キャロル・オフ，北村陽子訳『チョコレートの真実』英治出版，2007年。
　＊フェア・トレードについては，オックスファムなど国際的NGOのホームページで基礎的解説を読むことができるので，ここではフェア・トレードが必要とされる開発途上国の実態を克明につづった本書を紹介したい。女性ジャーナリストが，世界最大のカカオ生産国コートジボワールにおける農園の児童労働，巨大企業と政府の腐敗などを描写する。

第6章	グローバル・イシューズとしての貧困問題
	——ODA・世界銀行と開発問題
	段　家　誠

1　日本のODA

　グローバル化が進む国際社会において，貧困をいかにして削減するか，そのための手段として開発援助への期待は依然として大きい。「世界人口の60億人のうち，約2分の1の人々が1日2ドル未満，約5分の1の人々が1日1ドル未満で生活」している（世界銀行『年次報告2001年』）。貧困削減には途上国の経済成長を促すことが重要との認識が一般的にある。

　国連では2000年9月に「ミレニアム開発目標（MDGs）」を189カ国が採択した。MDGs は以下のような8つの目標を国際社会が共通で取り組むべき課題とした。それらは，①極度の貧困と飢餓の撲滅，②初等教育の完全普及，③ジェンダーの平等と女性のエンパワーメント，④子供の死亡率の削減，⑤妊産婦の健康の改善，⑥HIV／エイズ，マラリアなどの疾病の蔓延防止，⑦持続可能な環境作り，⑧グローバルな開発パートナーシップの構築，である。

　本章では，日本をはじめとする各国の政府開発援助（Official Development Assistance, ODA）についての現状を俯瞰した後，開発援助の歴史において主導的な役割を果たしてきた世銀の開発の歴史的変遷とそのときどきの問題を概観することによって，開発援助が抱えてきたいろいろな課題をみる。

日本のODAの現状

　ODAは，先進国から開発途上国への援助手段の根幹をなすものである。先進諸国にとっては，国益を実現する上で有用なツールである。日本政府にとっ

てもODAはPKOと並び国際協力の中心的な道具である。

日本政府は，1954年10月のアジア太平洋諸国への資金援助と技術援助を目的とした「コロンボ・プラン」に加盟し，翌年医療に関して研修員の受け入れと専門家の派遣を行った。1954年11月には，日本・ビルマ平和条約，賠償経済協力をきっかけに資金協力を開始した。その後，日本政府はフィリピン，インドネシア，ベトナムとも賠償協定を締結した。1958年2月には最初の円借款をインドに対して供与するために交換公文を締結した。

日本のODAの形態は，二国間援助（バイ）と多国間援助（マルチ）の大きく分けて2つに分けられる。前者は開発途上国への長期返済義務を伴う有償資金協力（円借款）と返済義務のない援助である贈与（技術協力や青年海外協力隊，水産無償，食糧増産援助等の無償資金協力）であり，後者は国連への分担金や世界銀行，アジア開発銀行，アフリカ開発銀行等の多国間開発銀行（MDBs）への出資，拠出金である。世銀やアジア開発銀行等のプロジェクトに日本政府が協調融資を行う場合もある。

外務省の『ODA白書』によれば，日本のODAは，2005年（暦年）実績で対前年比47.3％増の約131億4658万ドル（1兆4474億円）であった。2004年（暦年）の約89億ドルから大幅な増額が行われた理由は，イラクに対して約32億2092万ドル（約3546億円）の債務救済を行ったことと，インドネシアに対して約13億4152万ドル（約1477億円）の債務猶予を行ったためである。これらを差し引けば，約85億8414万ドル（9451億円）となり，この金額は対前年比3.8％減となる。

上記のように，日本のODAは当時実績では米国に次いで世界第2位であった。しかし，国民総所得（Gross National Income, GNI）でみた場合，経済協力開発機構（Organization for Economic Cooperation and Development, OECD）の下に置かれた開発援助委員会（Development Assistance Committee, DAC）では，2005年のDAC諸国における日本のODA実績の対GNI比は0.28％で，これは22カ国中17位である。上位5カ国は，ノルウェー（0.93％），スウェーデン（0.92％），ルクセンブルク（0.87％），オランダ（0.82％），デンマーク（0.81％）である。この数字の意味するところは，その国の経済力に比してどれくらい援助している

かということを示しており，日本の0.28％は金額の総額では大きいが国の経済規模からすれば援助額は大きくはないということになる。国連では以前から数値目標として各国のODA対GNI比を0.7％にすることを掲げているが，北欧を中心とする上位国を除いて，その目標を達成するのは容易ではない。

2005年の二国間ODAは，104億8461万ドル（1兆1543億5600万円），国際機関向けの拠出・出資等は，27億9887万ドル（3081億5500万円）であった。構成比は，二国間ODAの贈与分が69.8％を占めており，その内訳は無償資金協力が49.1％，技術協力が20.7％である。政府貸付等は9.1％を占めており，両方を合計すると78.9％となる。国際機関向けの拠出・出資等は21.1％である。

二国間ODAの地域別配分は，アジアが36.6％，次いで中東が33.2％，アフリカが10.88％，中南米が4.0％，大洋州0.9％，欧州3.1％，その他11.4％である。アジア諸国へのODAの配分は1970年（暦年）の98.2％からみれば減少しているが，中東とともに依然として日本において高いシェアを有している。援助を供与している上位5カ国（2005年）は，イラク（20億9600万ドル），中国（16億6200万ドル），インドネシア（9億6300万ドル），タイ（7億6500万ドル），フィリピン（7億600万ドル）である。日本のODAにおいてアジアが重視されているのは，日本のアジア重視の外交姿勢の表れでもあるが，もとは日本のODAが戦後賠償から始まった側面を有していることも関係している。

以上は統計上の数値と金額の話であるが，援助は金額が多ければよいというものではない。一方で，援助の質と量の議論が別にある。援助額に比して人員が足りなければ，その分，案件の調査や審査，進捗状況のチェックや検証等に割り当てる人員が限られてくる。2004年度に外務省と国際協力機構（JICA），そして国際協力銀行（JBIC）においてODAにかかわる要員数は約2006名で，要員1人当たりの実績額は374万ドルであった（2004年度ODA実績90億231万ドル）。たとえば，ODA予算が増大しても援助要員が増員されなければ，1人の援助担当者が何件ものプロジェクトを抱えて，その総額が数百億円にのぼることを考えると，きめ細かい，加えて不正の生じない援助を行うには，それに応じた体制が必要になる。

日本のODA予算は，1997年の橋本内閣での財政構造改革法の成立後にほぼ毎年削減が続き，いわば「量から質への転換」が図られた。2007年12月，経済協力開発機構は，1991年から10年連続で世界第1位であった日本のODAが，2010年に世界第6位に転落するとの推計を発表した。2006年の実績値では米，英に続き世界第3位であったが，独，仏そしてイタリアに追い抜かれるとの予想であった。その後，2008年4月には日本のODAは，第5位への転落が確定した。日本の削減傾向とは逆に，欧米諸国では2000年に国連で合意されたMDGsの達成のため，近年ODA増額を行っている。そのため日本の主要紙社説では，ODAの長期にわたる削減は，日本の国際社会での存在感や発言力を損なうのではないかと危惧された。その他，2008年5月には日本政府が主導するアフリカ開発会議（TICAD IV）が，8月には北海道洞爺湖で主要8カ国首脳会議が開催されることからも，政府は財政再建を進めながらもODAを増額すべきとの見解がみられた。

日本のODAの問題点

　近年，日本は厳しい経済・財政事情下にあり，所得格差が拡大する中で国民意識では，開発援助に対して厳しい視線が向けられている。国民から海外援助に対する理解を得るためには，経済・財政状況がよくなり，かつ具体的にどのような援助が行われているか透明性が確保されること，実効性が上がっていること，そして援助が開発途上国から評価されていると感じられることが重要である。そのためにはODAには情報公開とアカウンタビリティー（説明責任）が求められる。

　日本のODAにはこれまでいろいろな問題点が指摘されてきた。それらはたとえば，国の経済規模に比べてODA金額が小さい，すなわち対GNI比が国際的な水準からみても低い。援助量に比べて質が伴っていない。DAC加盟国の中で円借款の比率が大きく，贈与の比率が低い。アジア地域に偏重している（特に中国やインドネシア等）。発電施設，道路，橋梁，港湾，鉄道等のインフラ整備に対する援助が多い。

さらに，次のような批判があげられた。援助決定プロセスの不透明性。実施機関の人員不足。いわゆるハコモノが多い。日本企業のヒモつき援助がある。商社などにより入札談合が行われる。環境破壊，移住問題を現地で引き起こす。国際社会から人権侵害を行っているといわれる政権（たとえば，軍事政権下のミャンマーやスハルト政権時代のインドネシア）への支援がみられた等である。

バブル経済期，日本のODAは金額的には世界最大となり，それ以後1990年代にマスメディア，研究者，NGO等によるODA批判が盛んに行われた。

たとえば，巨額のODAは日本のゼネコンやコンサルタントに還流されて結局日本企業の利益になっているというものである。大規模ダム開発に関しては2002年に，インドネシアのスハルト政権下で1990年代に建設されたコタパンジャンダムの周辺住民約4000人が日本の弁護士および支援団体とともに，環境破壊をもたらすダムの撤去や原状回復等を求めて日本政府などを相手取り東京地裁で訴訟を起こした。ODAプロジェクトによって完成したダムをめぐって，援助供与国政府を訴えた例は世界的に珍しく，この裁判は国内外から注目を集めている。

大規模開発プロジェクトへの円借款が多いと，貧困問題に取り組む姿勢がその陰に隠れて具体的にみえにくくなる。ODA削減は，費用対効果等の観点から必要性の少ないダムや橋梁建設等のインフラ整備削減としては良い傾向かもしれない。他方，商社やゼネコンによる談合やコンサルタントによる不正（贈賄，水増し受注，領収書改竄等）が繰り返し発生している。

ODA改革の流れ

海外援助は常に完璧なものではなく，絶えずそのときどきの評価や批判等を受けて，改良されるべきである。1980年代から90年代，日本のODAが量的拡大を図る中で，マスメディア，研究者，NGO等から様々なODA批判，改善のための提言が出された。

批判に応えるかのように，ODAは大綱や実施機関のガイドライン，総務省の評価や提言等をまとめた。政府は，1991年4月の「ODA4指針」を基に1992

年6月に「ODA大綱」を策定した。外務省では，大臣の私的諮問機関「21世紀に向けてのODA改革懇談会」(1997年4月) を設置し，その最終報告書「国別援助計画の策定」(1998年～) で，5年間程度にわたるODAの質に焦点をあてた「中期政策」の策定 (1999年) 等を行った。その他，小泉政権が発足した2001年以降はODAに関する「タウンミーティング」を各地で開いた。2003年8月にはODA大綱を改定した「新ODA大綱」を発表した。新ODA大綱では，人間の安全保障概念が取り入れられた他に，平和構築という言葉が盛り込まれた。また戦略性，機動性，効率性，透明性という言葉がみられるようになった。

国会では，これまで1986年頃から国会で改革に向けた取り組みが行われてきた。一方，民間でも2001年以降，政策構想フォーラムや経済団体連合会等が「ODA改革に関する提言」を発表した。2005年以降では国際開発ジャーナル誌が2006年1月「ODA再生のための10の提言」を行った。両者の間を縫うように，日本のNGO等は，これまでODAの改革に向けた提言を行ってきた。たとえば，それらは複雑なODA実施に携わる省庁体制を見直して国際援助庁を設置する案，カナダを例にしたODA憲章の制定を求めたこと，ODA基本法制定のための提言，環境や人権への配慮，情報公開や透明性の確保等であった。

アフリカへのODA

2005年のイギリスのグレンイーグルズサミット前に世界の関心はアフリカの開発・貧困問題へと向いた。サミットでは開催中に爆弾テロ事件が発生したため報道の関心はそちらへと向いたが，世界中とくに先進国に住む人々に対して，アフリカの置かれている状況への関心を高めるよい機会となった。

国内において，日本のODA増額を期待する背景の一つには，アフリカにおける中国のプレゼンスが増大していることが挙げられる。近年，アフリカでは中国のODAがアフリカ各国で多額に供与されているといわれる。しかし，中国はDACに加盟していないためその総額や各国への供与額等の援助実績については推測の域を出ていない。中国のアフリカ進出は，増え続ける中国国内での資源需要が背景にあるとされる。中国経済の急成長は，終わらない米英によ

るイラク戦争やアフガニスタン他での治安情勢の不安定化に相まって，世界的な原油価格の高騰や希少金属を含む金属価格等の上昇，さらにバイオエタノールの普及にともなう食糧価格の値上げなど国際経済に様々な影響を与えている。

　他方，2008年に入ると日本経団連はODAへの民間提言の解禁を促す声明を出した。これは「官民連携」を旗印に，アフリカで遅れる日本の資源外交をODAで促進する意図が読み取れる。提言のもたらす効果は，いままで非公然に日本企業や商社がODAを落札する方向性が，公然化する点で透明化が期待できる反面，景気低迷の中で安易な「官民癒着」が常態化しないかが問われるであろう。

2　各国のODA

G8諸国のODA

　OECDでは，対外援助はDAC加盟諸国と非DAC諸国，それ以外の国・地域に分けられる。ここではG8とそれ以外の諸国を中心に各国のODAの特徴を概観する。OECDが毎年発行している『開発協力報告書』(*Development Co-operation Report 2006*) 等をもとに各国の援助動向をみよう。

　アメリカのODAは276億ドル（2005年の実績支出純額）で2004年比36.5％増額した。ODAの対GNI比は0.17％から0.22％に上昇した，これは1986年以来最高水準である。実施機関は国際開発庁（USAID）が担っている。重点地域としては，ここ数年は継続している対テロ戦争の関係もあり中東とくにイラク（69億2600万ドル），アフガニスタン（10億6000万ドル），エジプト（7億5000万ドル）が上位3位を占めている。アフリカに対しても力を入れており，スーダン（5億7500万ドル），エチオピア（5億5200万ドル）に供与している。MDGsに関しては極度の貧困を2015年までに半減することを目指している。

　イギリスのODAは108億ドル（2005年）で，前年比35％増であった。対GNI比は2004年の0.36％から2005年に0.47％に上昇した。MDGsに関連してイギリスは2015年までに極度の貧困をなくすことを目標としている。イギリスの実施

機関は国際開発省（DFID）が担っており，重点地域は特にサハラ以南のアフリカと南アジアで脆弱かつ援助が不十分な国に支援を増やしている。援助している国の上位5カ国はナイジェリア（11億6400万ドル），イラク（7億9600万ドル），インド（5億3500万ドル），バングラデシュ（2億3200万ドル），ザンビア（2億2400万ドル）である。

フランスのODAについては，100億ドル（2005年）で前年度比16.8％増であった。対GNI比は前年度の0.41％から0.47％へ上昇した。フランスの援助は，その大部分がアフリカ向けで，3分の1の無償援助が貧困国の教育と保健プロジェクトに向けられている。援助する上位5カ国はナイジェリア（7億2400万ドル），コンゴ共和国（5億8200万ドル），セネガル（3億6300万ドル），モロッコ（3億3000万ドル），イラク（3億2000万ドル）である。実施機関はフランス開発庁（AFD）である。

ドイツのODAは，101億ドル（2005年）で2004年比32.9％の増加であった。対GNI比では2004年度の0.28％から2005年度には0.36％に上昇した。ドイツは自国の開発政策をミレニアム宣言の目標を実現するためのグローバルな宿願の一部としている。ドイツの開発政策の主要な目標は，貧困削減，平和構築，民主化促進，公正な形のグローバル化，環境保護である。主要な受取国の上位5カ国は，イラク（10億1500万ドル），ナイジェリア（6億100万ドル），中国（4億7000万ドル），ニカラグア（2億4300万ドル），カメルーン（2億100万ドル）である。援助実施機関は技術協力公社（GTZ）と復興金融公社（KfW）が担っている。

イタリアのODAは，2005年に51億ドルに達し，2004年比101.4％増であった。ODAの対GNI比は2004年の0.15％から2005年の0.29％に倍増した。その内訳に債務救済が約半分を占めているのが特徴的である。MDGsへの貢献については，1999年に公式のガイドラインを採択してから，貧困削減がイタリアの開発協力の一つの主要な目的となった。主要受取国の上位5カ国は，イラク（4億9100万ドル），ナイジェリア（2億6500万ドル），中国（5200万ドル），エチオピア（4900万ドル），マダガスカル（4700万ドル）である。実施機関を担っているのは外務省開発協力総局である。

カナダは2005年にODAを31.2%実質増加させ38億ドルに達した。対GNI比は0.27%から0.34%に上昇した。MDGsについては，引き続き力を入れており増額を行うとともに保健（HIV・AIDS対策を含む），基礎教育，民間セクター開発，ジェンダー，環境，民主化促進に重点を置いている。援助受取国上位5カ国は，イラク（2億2900万ドル），アフガニスタン（7300万ドル），エチオピア（6200万ドル），ハイチ（6000万ドル），インドネシア（5600万ドル）である。カナダの援助実施機関は，カナダ国際開発庁（CIDA）である。

ロシアについては，日本の外務省のまとめによれば，他の先進諸国に比べるとその規模はこれまで小さかったものの，近年の経済情勢の好調を反映し長期的にはさらなる増額を目指している。ODA実績支出純額は2億1500万ドル（2006年暫定値）で，援助実施機関は現段階ではない。重点地域はCIS，アジア・大洋州，アフリカ，中東，中南米である。重点分野はエネルギー安全保障，感染症対策，教育，テロ対策等である。

非DAC諸国他のODA

OECD加盟非DAC諸国のうち，韓国は支出純額ベースで7億5200万ドル（2005年）である。韓国は2010年にDAC加盟を目指している。OECD非加盟のアラブ諸国では，支出純額ベースでクウェートが5億4700万ドル（2005年），アラブ首長国連邦が1億4100万ドル（2005年）となっている。

OECD非加盟のその他の援助国としては，台湾やイスラエルがあげられる。台湾は支出純額ベースで4億8300万ドル（2005年実績支出純額），対GNI比は0.14%である。台湾の援助の特徴は二国間援助が多いことである。重点地域はアフリカ，ラテン・アメリカ，カリブ海，中央および東南アジア，太平洋である。イスラエルは9500万ドル（2005年）である。イスラエルは重点地域としてアジアとアフリカを挙げている。

北欧諸国のODA

援助としてG8等とは異なる特徴を持っているのが北欧諸国である。

スウェーデンのODAは2005年に34億ドル（ネット値）で，2004年比で24.1％増，ODAの対GNI比は0.94％で，2004年の0.78％から上昇した。スウェーデンはMDGsを「グローバル開発のためのスウェーデンの政策」として国家政策の特別目標としている。主な受取国上位5カ国は，タンザニア（8800万ドル），モザンビーク（7400万ドル），エチオピア（6000万ドル），アフガニスタン（5000万ドル），ウガンダ（4500万ドル）である。援助の実施は，外務省全地球開発局が国際機関を担当し，スウェーデン国際開発協力庁（SIDA）が二国間援助を担当している。

ノルウェーのODAは，2005年に28億ドル（ネット値）に達し，13.5％増である。GNI比は0.94％で2004年の0.87％から上がった。ノルウェーの開発プログラムはMDGsの達成に重要なセクターに力点が置かれている。2004年の白書「ともに貧困と戦う」では，貿易システムや債務救済策の改善，開発途上国のガバナンスの向上，ODAと開発協力努力の調和，民間セクターと市民社会組織の動員等を求めている。援助受取国の上位5カ国は，スーダン（7800万ドル），モザンビーク（6500万ドル），パレスチナ行政自治区（6400万ドル），アフガニスタン（6400万ドル），タンザニア（6000万ドル）である。実施機関はノルウェー開発協力庁（NORAD）である。

米英仏独伊加がいずれも産油国であるナイジェリア，イラクへの支援を行っている点は興味深い。また，日本の最近のODA動向と関連して，先進国との数量的比較からその増額を求める声が多い。外務省からすれば国益・省益とも直結するODA削減に危機感を抱くことは理解できるが，安易なODAの増額よりもグローバル化における格差縮減や公正さ等の実現に向けた構造的な問題に取り組むような斬新な政策を援助戦略に盛り込むことが期待される。

3　世界銀行のアプローチ

世界銀行グループ

1944年7月，アメリカのニューハンプシャー州ブレトンウッズで第2次世界

大戦後の国際通貨体制と経済復興の枠組みを決める連合国国際通貨金融会議が44カ国の参加国のもとで開かれた。この会議で「国際復興開発銀行（世界銀行）協定条文」が「国際通貨基金協定条文」とともに作成された。これがいわゆる「ブレトンウッズ協定」である。1945年29カ国の政府がワシントン D. C. で世銀協定を批准した。翌年3月世銀と国際通貨基金の総務会就任式が開催され，47年にフランスに対して2億5000万ドルの世銀最初の融資が実施された。次いで，48年には1350万ドルの最初の開発融資がチリに対して行われた。初代総裁にはユージン・マイヤー（Eugene Meyer, 1946年6月～12月）が，続いて第2代総裁にはジョン・マクロイ（John McCloy, 1947年3月～49年6月）が就任した。

世界銀行は現在5つの機関からなるグループを構成している。国際復興開発銀行（IBRD）は，加盟国185カ国（2007年），累積融資額4330億ドル（2007年）で，持続可能な開発を推進し貧困を削減することを目的に，中所得国および信用力のある貧困国に貸付，保証，および分析・助言サービス等を行っている。国際開発協会（IDA）は，1960年に設立され，加盟国166カ国（2007年），累積承認額1810億ドル（2007年）である。IDAは「第2世銀」とも呼ばれ，加盟国の拠出金を原資として81の最貧国に年間約60から90億ドルの譲許的な融資を行っている。IDAの融資は，IBRD融資よりも最貧国にとって借りやすいものとなっている。

国際金融公社（IFC）は，1956年設立され加盟国は179カ国（2007年）で，承認済みポートフォリオは254億ドル（協調融資分の55億ドルを含む）である。IFCは「第3世銀」とも呼ばれ，民間セクターを通じて開発途上国の経済発展を支援している。世銀との違いは加盟国政府の保証なしで，民間のパートナーと協調して，途上国の民間企業に投資を行っている。多数国間投資保証機関（MIGA）は，1988年に設立され，加盟国171カ国（2007年），累積保証額174億ドル（2007年）である。MIGAは，投資家が途上国に対して行う投資に際して非商業リスクを保証することで，途上国への投資促進や累積債務国への企業進出を促進している。非商業リスクとは戦争や内乱，収用，契約不履行，兌換停止・送金制限等を指す。投資紛争解決国際センター（ICSID）は，1966年に設

立され加盟国は144カ国（2007年），合計申し立て案件は236件である。ICSID は，投資受け入れ国と外国人投資家との紛争の調停あるいは仲裁を行う場を提供することで外国投資を促進することを目的としている。

　世銀の総裁は，出資国第1位で総裁指名に大きな影響力を持つアメリカ政府の意向が慣例として重視されてきた。そのためこれまでの総裁はすべてアメリカ人である。これに対して IMF の専務理事は欧州からの選出が慣例となっている。世銀総裁は，理事会では議長を務める。理事会は24名の理事から構成され，うち米日独英仏の任命理事が5名と各国から選ばれた，あるいは各国を束ねるグループから選ばれた選任理事が19名いる。事務局は総裁の下で日常業務をこなす。世銀はときどきの必要に応じて組織改編を行っている。

世界銀行と総裁

　世銀は設立以来，世界各国で多くの水力発電所，幹線道路建設，灌漑施設等のプロジェクトに援助してきた。近年では，より広範囲をカバーするプログラム支援にも力を入れている。以下に世銀の取り組んできた課題や開発トピック等を世銀総裁との関連でみよう。

　世銀業務開始から3年後，第3代総裁のユージン・ブラック（Eugene Black, 1949年7月～62年12月）在任期で，世銀は典型的な大規模インフラストラクチャー・プロジェクトを進めた。このブラックの在任期には，最貧国向けに IDA が創設された。第4代総裁のジョージ・ウッズ（George Woods, 1963年1月～68年3月）在任期では多くの旧植民地国が独立したことから，それら諸国の資金需要は顕著であった。ウッズは IDA の拡充を行った。米国国防長官から転身した第5代総裁のロバート・マクナマラ（Robert McNamara, 1968年4月～81年6月）の在任期では，マクナマラは絶対的貧困の撲滅を掲げて，プロジェクトへの援助の拡充に努めた。これらは70年代の先進諸国によるベイシック・ヒューマン・ニーズ（BHN）援助と相まって，開発途上国側が掲げる新国際経済秩序（NIEO）との間で，その是非をめぐって論争を引き起こした。またこの頃，世銀は NGO との協働を少しずつ開始した。マクナマラ時代に世銀組織はそれま

第6章　グローバル・イシューズとしての貧困問題

でに比べ拡大した。

　長期にわたったマクナマラ時代を引き継いだ第6代総裁アルデン・クローセン（Alden Clausen, 1981年7月～86年6月）は1期5年で終わった。1980年代にはいると世銀は「構造調整貸付（Structural Adjustment Lending, SAL）」と呼ばれるプログラムを開始した。これは構造調整プログラム（Structural Adjustment Programme, SAPs)」とも呼ばれ，世銀が，貸付に際して途上国政府に対して経済の広範な改革を条件（コンディショナリティ）として付すものである。SALは，IMFの実施する同様のプログラムとともに後に様々な批判を招いた。世銀の課す条件は，途上国の福祉や教育予算の削減を招き，社会の底辺層にマイナスの影響をもたらすものであると言われた。世銀とIMFはその後SALの改良を行った。80年代前半には，ブラジルのアマゾンのハイウェイ開発への世銀貸付（ポロノロエステ・プロジェクト）に対して，アメリカ世論の批判が高まった。このプロジェクトでは，ハイウェイ建設によって貴重な熱帯林が破壊されることと，先住民族移転への対応等が問題となった。世銀はこの貸付を85年環境的理由から3カ月間一時中止したものの，結局完成に導いた。このころから欧米では国際的な環境意識の高まりとともに，開発途上国において，開発援助に伴い先住民族や社会的弱者が非自発的な移住によって影響を受けることが徐々に知られるようになっていった。やがてその動きは，80年代後半から90年代にかけて日本でもアドボカシーNGOs，一部の研究者とマスメディア等を通じて広まっていった。

　第7代総裁バーバー・コナブル（Barber Conable, 1986年7月～91年8月）は，米国議会下院議員出身のキャリアもあったことからアカウンタビリティー意識が高かった。コナブルはまず肥大化した世銀組織の改革を行いつつ，古参の世銀幹部の権力をできるかぎり削ごうとした。環境と先住民対策が問題になったポロノロエステ・プロジェクトについては，その問題に対する世銀の責任を公の場で認めた。そして世銀組織に環境局の設置を行った。その他，80年代半ばから世銀がインドで進めていたが環境と移住問題で物議を醸していたサルダル・サロバル・ダム・プロジェクト（通称ナルマダ・ダム・プロジェクト）に関して，

世銀から独立した「モース委員会（Morse Commission, 通称［モース調査団］）」の派遣に同意した。

　コナブル時代の80年代後半から90年代初頭は，温暖化やオゾン層の破壊，熱帯林伐採など地球規模の環境問題に対する危機感が世界的に増した時期であった。87年には持続可能な開発概念が国連の「環境と開発に関する世界委員会」（通称ブルントラント［Brundtland］委員会）でも報告書にまとめられた。90年になると世銀は「地球環境ファシリティ」を設立した。この時期NGOの活動が世界的にも活発化し，世銀とNGOの協働関係も大幅に増えた。

　家族との余生を過ごすことを優先して1期で退任したコナブル総裁に代わり，第8代総裁に就任したのはルイス・プレストン（Lewis Preston, 1991年9月〜95年5月）であった。プレストンは，J. P. モルガン（後にMorgan Guaranty Trust Co.）出身でその後，取締役会長を経て時のブッシュ（George Herbert Walker Bush, 父）大統領の指名で就任した。しかし，1995年5月に任期途中で逝去した。この時期，インドに代わり中国が最大のIDA借入国となった。1992年にはブラジルのリオデジャネイロで国連環境開発会議「地球サミット」が開催され，世銀の『世界開発報告』のテーマに環境が選ばれた。一方で，インドのナルマダ・ダム・プロジェクト貸付問題が，NGOやマスメディアを通じて世界的に知られるようになり，それへの対応が1993年3月末まで注目された。ナルマダ・ダム・プロジェクトへの貸付は，移住問題と環境問題への対応についてインド政府の取り組みが不十分であったことから，貸付中止か継続かをめぐり世銀内部，理事会で議論が起こった。結局，プロジェクトへの貸付は，インド政府の貸付辞退という形で終わった。

　同時期には世銀自身のプロジェクト効果や効率についても厳しい目が向けられ，内部では『ワッペンハンス報告書』と呼ばれる報告書が作成された。ナルマダ・ダム問題を契機に世銀に対しては，米国議会で聴聞会が開かれ，情報公開と世銀組織から独立したインスペクション（査閲）パネル設置を求める声が高まった。パネルとは，世銀外部からの要請に基づいて世銀が援助するプロジェクトの悪影響を調査する独立調査機関である。パネルは1993年に設置され

た。また1994年には最初の情報公開センターがワシントンD. C. に開設された。

1994年に世銀は設立50周年を迎えたが，アメリカをはじめ世界各国のNGOらは結束して「50年でたくさん！」をスローガンにブレトンウッズ体制の問題点を訴えるキャンペーンを世界的に展開した。

他方，国連では，1994年のコペンハーゲンでの「社会開発サミット」を契機に人間の安全保障概念の普及が図られた。70年代BHN戦略を世銀で進めたポール・ストリーテン（Paul Streeten）やマハブブ・ウルハク（Mahbub ul Haq）らが，UNDPの『人間開発報告書』作成で大きな役割を果たし，ユニセフとともにBHNより厳密なベイシック・ソーシャル・サービス（BSS）を広めた。BSSは，安全な飲み水へのアクセス，初等教育への援助等，その範囲をBHNより限定することにより，援助定義のあいまいさをなくし，より人々の最低限の必要を保障するような援助を促すものであった。

第9代総裁ジェームズ・ウォルフェンソン（James Wolfensohn, 1995年6月～2005年5月）は，それまでの世銀改革の要求や課題の多くを引き継いだ。熱意溢れるウォルフェンソンは，1999年1月に「包括的な開発フレームワーク（Comprehensive Development Framework, CDF）」を策定，開発にかかわるあらゆるアクターの意見をできる限り集約しようとした。世銀は途上国の債務負担を軽減するためにIMFと援助供与国とともに「重債務貧困国（Heavily Indebted Poor Countries, HIPC）イニシアティブ」を設置した。2000年には，NGOを発信源とした世界的な債務削減のキャンペーンが沖縄サミットに向けて展開され，同年22カ国340億ドルを超える債務削減が発表された。一方で，各国首脳は国際機関とともにMDGsを採択した。世銀は呼応するように「貧困との闘い」を『世界開発報告』のテーマにした。

他方この頃，世銀とIMFならびにWTOに関連した会合，そして先進国首脳会議（サミット）では，グローバル化に抗議する市民が続々と開催地に集結し，大規模なデモを行い警官隊と衝突を繰り返した。その運動が1つの頂点を迎えようとした2001年9月の世銀・IMF年次総会の直前に9.11事件が発生し

た。世界各国首脳はテロ問題への対応を迫られ，国際機関はその原因を貧困や経済格差ととらえ，その解消のために人間の安全保障を一層進めるべきとの潮流が生まれた。

　ウォルフェンソンの在任期，世銀は自ら策定した情報公開政策とインスペクション・パネルについて多くの試練を迎えた。パネルとの関連では就任直後の1995年にネパールのアルンⅢダム計画への援助を止めた。1999年から2000年7月にかけては，中国政府がチベット人の多く住む地域に進めた西部貧困削減プロジェクトの貸付中止問題が大きな出来事となった。設置から2008年現在までにパネルには52件のプロジェクトについて申立てが行われた。

　第10代総裁のポール・ウォルフォウィッツ（Paul Wolfowitz, 2005年6月～07年6月）は，ブッシュ（George Walker Bush，子）政権下で国防副長官を務めるなどいわゆるネオコンと呼ばれる経歴を有していた。そのためその就任をめぐってはEUや世銀理事会が事前面談を要求した。NGOらもウォルフォウィッツの総裁就任は，世銀が米英によるイラクやアフガニスタンにおける戦争に対する手段の一つになるのではないかとの懸念から反対した。物議を醸しつつも総裁になったウォルフォウィッツは，アフリカへの支援を重視し，途上国の腐敗や汚職に厳しい姿勢で臨み，たとえば2006年2月にはバングラデシュでは複数の道路建設に対する契約を解除した。しかし，総裁就任に伴い自らの交際相手を米国務省に出向させる際に，異例に高給待遇を保証していたことが発覚した。そのため2007年4月以降メディアから猛烈な批判を浴び，世銀内部でも詳細な調査と報告書が公表されるに及んで，2年という世銀創設期を除けば異例の短期間で総裁を辞任した。

　その後任として第11代総裁ロバート・ゼーリック（Robert Zoellick, 2007年7月～）が就任した。ゼーリックは経済に精通した人物として知られている。ゼーリックは，2001年2月から2005年2月まで米国通商代表を務め，この間に中国と台湾のWTO加盟交渉等に従事した。その後，ブッシュ大統領から国務副長官に指名され2006年7月まで務めたのちゴールドマン・サックス社上級国際顧問を務めた。

第6章　グローバル・イシューズとしての貧困問題

世界銀行と開発問題

　本来，開発は国家や地域にとって経済成長を促した結果として，住民に富をもたらし，福祉の向上に寄与すべきものである。しかし，ときに開発は貧困問題の解決を促すと標榜される一方で犠牲を生み出す場合がある。大規模開発，たとえばダム，発電所，幹線道路，灌漑用水路，港湾等の建設によって，プロジェクトサイトの住民が移転を強いられる場合が多々ある。20世紀最後の20年間で，開発によって土地を追われた人々の累計は約1000万人にのぼるともいわれる。

　山岳地帯で生み出されるダムの電力や工業用水・飲料水は，大都市に住む者にとって恩恵をもたらすものである。それとは反対に，ダムサイトに住む現地住民にとって，それは時として伝統的な生活基盤を脅かすものとなりうる。その地域に何世代にも渡って生活していた人々が移転先において，同様のコミュニティ，土地，仕事，生活水準を得られるかどうかは非常に重要なことである。仮にこれらについて補償されたとしても，精神的な拠り所である宗教施設，象徴（たとえば聖なる川や場所等へのアクセス）がなくなることは，金銭や代替物で容易に補われるものではない。また一度失われた環境は容易に再生できるものではない。

　世銀は，上記の問題に対処できるよう，あるいは問題発生を未然に防げるようにプロジェクト・サイクル（援助政策策定，発掘，準備，審査，交渉・承認，事業実施，事業完成，事後評価の8段階）やフィージビリティー・スタディー（そのプロジェクトの実行可能性を検討するもの），環境評価（環境アセスメント）の義務付け，各種ガイドライン，事前調査団等の制度を有している。

　しかし，それらについてはたとえば，事前調査団がプロジェクト遂行上不都合な点を報告書に記載しないことや，問題の隠蔽，プロジェクトを実施する当該国政府のガイドラインの不遵守，世銀職員自身の認識不足などが過去いくつかのプロジェクトで露呈した。その典型例がポロノロエステ・プロジェクトやナルマダ・ダム・プロジェクトであった。世銀は，これら問題に対してアドボカシーNGOsらの対話や圧力を通じて徐々に理解してきた経緯がある。世銀

の様々な制度やセーフガード・ポリシー（たとえば，環境評価［OP 4.01, BP 4.01, GP 4.01］，先住民［OD 4.20］，非自発的移住［OP/BP 4.12］，ダムの安全性［OP 4.37, BP 4.37］）等が，少しずつ改良され実効性を保つためには，時としてNGOや各国議会による外部からの圧力が重要になる。世銀の情報公開制度やインスペクション・パネルは，NGOや議会の圧力がなければ生まれなかったであろう。

1990年代，世銀はNGOを世銀業務に従事するNGOとアドボカシーを行うNGOに2分類した。最近，世銀はNGO等を市民社会組織（Civil Society Organizations, CSO）と呼んでいる。世銀は年次総会等でNGOとワークショップを開き，必要に応じて対話の場を設けている。

世界銀行の直面する課題や問題，それに対応して生まれる政策やガイドライン，インスペクション・パネル等の制度と運用は，ODAを行う各国政府にとって先進事例となる。また各国の市民は，納税者の観点からあるいは同じ地球に住む市民としてODAの使途や国際機関の援助に対して関心を持ち，アカウンタビリティーを彼らに求めることが大切である。

■文献案内

① 外務省『政府開発援助（ODA）白書』2003〜2007年。
 ＊日本のODAに関して毎年発行される白書。日本から途上国への援助額や先進国の援助額等について知ることができる。近年はインターネットで閲覧できる。
② 世界銀行『年次報告』2001〜2007年。
 ＊世界銀行が毎年発行する活動報告書。貸出金額，理事会構成国，世界各地での活動実績などを知ることができる。
③ 国際環境NGO FoE・Japan編『途上国と環境ガイドライン』緑風出版，2002年。
 ＊日本の環境NGOであるFoE・Japanがまとめた開発融資と環境ガイドラインに関する文献。個別のプロジェクトについてもいくつか説明している。
④ 川畑安弘『世界銀行のレンディング・オペレーション』世界銀行東京事務所，2005年。
 ＊世銀の融資業務手続き等について説明したマニュアル。世銀東京事務所ホームページからダウンロードが可能。
⑤ 鷲見一夫『ODA援助の現実』岩波書店，1989年。
 ＊日本のODAに関して基本的な説明と世界各国で実施される開発プロジェクトの

第6章　グローバル・イシューズとしての貧困問題

問題点を批判的に取り扱った文献。日本の ODA にまつわる環境問題，移住問題，先住民問題等について個別プロジェクトの事例を用いて説明している。ODA について関心のある学生・研究者が最初に読むべき文献。

⑥　鷲見一夫『世界銀行』有斐閣，1989年。
　＊世界最大の開発金融機関である世界銀行の歴史，政策，個別プロジェクトやその問題点について包括的かつ詳細に論じた意欲的文献。世界銀行が1990年代までに抱えてきた問題を知るにあたって必読の文献。

⑦　段家誠『世界銀行と NGOs』築地書館，2006年。
　＊インドのナルマダ・ダム・プロジェクトへの世銀貸付中止過程を世銀の内部資料等を使い詳述した文献。プロジェクトの中止過程で世界銀行が NGOs からのような影響を受けたかを理解できる。

⑧　OECD, *2006 Development Co-operation Report*, Volume 8, No. 1, Paris, OECD Publishing, 2007.
　＊経済協力開発機構（OECD）の開発援助委員会が年1回刊行する報告書。DAC 加盟国を中心に援助動向やデータを掲載している。『ODA 白書』とともに参照すべき報告書。

⑨　The World Bank, *a Guide to the World Bank*, 2003.
　＊世銀が作成した同行に関するガイドブック。

⑩　小川秀樹「世界の ODA の趨勢と日本」『立法と調査』2007年4月，No. 266。

⑪　高塚年明「国会から見た経済協力・ODA（1）──賠償協定を中心に」『立法と調査』2006年6月，No. 256。

⑫　松井一彦「我が国の ODA の在り方──ODA 改革を中心に」『立法と調査』2006年6月，No. 256。

⑬　矢嶋定則「参議院政府開発援助等特別委員会の発足と ODA 改革論議」『立法と調査』2006年9月，No. 259。
　＊『立法と調査』では過去日本の ODA についてまとめた論文が掲載されている。主に参議院議員に向けて調査・執筆された論文は客観的にまとめられている。

⑭　外務省国際協力局総合計画課「世界各国の ODA 政策」『外交フォーラム』2007年12月号。
　＊外交フォーラムは日本政府の外交や ODA 政策に関する最新の情報についてまとめることがあるので，適宜参考にするとよい。

⑮　段家誠「世界銀行と NGO──インスペクション・パネル制度と課題」日本国際連合学会編『市民社会と国連』（国連研究　第6号）国際書院，2005年。
　＊世銀のインスペクション・パネルの概要，制度，歴史，いくつかの問題プロジェクトについてまとめている。

第7章 グローバル・イシューズとしての地球環境

沖村理史

1 宇宙船地球号
——環境と開発のアプローチの歴史的変遷

第二次世界大戦後の世界——経済成長，公害，資源問題

　地球規模の問題群（グローバル・イシューズ）として国際政治学が扱う問題の一つに，地球環境問題がある。そもそも環境問題は資源の過剰利用の結果生じる資源問題と，人間の社会経済活動から排出される多様な廃棄物が生態系を破壊する環境破壊問題が主な問題であったが，現代の資源問題・環境破壊問題はともに国際化・グローバル化が進展している。では，どのようにして環境問題は，国際的な対応が必要な問題として認識されるようになったのだろうか。

　20世紀の環境問題を生んだ原因としては，第二次世界大戦後の経済成長と，大量生産・大量消費・大量廃棄型社会が世界規模で普及してきたことがあげられる。第二次世界大戦後のイギリスでは，ロンドン・スモッグ事件として知られる大気汚染問題が発生し，5000人もの過剰死亡が認められた。また，日本では四大公害が発生し，数多くの健康被害者と死者を生んだ。これらの問題に共通しているのは，経済成長に伴う多様な資源を大量に利用することや，人体に有害な物質を環境にそのまま排出していることであった。このような現状を告発したのが，アメリカの科学者レイチェル・カーソンであった。彼女は1962年に発表した『沈黙の春』で有害化学物質が生態系に与える悪影響を指摘した。

　この時代の環境問題の多くは，環境破壊の原因行為と環境破壊による悪影響がともに一国内に収まるものが多かった。したがって，多くの環境問題は国内で解決するべき問題とされ，各国の国内情勢に応じて対策が進んだため，国際

第7章　グローバル・イシューズとしての地球環境

的な対応が必要な問題として政策担当者が認識する問題はさほど多くなかった。

　環境問題が国際問題化するきっかけの一つが，資源をめぐる議論であった。なかでも，1960年代に経済学者のケネス・ボールディングが提唱した宇宙船地球号というイメージは，資源問題が地球規模の問題であることを一言で表現し，多くの人々に地球が一体のものである事実を印象づけた。ボールディングは，現代の世界経済を，GDPに代表されるフローのみに関心が集まり，資源の抽出過程と廃棄物の放出を見落としているカウボーイ・エコノミーとなぞらえた。これに対し，地球は無尽蔵の資源と廃棄場所をもたない一つの宇宙船（宇宙船地球号）である，とボールディングは唱えた。したがって，資源や廃棄場所といったストックに関心を向けないカウボーイ・エコノミーは，やがて森林破壊や化石燃料の生産量の減少といった資源の枯渇や，水質汚染，大気汚染の拡大といった廃棄物による環境汚染を引き起こすことを示唆したのである。

　1972年に発表されたローマクラブの報告書『成長の限界』では，宇宙船地球号の将来像が明らかになった。マサチューセッツ工科大学のドネラ・メドウズらは，人口，工業生産，天然資源，環境汚染などの相互関係をモデル化し，将来予測を行った。その結果，現在のままの成長が続けば，21世紀中には地球上の天然資源の枯渇が進み，一人あたり工業生産と食糧生産が大幅に減少する一方で，環境汚染が進み，死亡率が大幅に高まり人口が減少するという破滅的な状況に至るという予測が示された。当時の最先端技術であったコンピュータを駆使して地球の未来図を示した『成長の限界』の研究成果は，国際社会に大きな影響を与えた。特に，人類の将来に大きな影響を及ぼす世界レベルでの資源問題，人口問題，経済問題，環境問題の複雑な相互関連を示したことは，生態学的に世界が一体化しており，環境や資源という面で地球規模の問題があることを人々に認識づけた。その後，アメリカではカーター大統領のイニシアチブにより，地球規模の問題全般について検討した『西暦2000年の地球』でも，地球の将来には，資源問題や環境問題などの様々な課題があることが明らかになった。

環境外交の芽生え

　1960年代には，海と空で国境を越える環境破壊が進んだ。1967年にリベリア船籍のトリー・キャニオン号が座礁し，約12万トンもの油が流出した。この事故をきっかけに，1969年に油濁公海措置条約と油濁民事責任条約が，1971年には油濁補償基金条約が採択された。さらに1973年と1978年には，船舶による海洋汚染の防止を目指したMARPOL条約とその議定書がそれぞれ定められた。

　北欧では，1960年代に酸性雨問題が深刻化していた。特に被害がひどかったのがスウェーデンで，森林の立ち枯れや湖沼の魚の死滅など，多くの環境被害が生じていた。これらの被害は，主に西ドイツやイギリスで，工業化に伴い大量の石炭を燃焼したため排出された硫黄酸化物や窒素酸化物といった大気汚染物質が北海を渡り，北欧諸国で雨や雪とともに降下したため生じたものであった。北欧諸国は経済協力開発機構（OECD）内での働きかけを強め，1970年7月に越境大気汚染の監視を目的とするOECD環境委員会が設置された。その後，国連人間環境会議（ストックホルム会議）を経て，1979年に長距離越境大気汚染条約が成立した。

　さらに，野生生物の保護にも関心が向けられた。1973年には，絶滅の危機に瀕した野生生物の国際取引を規制するため，絶滅の恐れのある野生動植物の種の国際取引に関する条約（ワシントン条約）が制定された。また，1971年に採択されたラムサール条約は，湿地の保全を通じて水鳥や湿地特有の生態系を守ることを目指した条約であった。この条約は単に野生生物を保護するだけではなく，野生生物の生息環境までを保護の対象としている点が特徴的であった。

　このように個々の環境問題をめぐる国際環境条約の制定を通じて，環境外交が開始された。さらに，1972年には，環境問題全般を討議する最初の世界的な政府間会合となった国連人間環境会議が開催された。世界の100カ国以上が参加したこの会議では，「かけがえのない地球（Only One Earth）」をテーマとして，当時深刻化していた公害問題や自然破壊問題，さらには発展途上国の開発の問題も討議され，その成果として，人間環境宣言と世界環境行動計画が採択された。人間環境宣言は，「人間環境を保護し改善することは，世界中の人々

の福祉と経済発展に影響を及ぼす主要な課題である」(前文2) とし,「現在および将来の世代のために人間環境を擁護し向上させることは，人類にとって至上の目標，すなわち平和と，世界的な経済社会発展の基本的かつ確立した目標と相並び，かつ調和を保って追求されるべき目標となった」(前文6) と宣言し，環境問題が地球規模の問題群の一つとして認識されるきっかけとなった。人間環境宣言と世界環境行動計画を実施するため，国連は国連環境計画 (UNEP) を設立し，環境問題に対する取り組みをはじめた。さらに，この会議開催を契機に，各国が環境担当省庁を設置するようになり，日本では国連人間環境会議の前年 (1971年) に環境庁が設置された。

持続可能な発展

国連人間環境会議では，資源問題や越境環境問題に対する国際的な対処方針が議論されたが，会議参加国は先進国と発展途上国が中心で，社会主義国からの参加は少なかった。その上，先進国は経済発展の負の側面としての大気汚染や水質汚染などの環境破壊対策を求めたのに対し，発展途上国は発展の権利を侵害する合意に反対し，むしろ経済成長による環境問題の克服を主張した。先進国と発展途上国の意見の対立は大きく，環境保護と経済成長を両立させる結論を導き出すことはできなかった。そのため，人間環境宣言では，国家は「自国の資源をその環境政策にしたがって開発する主権的権利を有し，かつ，自国の管轄又は管理下における活動が他国の環境または国家管轄権の範囲外の地域の環境に損害を与えないように確保する責任を有する」(原則21) として，国家の開発主権を認める一方，他国の環境に悪影響を与えないようにする国家の責務を認める両論が併記された原則がまとめられた。

1970年代の二度にわたる石油危機は，資源問題の重要性を国際社会に訴えかけることに成功したが，同時に先進国の経済不況を招き，国際経済問題の重要性が高まったため，グローバル・イシューとしての環境問題の相対的な位置は一時低下した。しかし，1980年代には有害廃棄物の越境事件やバーゼルの化学工場事故によるライン川汚染事件など，先進国内で環境汚染が国境を越えて他

国に影響を与える事故が次々に発生した。西ドイツでは環境問題に関心を持つ人々によって緑の党が結成され，1983年に国会で議席を獲得した。1980年代には欧州各国で緑の党が活動を広げ，環境問題が政治の重要課題の一つとしてとらえられるようになった。また，発展途上国でも変化が生じた。アフリカを中心に大干ばつが起こると，環境収奪型の開発が生む環境破壊が指摘された。先進国に比べて緩い環境基準を求めて発展途上国に移転してきた先進国企業が公害問題を起こすといった公害輸出の問題や，1984年にインドのボパールで発生した大規模化学工場事故など，典型的な環境汚染問題が発生すると，発展途上国の意識にも変化が生じた。

　このような状況の中，環境と開発をどう両立するか，という点が国際社会の重要な課題となってきた。そこで注目された概念が，持続可能な発展(sustainable development)であった。この概念が一般化したのは，国連総会のイニシアチブで設けられた環境と開発に関する世界会議が1987年に発表した報告書『地球の未来を守るために（Our Common Future）』で，環境と開発を両立する概念として持続可能な発展を提唱したことによる。この報告書で定義された持続可能な発展とは，「将来世代が自らのニーズを満たす能力を損なうことなく，現世代のニーズを満たすような発展」というものである。この定義は，将来世代のニーズを満たすために，資源の過剰利用を戒め，環境保護を唱えるとともに，現世代のニーズにも応えるという点で，開発の権利を認めるものであった。

　国連人間環境会議の開催から20周年となる1992年には，冷戦終結を受けて，先進国と発展途上国に加え，旧社会主義国からも首脳が一堂に会し，国連環境開発会議（地球サミット）がリオ・デ・ジャネイロで開催された。会議テーマとして，環境と開発の両立という課題が選ばれたことは，冷戦終結後の国際社会が直面する最優先の課題の一つとして環境問題が位置づけられたことを示した。地球サミットでは，環境と開発に関するリオ・デ・ジャネイロ宣言（リオ宣言）や行動計画となるアジェンダ21が採択された。さらに，地球サミットと並行して非政府組織（NGO）は大規模な会議（グローバル・フォーラム）を開催し，環境NGO，開発NGO，人権NGOなどが一堂に会し，持続可能な発展に

関連する諸問題に関して討議を行った。

地球環境問題と21世紀の課題

　1980年代から90年代にかけて，経済のグローバル化が進展するとともに，国際貿易量は格段に拡大した。それに伴い，発展途上国の一部では生態系に悪影響を与えるような乱開発が進み，森林破壊問題，生物多様性の減少，砂漠化といった問題がより悪化した。いずれも，原因行為は環境に負荷を与えるような社会経済活動であり，その結果，生態系が回復不可能な程度まで傷めつけられ，自然破壊が進行するといった問題であった。

　さらに，1980年代後半には，新たなタイプの環境問題が生じた。国際的な環境問題としては，国際河川や海洋汚染，酸性雨など，国境を越える環境問題（越境環境問題）がすでに存在していたが，さらに被害範囲が拡大し，地球規模にまで悪影響が及ぶ環境問題が発生したのであった。それが，オゾン層保護問題や気候変動問題（地球温暖化問題）といった地球環境問題であった。両問題は，原因行為は多かれ少なかれ世界各国で行われており，その被害が世界大に広がるという特徴を持っていたため，一国だけの対策では意味がなく，世界規模での国際協力が必要になった。また，1986年に発生したチェルノブイリ原子力発電所の事故は，事故現場のソ連（現ウクライナ）のみならず，欧州の広い地域で影響が観測されるなど，越境環境問題に対する不安感と，環境問題全般に対する関心が広まる一つのきっかけとなった。

　越境環境問題と地球環境問題は各問題ごとに条約交渉が進み，1979年に欧州の酸性雨対策の枠組条約としてまとめられた長距離越境大気汚染条約を契機に，オゾン層保護に関するウィーン条約，モントリオール議定書，有害廃棄物の越境移動の規制等に関するバーゼル条約，生物多様性条約，気候変動枠組条約が1992年に開催された地球サミットまでにまとめられ，その後砂漠化防止条約，京都議定書，有害化学物質の国際貿易に関するロッテルダム条約（PIC条約），バイオセーフティに関するカルタヘナ議定書，残留性有機汚染物質に関するストックホルム条約（POPs条約）などの地球環境条約が成立した。

環境と開発に関する議論は，地球サミットの成果をフォローアップするために1993年に国連内に設けられた持続可能な開発委員会（CSD）で議論された。CSDの年次会合では，アジェンダ21で掲げられた諸課題について，政府とNGOが一緒になって討論を深めていった。2000年に開催された国連ミレニアム・サミットでは，開発問題とならんで環境問題も21世紀に解決すべき課題の一つとして議論された。地球サミットの10周年を迎える2002年には，アジェンダ21の検証を行うために，持続可能な開発に関する世界首脳会議（ヨハネスブルグ・サミット）が開催された。ヨハネスブルグ・サミットでは，水と公衆衛生，エネルギー，健康，農業，種の多様性保護と生態系管理の5つの分野に重点を置いて討議が行われ，政治的意志を示すヨハネスブルグ宣言と行動計画が採択された。さらに民間主体をヨハネスブルグ・サミット・プロセスに参加させる一つの手段として，持続可能な発展に貢献する自主的なイニシアチブをパートナーシップと名づけ，300を超えるプロジェクトが登録された。

　現在の環境問題の課題は，グローバル化が進む経済発展と環境問題の深刻化が同時に進む現状をどのような枠組みで解決するか，という点である。これまでは，地球環境問題を個別の問題に切り離し，個々に地球環境条約を形成することで対処してきた。しかし実際には，地球環境問題の間でも相互に関連は見られる（たとえば，森林破壊問題と生物多様性問題，オゾン層破壊問題と気候変動問題など）。さらに，環境問題と貿易問題・開発問題は密接に関連している。したがって，条約ごとに縦割りの関係にある状態を改め，複数の問題に絡む諸課題や条約間の関係（リンケージ）をどのように解決するのか，その概念や枠組み作りが模索されている。

2　環境ガバナンスの現状

地球環境問題に関する主要条約

　前節で見てきたように，20世紀後半から，グローバル・イシューの一つとして国際政治の課題にのぼってきた越境環境問題や地球環境問題に対して，国際

第7章　グローバル・イシューズとしての地球環境

社会は国際制度を整えることで対応してきた。国際政治学では，条約を含む国際制度の総称として，レジームと呼ばれる概念が定着しているが，本節では，これまでにどのような国際環境レジームが形成されてきたのか，主な条約について概観することとしたい。

1980年代以降様々な国際環境レジームが形成されてきたが，その先駆けの一つとなったのが，1973年に制定された絶滅の恐れのある野生動植物の種の国際取引に関する条約（ワシントン条約）であった。この条約は，野生動植物種の絶滅を防ぐために，指定された野生動植物種とその製品の貿易を，その絶滅の恐れに応じて段階的に規制する条約である。野生動植物種の保護は，本来は生息地で行うことが重要であるが，多くの希少野生動植物種が生息している発展途上国では，残念ながら野生動植物保護政策の優先順位が他の国内政策に比べ相対的に低く，人的資源や資金も乏しい。その結果，早急にできる対策として，国際取引を規制するという国際制度が作られることになった。ワシントン条約のもとで，絶滅の危機に瀕している野生動植物種は，種ごとに附属書に登録され，国際取引規制の対象となった。また，附属書は締約国会議で必要に応じて加盟国の投票によって改正され，登録種を変更することで状況の変化に対応することが可能な制度設計がなされた。

1979年に成立した長距離越境大気汚染条約は，欧州の越境大気汚染問題，とりわけ酸性雨問題に関する枠組条約である。酸性雨問題とは，化石燃料の燃焼や石油化学工業などから排出された硫黄酸化物や窒素酸化物が風にのって広域的に越境移動し，上空で水蒸気に取り込まれ雨や雪となって地上に降下した結果，植生や土壌，水質に悪影響を与える問題である。酸性雨による被害は，複数の国家にわたるため，因果関係が複雑であった。1970年代に深刻化した酸性雨被害はまず北欧諸国で顕著にあらわれた。なかでも被害が大きかったスウェーデンは，酸性雨被害を国際社会に訴え，国連人間環境会議で越境環境問題を議題にすることに成功した。1979年に長距離越境大気汚染条約が成立したのち，因果関係を特定するための科学的アセスメントに関する議定書が1984年に成立した。その後，原因物質の硫黄酸化物の規制は1985年に制定されたヘルシンキ

議定書で，窒素酸化物の規制は1987年に制定されたソフィア議定書で，それぞれ行われた。両議定書では，各国ごとの排出量の上限を一律に定めているものの，被害が深刻な地域では，環境への悪影響を解決するには不十分なものであった。そこで，1994年に合意した硫黄酸化物の排出量を定めたオスロ議定書では，150 km 四方の区画ごとに生態系の臨界負荷量をもとめ，同時に排出側の排出削減の可能性を勘案した費用対効果分析を考慮に入れて排出削減量を設定した。このように，欧州の酸性雨外交では，具体的な制度設計に当たって，科学的知見の果たした役割が非常に大きかった。さらに，その後も長距離越境大気汚染条約のもと，揮発性有機化合物，重金属，残留性有機汚染物，地上レベルオゾンなど，大気汚染をもたらす物質ごとに議定書がまとめられてきた。

地球環境条約の成功例として有名になったのは，オゾン層保護の事例である。枠組条約であるオゾン層の保護に関するウィーン条約は1985年に形成され，主要なオゾン層破壊物質であるCFC（クロロフルオロカーボン）の生産を規制するモントリオール議定書は1987年に成立した。問題が提起されて10数年かけて枠組条約ができたのに対し，わずか2年間という短い期間でCFCの生産を規制する議定書がまとまったのは，南極上空の成層圏オゾン濃度が極端に減少するオゾンホールと呼ばれる現象が科学的知見により明らかになったことと，代替物質の開発という産業界の対策が進んだことがあげられる。その後，科学的知見の蓄積により，規制対象物質の拡大と規制スケジュールの前倒しが続き，1990年から99年にかけてモントリオール議定書は4回にわたる改正（ロンドン改正，コペンハーゲン改正，モントリオール改正，北京改正）がなされている。

オゾン層保護問題に続き，国際社会でとりあげられた地球環境問題は，気候変動問題であった。1988年に大きく注目を浴びるようになったこの問題では，1991年に条約形成に関する政府間会合が開催されてからわずか15カ月で枠組条約となる気候変動枠組条約が形成された。その背景としては，冷戦終結後の国際的な政策課題として地球環境問題が注目されたこと，コンピュータの発達や科学的データの蓄積により科学的アセスメントの質が向上したこと，気候変動に関する政府間パネル（IPCC）などを通じて，科学者間の知見が国際的にまと

第7章 グローバル・イシューズとしての地球環境

められたことなどがあげられる。

1997年には先進国全体の温室効果ガスの排出量を2008年から2012年までに1990年比で約5％削減することを骨子とする京都議定書が合意された。その後，アメリカのジョージ・W・ブッシュ政権は，自国の経済に悪影響が出ることや発展途上国に対する排出規制義務がなく不公平性が残るとして京都議定書からの離脱を宣言したが，日本，欧州，ロシア，発展途上国など，多くの国々が批准したため，京都議定書は2005年に発効した。現在は，京都議定書で定められていない2013年以降の対策（ポスト京都議定書）をどのようにするべきか，国際交渉の中心となる締約国会議に加え，主要国首脳会議（G8サミット）や地域ごとの首脳会議といった場でも議論が進められている。そこでは，アメリカを含む全先進国と，成長著しい中国やインドなどの発展途上国が参加する実効性ある枠組みをどのように形成するかという点が最大の問題となっており，2009年に開催される気候変動枠組条約第15回締約国会議でポスト京都議定書をまとめるべく，国際的議論が進んでいる。

他の地球環境問題としては，生物多様性の保護があげられる。この問題では，1992年に生物多様性条約が，さらに2000年には，遺伝子組換生物の越境移動を規制するバイオセーフティに関するカルタヘナ議定書が形成された。生物多様性問題は，もともとは種の減少および外来種の侵入による生態系の破壊を防ぎ，種の多様性を保全することを目的とするものであるが，同時に種が持つ遺伝資源についても扱うことになる。遺伝資源とその利用方法であるバイオ・テクノロジー，さらには両者の知的財産権をめぐり，各国間，とりわけ南北間で利害が異なっている。アメリカは民間企業の特許権を侵害する可能性があるとして生物多様性条約とカルタヘナ議定書を批准していないが，ヨーロッパや日本などの多くの国々が批准したため，カルタヘナ議定書は2003年に発効した。

以上見てきたように，第二次世界大戦後まとめられてきた国際環境レジームは，まずは動植物の保護や，河川や海洋の汚染といった問題を対象としてきた。しかし，1980年代以降形成されつつある国際環境レジームは，単に資源維持や環境保護を目的とするものではない。また，問題を特定する段階では，生態系

と経済システムの関係を踏まえ，対策の方向性のみを定める枠組条約を制定し，対策を講じる段階では，具体的な制度・政策を議定書として策定するという，二段階で国際環境レジームが形成される特徴がある。したがって，最初の段階では自然科学の知見が重要となり，対策作成の段階では，環境担当省庁に加え，経済担当省庁，経済界，市民社会の参加が重要になっている。

環境問題に対する取り組み

国際環境レジームの形成に当たって，中心的な役割を果たしたのは国家であった。なぜならば，条約を形成する主体となるのは主権国家であるからである。しかし，レジーム形成の政策決定過程，およびレジームの実施に当たっては，国家以外の主体も積極的に参加している。また，国際環境レジームに規定されていなくても，環境保護に資する活動を自主的に行っている主体は数多い。そこで，国際環境レジームを中に含むより大きな考え方として，環境ガバナンスという概念が注目されている。本節では，国家以外の主体が環境ガバナンスに対して果たしている役割と取り組みについて概説することとしたい。

まず第一にあげられるのが，国際組織である。なかでも，国連は中心的な役割を果たしてきた。前述した国連人間環境会議，地球サミット，ヨハネスブルグ・サミットはすべて国連が主催した会議である。このような大規模な国際会議を開くことで，国連は地球環境問題の重要性を国際社会に訴えかけることに成功してきた。また，地球サミット以降は，持続可能な開発委員会（CSD）を通じて，環境と開発に関する国際的な議論の場を継続的に提供している。

さらに国連内部には，総会の下部機関として国連環境計画（UNEP）が設立されている。UNEPは国連内の各組織を環境面から調整するとともに，多くの多国間環境条約を成立させる上で中心的な役割を果たしてきた。UNEP主導のもとで起草された多国間環境条約としては，オゾン層保護に関するウィーン条約，モントリオール議定書，バーゼル条約，生物多様性条約，有害化学物質の国際貿易に関するロッテルダム条約（PIC条約），残留性有機汚染物質に関するストックホルム条約（POPs条約）などがあげられる。さらに，地中海などの地

域海計画の策定に当たっても，UNEPは大きく貢献した。また，環境モニタリングや情報の分析・提供でも重要な役割を果たしている。なかでも，1974年から実施されている地球環境モニタリング・システム（GEMS）では，気候，天然資源，海洋などの各分野で，国際的に環境データの収集分析を行っている。

国連開発計画（UNDP）や世界銀行も，発展途上国の開発援助を実施するに当たって，近年は環境面からの配慮を実施し，環境と開発の両立を目指している。このうち，世界銀行は，1980年代にアマゾン開発計画やインドのナルマダ・ダム建設計画の際に，環境や地域住民に対する配慮を欠いているという批判を受けたことから，世界銀行内の制度改革に着手した。1988年には初代の環境局長が指名され，1993年にはインスペクション・パネルが創設された。この制度は，環境影響評価，自然環境，森林保護，住民移転，先住民などのガイドラインを定めたセーフガード政策が適切に実施されているか，プロジェクト地域の住民やNGOなどが事実関係の調査を求めることを可能にした制度である。この制度により，世界銀行が実施するプロジェクトに環境配慮が求められることになった。さらに他の国際援助機関や先進国が行う政府開発援助にも，同様の環境配慮を求める声が高まった。

第二にあげられるのが，NGOの役割である。NGOが果たす役割は大きく分けて，環境問題の社会化，環境政策立案，既存の政策に対する環境面からの問い直しの3つがある。まず，環境問題の社会化とは，社会に見過ごされがちな環境問題を政策課題にのせることを意味している。過去，日本国内で発生した公害問題では，被害者団体が結成され，裁判を通じて環境問題が社会化することが多かった。国際社会では，たとえば地球サミットでアマゾン流域の水銀汚染問題を水俣病と縁が深いNGOが取り上げるケースが見られた。また，自然保護問題では，影響を受ける対象が人間ではなく自然であるため，直接の被害者が存在しない。そこで，自然保護に関心を持つNGOが，自然環境破壊の結果，長期的および間接的に人間に及ぼされる影響を争点化し，自然保護問題を政策課題にのせる試みも行われてきた。次に，環境政策立案過程でのNGOの役割としては，提示された政策案を環境面から評価したり，代替策を提示す

ることなどを通じて，立案過程の政策に環境面からの視点，影響を受ける地域住民や被害者といった社会的弱者からの視点を組み込むことがあげられる。たとえば，京都議定書の策定時には，NGOがかなり早い段階で議定書案を提案したり，議定書交渉時の各国政府の交渉スタンスを評価して公表するなど，国内・国際政策立案時の様々なチャネルを通じて，政府の政策作りに対するロビイングを行っている。このように政策提言に関心を持つNGOをアドボカシー型NGOと呼んでいる。国際交渉の現場では，アドボカシー型NGOが国際的なネットワーク（アドボカシー・ネットワーク）を作り，密接な情報交換と戦略作成を実施している。アドボカシー型NGOの多くは，既存の政策も議論の俎上に乗せ，環境面からの問い直しを行い，そのレビューの結果を公表することで，政策をより環境負荷の少ないものに変更しようと試みている。

　第三にあげられるのが，企業の役割である。国際環境レジームを作成する主体は国家であるが，レジームで定められた内容を最終的に実施するのは企業や市民が多いため，企業は業界団体などを通じてレジーム形成過程に積極的に参加している。また，企業活動は特定のレジームが規定する政策や措置の範囲内に留まらず，多様な分野にまたがっている。そこで，企業の社会的責任を果たすため，企業の多くは環境負荷をできる限り少なくするように自らの企業活動の見直しを行い，その取り組みと成果を環境報告書という形で発表する試みもなされている。多国籍企業を中心に始まったこの試みは，グローバル化が進む現代社会の中で，国内企業にも進展しつつある。このような取り組みは自主的なものであるが，たとえばISO 14000シリーズや国連グローバル・コンパクトといった国際的な取り組みに添った形で行われるケースも多々見られる。

3　国際政治経済と地球環境問題

地球環境問題の特徴

　第1節と第2節では，これまでの国際社会の取り組みと現状を整理した。本節では地球環境問題を国際政治学を用いて分析する上で特徴的な点と国際政治

経済との関連を概観する。まず，地球環境問題の特徴としては，科学的不確実性，被害の不可逆性，集合行為論的性質，長期的な視点の重要性，国際協力に加え広範なステークホルダーの参加の必要性，などといった点があげられよう。

科学的不確実性とは，原因となる行為と結果として生じた被害が，地理的に離れている，被害が生じるのは将来である，既存の知見では予測できない，などの理由から，因果関係の特定が難しいことをさす。科学的不確実性が存在する場合，政策立案が遅れたり，各国間の意見の相違などが生じるケースがあり，国際協調が進まない。たとえば，典型的な越境環境問題である酸性雨問題では，原因行為と被害が生じた地域が地理的に離れており，原因物質となった硫黄酸化物や窒素酸化物の運搬メカニズムに関する情報や，原因物質の排出量に関する情報が明確でなかったため，国際対策の初期では，原因発生国と被害国との間で意見の対立が生じた。また，オゾン層保護問題や気候変動問題では，問題が指摘された当初は，原因と結果の関連性は理論的には提示されていたものの，まだ被害が発生していなかったため，対策をとるインセンティヴが乏しかった。しかし，これらの問題では，原因行為と被害に関する情報が蓄積し，科学的知見が集積することで，問題発生のメカニズムがより明らかになり，予想される被害の信頼度が高まるにつれ，問題解決への取り組みが進むことになった。

被害の不可逆性とは，一度壊された生態系システムは以前の形に戻すことが難しいことをさす。オゾン層保護問題であれば，成層圏オゾンを破壊する原因物質であるCFCは，成層圏内での寿命が長いため，地上レベルでCFCの排出を停止しても，オゾン層破壊はすぐに止まるわけではない。さらに破壊されたオゾン層が再び元に戻る時間も必要であるため，成層圏で以前のようなオゾン濃度が回復するまでには長い時間がかかる。気候変動問題も同様で，温室効果ガスはその寿命が長いため，すでに我々が排出した温室効果ガスによって今後も温室効果ガス濃度は上昇する。その結果生じる温暖化効果は，今後数十年にわたり，生態系に対して，大規模で，影響が大きく，不連続で，急激な変化をもたらすことが予測されている。そのため現在議論されているのは，温室効果ガスの大気内濃度の上昇幅をどの程度までに抑えるか，という点であり，今世

紀中に現在の濃度までに戻すことは現実的にはむずかしいと考えられている。これは，地球温暖化を一定程度受容するということが前提になっており，仮に温暖化のスピードが速く，動植物の移動が気候帯の移動に追いつかない場合，大量に種が絶滅する可能性が指摘されている。

　地球環境は国際社会が共有する国際公共財である。そのため，ギャレット・ハーディンのいう「共有地の悲劇」が指摘する集合行為論的な性質を持つ。「共有地の悲劇」とは，中世の共有地で，牧夫が自己の経済的な利益を最大化するため，できる限り多くの家畜を飼育したが，その結果，共有地の牧草は食べつくされ，共有地で飼育されていたすべての家畜が餓死した，というたとえである。つまり，放牧する家畜を増やしたことで，牧夫は一時的には利益を得たものの，その代償は共有地を利用する人々全体が負うこととなったのである。ここから得られる教訓は，個人の効用の最大化は全体の効用の最大化に必ずしもつながらないという点である。我々が自らの短期的な得失勘定から行動すると，その結果として生じる環境変化による様々な悪影響は，社会全体が負うことになる。したがって，対策実施のためには，地球環境を国際公共財ととらえた上での国際協調が重要であり，多様なステークホルダーの参加が求められている。またその際には，被害の不可逆性にかんがみ，長期的な影響を視野に入れた費用効果分析を行いつつ，予防的に対策を進める必要性がある。

科学と地球環境問題

　地球環境問題とその対策に当たっては，科学的知見が果たす役割は大きい。地球環境問題は，酸性雨や砂漠化など，被害が生じた後に対策が講じられるケースも，オゾン層保護問題や気候変動問題など，被害が顕在化する前に対策が講じられるケースがある。両ケースともに被害がどのように生じるのかという因果関係の特定や，生態系が破壊された結果としての被害予測の両面で，科学的知見は重要な役割を果たしている。また，オゾン層保護問題や気候変動問題では，環境問題それ自体を「発見」したのが科学者であり，科学的知見は国際対策の策定に向けて決定的な役割を果たした。

そのため，国際環境レジームでは，条約の内外に科学委員会や科学アセスメントパネルなどを設け，最新の科学的知見を生かしながら政策決定を行う仕組みができつつある。なかでももっとも有名なものが，2007年にノーベル平和賞を受賞した気候変動に関する政府間パネル（IPCC）であろう。IPCCは，世界気象機関（WMO）と国連環境計画（UNEP）のもとに設置された政府間組織であるが，そのメンバーの多くは科学者である。IPCCはほぼ5年ごとに，気候変動に関する科学的情報の評価，環境・社会経済的な影響の評価，対応戦略といった3つの内容を報告書にまとめたり，条約交渉の進展にあわせ，個々の研究課題に対応した特別報告書もまとめている。これらの活動を通じて，IPCCは気候変動レジーム形成に大きな影響を与えた。

　国際政治学では，国際環境レジーム形成における科学が果たす役割についても分析が進んでいる。たとえば，エルンスト・ハースは，知識の重要性について，国家が知識を学習する，という側面を強調していた。それに対し，ピーター・ハースは，知識を持った科学者と専門的知識を有した官僚が，規範や因果関係に関する信条を共有する知識共同体の役割を重視した。その上で，知識共同体が国家間の共通の認識を形成し，レジームを形成するプロセスを，オゾン層保護問題を例にとって分析した。また，カレン・リトフィンは，科学的な知識が，国際交渉の中で正当性を訴える手段となる点を重視し，相互主観的なパワーと科学の関係を指摘した。

国際政治経済と地球環境問題

　第1節にまとめたように，環境と開発は密接に関連している。グローバル化が進んでいる現代の国際社会では，地球環境問題の解決に当たっては国際政治経済上の様々なメカニズムとの整合性を整える必要がある。たとえば，マグロ漁の際に混獲されるイルカの保護問題をめぐる関税及び貿易に関する一般協定（GATT）での紛争処理では，貿易と環境の両面をどのように調和的に解決するかが課題となった。1995年に発足した世界貿易機関（WTO）でも，環境と貿易の問題は主要なテーマの一つとなり，商業的な観点から進んでいたモノ・サー

ビス貿易のルール作りと国際的な環境協定の調和をめぐる国際的な議論が進んでいる。

　現代の環境問題は，人間の社会経済活動の進展によって，より広範に，より深刻化しつつある。特に，資金，資源，ノウハウ，環境対策技術に乏しい発展途上国では，環境に悪影響を与えるような無秩序な開発が現在も進展しつつある。しかし，発展途上国に対し，地球環境の制約という観点から資源利用や開発の制限を求めることは困難である。発展途上国は様々な機会を通じて，自国の開発主権を主張し，この開発主権という概念はすでに国際的にも認められている。そこで，現在必要なことは，発展途上国の開発を環境配慮型開発に転換するための，先進国から発展途上国に対する資金支援や技術支援などである。二国間協力では，開発主導型援助を環境配慮を取り込んだ形に転換する必要に加え，環境汚染対策技術自体の援助も求められている。このような援助は環境ODAと呼ばれ，徐々に浸透しつつある。国際機関でも環境問題に対する資金援助を実施する地球環境ファシリティー（GEF）が世界銀行の主導のもとで作られた。GEFは気候変動，水，オゾン層保護，生物多様性の四分野のプロジェクトに対し，資金援助を行っている。

　さらに，国内環境政策の一環としてとられていた経済的手法が，国際社会でも注目されている。経済的手法とは，税制や市場の活用などを通じて，主体の費用効果分析に影響を与え，行動をより環境保全的なものに導く手法であり，税，課徴金，補助金の制定や，排出権取引制度の創設などがあげられる。このうち，市場メカニズムの活用が国際環境レジーム形成に当たって注目されており，京都議定書では，温室効果ガスの排出枠を国際的に取引可能にする制度が盛り込まれた。具体的には京都議定書で定められた数値目標に当たる温室効果ガスの排出枠が各先進国に割り当てられ，割り当てられた排出枠は，2008年以降京都議定書を批准した先進国の間で取引が可能になる。また，発展途上国で行う気候変動対策プロジェクト（CDMプロジェクト）によって削減された排出量は，正規の手続きを経て条約事務局に登録されれば取引可能な排出枠となる。発展途上国で実施されているCDMプロジェクトはすでに1000件を超え，発展

途上国支援の新しい仕組みとしても注目されている。

地球環境問題と国際政治学

以上見てきたように、地球環境問題は我々の社会経済活動によって、資源を乱用したり、環境を汚染したりすることによって発生する諸問題である。したがって、現代社会に広がっている大量生産、大量消費、大量廃棄型社会を改め、環境配慮型の社会経済活動を目指す必要がある。しかし、それを実施するうえでは、国家のみならず、企業、市民、科学者、国際組織など多様な主体の参加が必要であると同時に、社会経済活動のグローバル化、および地球環境問題によって影響が出る地域の国際的な拡大により、一国・一部門ではなく、国際的な、多様な部門の参加が必要不可欠である。

これまでの国際社会の取り組みは、国際環境レジームの形成を通じて問題の解決をはかってきており、ネオリベラリストが注目する国際制度の役割が大きかった。最近では、国際環境レジームに加え、企業や国際組織、市民などの取り組みをも含めた環境ガバナンスが実践されつつあり、そこでは、コンストラクティビストが注目する認識・規範・学習・実践といった要素が果たす役割は無視できない。しかし、実際に各制度が制定、普及されてきた経緯を見ると、主要国の利害関係が果たす役割は大きく、ネオリアリストが注目するパワーや国益といった概念も重要である。このように、グローバル・イシューズの一つとして注目されている地球環境問題は、国際政治学が持つ多様な分析アプローチを通じて、説明が可能である。

しかし、地球環境問題をめぐる国際政治は、科学が果たす役割や、国際政治経済との関連、長期的な視点の必要性など、ユニークな特徴をもつ。さらに地球環境問題の解決に向けて、国際社会は問題解決型アプローチのもと、様々な取り組みを進めており、しかもそのスピードは速い。したがって、地球環境問題の分析に当たっては、これらの特徴を踏まえ、既存のアプローチを修正しつつ、新しい取り組みをも説明できるような分析がもとめられている。

■文献案内

① 石見徹『開発と環境の政治経済学』東京大学出版会，2004年。
＊経済学からみた開発と環境問題の分析が主たる内容であるが，国際政治学の観点からも有用な示唆を与えてくれる。特に，環境経済学や環境政策にも関心がある読者にとって有用である。

② 亀山康子『地球環境政策』昭和堂，2003年。
＊地球環境問題の全体像を紹介した上で，これまでの地球環境問題への国際的取り組みと条約交渉の過程を国際政治学，および政策決定の観点から丹念に分析している。

③ クリストファー・フレイヴィン編著『地球環境データブック2007-08』ワールドウォッチジャパン，2007年。
＊地球環境問題を含め，食糧，エネルギー，経済，社会問題など，地球規模の諸問題に関する基礎データと，そこから読み取れる世界の現状を分析している。毎年発刊されており，世界の現状を理解する上で有用である。

④ 信夫隆司編著『地球環境レジームの形成と発展』国際書院，2000年。
＊国際政治学の理論のうち，レジーム論とガバナンス論に焦点を当て，複数の地球環境レジームの形成過程と発展過程を分析しており，理論的関心が高い読者向けの内容である。

第8章　グローバル・イシューズの解決に取り組むNGO

高柳彰夫

1　NGOとは何か？

NGOとは？

　NGO（non-governmental organizations）ということばは1990年代ごろから日本でも盛んに聞かれるようになった。この章ではNGOがどのような役割を担い，その一方でどのような限界があるのかを検討する。

　NGOに，どのような団体が含まれ，どのような団体は含まれないのかを明確にするような世界的に一致した定義は存在しない。NGOということばは国連用語から出発したといってよい。国連憲章71条は「経済社会理事会は，その権限内にある事項に関係のある民間団体と協議するために，適当な取極を行うことができる……」としている。その「民間団体」を表すことばとして，国連憲章の英文原文では non-governmental organizations が用いられている。

　今日では，NGOとは国連経済社会理事会の関係の有無にかかわらず，軍縮と平和，貧困解消と開発，人権，ジェンダー平等，環境といったグローバルな問題に取り組む市民の団体を総称することばといえよう。一般に政府組織でないこと，営利目的でないことがNGOの要件と考えられている。

　ここで似たように用いられる2つのことばについてもふれておこう。一つはNPO（非営利組織）である。NPOも世界的に一致した定義のないことばであり，またNGOとの違いについても一致した見解はないが，非営利目的であることを強調する狙いが強い。日本の文脈では，国際的あるいはグローバルな課題に取り組む団体はNGO，福祉・まちづくり・子ども・環境保全といった国内

や地域の問題に取り組む団体はNPOを自称することが多い。しかし，国際的な問題に取り組むNGOも多くは1998年に施行されたNPO法（特定非営利活動促進法）のもとで，NPO法人として法人格を得ている。

　もう一つ，市民社会（civil society）ということばも冷戦後の世界で盛んに用いられる。このことばについてはNGOやNPOよりもさらに論争が多く，また古代ギリシャ以来様々な時代に異なった意味で用いられてきた。冷戦後世界では，東欧や中南米諸国における民主化の進行や先進諸国における福祉国家の行き詰まりを背景に，市民社会への注目が高まった。NGOやNPOのみならず，労働組合，協同組合，学術団体，宗教団体など市民が自発的に何らかの価値や理念追求のために組織した非政府・非営利目的の団体の集合名詞として，あるいはそうした団体が活動する空間を表すことばとして，市民社会は用いられる。

今，なぜNGOに注目するのか

　貧困と開発，地球環境保全，人権，ジェンダーといったグローバルな諸課題と関連してNGOの役割はよく注目される。なぜならば，グローバルな諸課題は国家間関係の枠組みの中での解決が難しいといわれる一方で，国境を超えたNGOのネットワークが人類共通の価値の実現を提唱するからである。

　たとえば，貧困と開発という課題をとりあげてみよう。先進諸国，あるいは国際機関による取り組みとして政府開発援助（ODA）がある。ODAは途上国の開発や福祉の向上を「主たる目的」とする（OECDの開発援助委員会［DAC］の定義による）ことになっている。ミレニアム開発目標（MDGs）の採択もあり，近年貧困削減を多くの援助国はいっそう強調する。OECD-DACでも貧困削減や援助効果の向上のための政策研究に取り組んでいる。しかし一方で，ODAとは援助国の政治的・戦略的目的追求の手段でもある。アメリカは冷戦時代であれ，「9.11」後の「テロとの戦い」の時代であれ，戦略的観点を重視してきた。イギリスやフランスは旧植民地（後者の場合は仏語圏）との関係が強調されてきた。日本は2003年のODA大綱の改定で「わが国の繁栄と安全」を

援助目的に追加している。被援助国の側では、強権体制や独裁体制の国が少なくなく、民主化が進んだといわれる諸国でもしばしばエリート間抗争が行われ、フィリピンのアロヨ政権やタイのタクシン政権のように民主的手続きを経て政権の座にありながら、強権化あるいは腐敗していく例も少なくない。被援助国の政府が貧困に直面する民衆をどこまで理解し代弁できるのか疑問であるケースが多い。援助が開発以外の目的追求の手段でもあることと、被援助国側の政府のあり方の問題から、政府間で行われるODAはしばしば貧困層や紛争・災害の被災者に届きにくいといわれ、貧困層や被災者を直接の援助対象にそれらの人々の参加もはかりながら活動してきたNGOの役割が注目されるようになったのである。

人権という課題を見てみると、NGOの意義はもっとわかりやすい。しばしば人権抑圧は国家によりその安定の名の下に行われてきた。国際人権規約をはじめ、国連などの場で合意された国際人権基準がある一方で、国家間関係の枠内で人権問題をとりあげることにはしばしば「内政干渉」に対する批判という壁が立ちはだかってきた。人権NGOによる調査研究や問題提起は、人権を国境を超えた価値として実現し、国際社会が様々な人権問題に取り組む上で大きな役割を果たしてきた。

1990年代、地球サミット（92年、リオデジャネイロ）、世界人権会議（93年、ウィーン）、人口開発会議（94年、カイロ）、社会開発サミット（95年、コペンハーゲン）、世界女性会議（95年、北京）と、一連のグローバルな諸課題に関する国連主催の世界会議が開催された。NGO関係者が政府代表団に参加したケースが少なくなかった。世界会議ではNGO並行フォーラムが開催され、政府間会議とは異なった価値を国際社会に提示した。人類共通の価値の推進者としてのNGOやその国際ネットワークの注目が高まることとなり、「グローバル市民社会」（global civil society）の台頭も言われている。

一方で、主権国家システムの中でのNGOの限界を指摘する見解があることも忘れてはならない。国際的政策決定の場にオブザーバーなどの形でNGOが参加する機会が増える一方で、NGOの参加拡大を警戒する国家政府も少なく

ない。何よりも国際的政策決定の場で票決権は依然として国家政府が持つ。また，出入国管理などを通じてNGO関係者の国境を超えた移動を規制する手段を国家は持っている。

NGOの類型──事業型とアドボカシー型，南と北

　NGOはよく，現場での事業を中心とする団体と，アドボカシー（政策提言，働きかけ，調査研究，キャンペーン，抗議行動，対抗会議開催など政策変更に関係する広範な活動）を中心に活動する団体の類型があるといわれる。

　前者には，貧困と開発に関わる多くの団体や，環境NGOのうち，植林，砂漠化防止，河川浄化，リサイクルといった活動に関わる団体がよくあげられる。後者には，環境NGOのうちキャンペーン中心の団体（代表的なものとしてグリーンピース），調査研究団体（たとえば，毎年『地球白書』を発行するワールドウォッチ）が含まれるし，人権やジェンダーのNGOはアドボカシーが活動の中心であった。

　しかし，最近ではたとえば後で紹介するオックスファム（Oxfam）がアドボカシーを重視するようになっているし，人権やジェンダーのNGOも現場での人材開発などに取り組んでいる。どちらのウェートが高いかという意味で，事業型・アドボカシー型という類型はできるとしても，多くの団体は多かれ少なかれ両方の活動に取り組んでいる。あわせて，両類型の団体の多くにとって幅広く市民を対象とした教育・啓発──取り組む問題領域について，現状を知り，問題の構造的背景の理解を深め，改善に向けての行動を促進する活動──も重要な活動である。

　もう一つ重要なのは，南（途上国）と北（先進国）のNGOという類型である。NGOというと北，特に欧米諸国の団体が思い浮かべられがちであった。今日では，次の節で紹介するバングラデシュのブラックやグラミン銀行に見られるように，南のNGOが急速に台頭している。南の多くの地域が北の植民地支配下に置かれ，脱植民地化後も世界の政治経済体制の下で周縁的な地位に置かれ，様々な社会的・経済的困難に直面している。グローバルな諸課題の解決におい

て南のNGOがより発言力を持っていくことが望まれるのは言うまでもない。南北NGOの「パートナーシップ」が唱えられる一方で，現実には南のNGOは資金を北に依存することが多く，経験や情報を蓄積した北のNGOが主導権を持つことが多い。

2　事業型NGO

　事業型NGOとして，もっとも盛んな貧困と開発の問題領域のものを取り上げたい。まず急速に台頭する南のNGOについて，NGOの役割が顕著なバングラデシュの団体を取り上げ，ついで北の団体を取り上げたい。

バングラデシュの貧困と開発とNGO

　バングラデシュはアジアで最も貧しい国の一つである。1971年末の独立戦争時に多くのNGOが緊急援助で活動し，独立後の政府の行政能力の低さもあり，南の中でもNGOの活動の盛んな国の一つに数えられる。

① ブラック（BRAC）

　代表的なNGOがブラックである。ブラックは独立時の1972年に設立され，長い間バングラデシュ農村振興委員会（Bangladesh Rural Advancement Committee）の名称で活動してきたが，近年ではアフガニスタン（2002年から）や津波被災（2004年末）後のスリランカで活動するようになったこともあり，略称であったブラックが今では正式名称となっている。現在では年間予算が330億円，スタッフが5万5000人の巨大NGOとなっている。

　ブラックの注目されてきた活動の一つが教育である。1985年に22校から出発した初等教育プログラムは，2005年現在では約2万8000校で90万人が学ぶものになっている。バングラデシュでは，近年急速に改善されているとはいえ，成人識字率は男性54%，女性41%で，農村部の女性の識字率は25%に満たないといわれる。小学校（5年間）が義務教育であるが，教育環境が悪く，実際に修了できるのは半分程度である。1クラスあたりの児童数は70人近くであり，都

市を念頭においたカリキュラムは農村の生活実態に合わなかった。教員の多くが都市出身の男性で、また農村部では学校の数が十分でなく遠距離通学を強いられるケースが多いことは、とりわけ女子の就学の妨げとなってきた。ブラックの学校は、学校に行く機会がなかった子どもや中退した子どもを対象とするが、以下の特徴を持つ。

- 1クラスを33人程度とし、生徒の70％を女子とする。U字型に座り、教員が一方的に教えるのでなく、双方向性を持てる雰囲気にする。
- カリキュラムは政府のものに準拠しつつ、農村の生活実態にも合ったものとする。
- 教員は原則として地元の女性（中卒以上）を採用する。実際教員の97％が女性である。
- ブラックのスタッフ、教員、親の代表からなる委員会による住民参加型学校運営を行う。

これまでブラックの学校を卒業した子どもは多くが公立の学校に編入し、編入先の学校で優秀な成績を収めている。しかし、本来政府の責任であるはずの基礎教育で、公立学校がうまく機能しないからNGOの学校が成果を収めるということでよいのだろうかとの疑問も出るだろう。ブラックは教育省と連携し公立学校の改革にも取り組みはじめている。

ブラックのもっとも重要な活動は農村開発である。ブラックをはじめ、多くのバングラデシュのNGOは農村の住民組織づくりを重視してきた。伝統的には、ブラックの住民組織づくりは「意識化」──社会を変える主体は住民自身であり、そのためにも共通の問題に直面するものが組織をつくり共同で問題解決に取り組む方向づけがなされること──を重視してきた。具体的には、スタッフによる村落調査→女性の住民組織結成（その後に男性の住民組織結成。バングラデシュでは伝統的・文化的背景から、男女一緒の住民組織づくりは難しい）→住民組織での識字や保健知識の普及、職業訓練などの研修活動→貯蓄組合づくり

→マイクロクレジット（小規模融資）の実施，と段階を踏んで発展していくものとされた。途中で挫折するものも少なくない。次に述べるグラミン銀行の急速な農村部での活動拡大にも影響され，マイクロクレジットの普及をより強調するようになっている。現在ブラックにより16万の村で女性の住民組織がつくられ，500万人が参加している。

② グラミン銀行（Grameen Bank）

2006年のノーベル平和賞の受賞者は，グラミン銀行とその設立者のムハマド・ユヌス（Muhammad Yunus）であった。グラミン銀行は法令上銀行であるが，一般的にはNGOとして考えられている。グラミンとはベンガル語で農村を意味する。

1976年，当時チッタゴン大学教授であったユヌスが近隣の農村の貧しい女性たちに無担保融資を行ったことがグラミン銀行のはじまりであった。ブラックなどのNGOが住民の「意識化」を重視するのに対し，グラミン銀行は住民たちが資金へのアクセスを持たないことを貧困の根源と考えた。

グラミン銀行は土地なしあるいはわずかな農地しか持たない貧しい世帯の，特に女性（現在もメンバーの97％が女性である）を融資の対象としている。2008年4月現在で，2511の支店があり，全国の村落の95％に当たる8万1752の村で749万人が融資を受けている。

グラミン銀行は次のような仕組みで融資を行ってきた。行員による村落調査の後，住民（大部分は女性）たちは5人のグループをつくり申し込む。最初は，まずそのうちの2名，その返済後は次の2名，さらにその返済後は最後の1名が融資を受けるというサイクルから始まる。5人のメンバーが融資に関して連帯して返済責任を負う仕組みが，資産のない人々の担保のかわりになっている。またメンバーは毎週の集会（そこでは規律や帳簿のつけ方などの研修が行われるとともに，村の様々な問題を話し合う）に参加する義務を負う。

グラミン銀行から融資を受け，様々な事業を立ち上げ，収入を大きく向上させていった女性たちは少なくない。だからこそ，前述の規模にまでグラミン銀行は成長していったのである。しかし，一方で返済できなくなる例，中には村

から逃亡する例もある。また返済ができそうもない，あるいは集会に参加する余裕さえない最貧層，高齢や病気がちの人々はこの仕組みに参加できないのではとの疑問も出されてきた。

2002年からは連帯責任制がなく，貸し付け条件などもより柔軟なグラミンIIという仕組みをはじめるなど（従来の仕組みは「グラミン・クラシック・システム」と呼ばれるようになった），新しい試みを始めている。また小規模電化に取り組むグラミン・シャクティ（Grameen Shakti），バングラデシュ最大の携帯電話会社でもあるグラミン・フォンなど多様な関連団体・会社を持っている。

北の開発NGO──オックスファムを中心に

事業型開発NGOというと，北の団体が考えられがちであった。代表的な団体の一つのオックスファム（Oxfam）をここではとりあげよう。1942年，イギリスのオックスフォードで，オックスフォード飢餓救済委員会（Oxford Famine Relief Committee）の名で，ナチス・ドイツ占領下のギリシャの救援活動から活動を開始した。第二次世界大戦後，西ヨーロッパの救援・復興を支援し，その後，植民地支配を脱した新興独立国に活動対象を移していった。南での活動は，当初は独立戦争や，災害・飢餓などの被災者の救援活動であった。

60年代半ばごろから，「かわいそうな人々を助ける」ことよりも，南の地域住民の自立支援を強調するようになり，インドの農業支援を手始めに，人々の自立をめざして基本的ニーズを充足し長期的な開発を支援するプロジェクトを，農業・教育・保健などの部門で行うようになった。さらに70年代，本格的には80年代に南のNGOが急速に台頭する中で，自前で活動を組織するのみならず，可能なところでは南のNGOの活動を資金・技術提供などで支援するようになっていった。またイギリス国内でも，70年代から貧困と開発の問題に関する市民啓発の活動や，イギリスのODA政策，国際機関の政策の変更を働きかけるアドボカシー活動にも力を入れるようになっていった。

今日では，長期的開発においては南のNGOの活動を支援することを重視している。一方で紛争や自然災害の増加に伴い，緊急援助も依然として重要な活

動である。いずれにおいても，単に現場で活動するだけでなく，経験をイギリスに持ち帰り，アドボカシーや市民啓発に生かしている。

また，オックスファムの支部から独立した団体となったアメリカ・カナダ・ベルギーなどのオックスファムや，もともと独立して活動していたオランダやオーストラリアの団体により，オックスファムの国際ネットワークとしてオックスファム・インターナショナル（OI）が結成されている。OIは当初は非公式なネットワークであったが，90年代半ばになって事務局を常設化し，また活動面での協調を強め，ロゴの統一など組織面の一体化の度合いも高めている。現在は世界に12カ国に13のオックスファムがあり，活動予算の総額は約700億円に達している。

北の開発NGOには，オックスファムの他に，緊急援助・長期的開発に取り組むケア（CARE）や，国際里親NGOであるワールド・ビジョン（World Vision），フォスター・プラン（PLAN International）など年間数百億円の予算を持つ多国籍NGOがある。一方で，年間予算が数億円で，対象の部門や地域を限ったNGOが北の各国で数多く活動していることも忘れてはならない。

NGOと政府——貧困と開発を例に

NGOは「非政府組織」であるが，政府と関係を持たずに活動していることを意味しない。貧困と開発は，政府との様々な「連携」が見られる問題領域である。

北では，表8-1のように，OECD-DAC諸国でODAの一部を被援助国政府でなく，NGOを通じて開発現場に供与している。日本やフランス・イタリアなどNGOとの「連携」に積極的でない国もある一方で，北欧諸国やオランダなど「人道色」の強い援助政策で知られる国を中心にNGOを通じた開発援助の割合の高い国もある。また，ここで示された数字とは別に，NGOが政府間援助に実施者として参加する国もあり，実際にはこの数字以上にNGOを通じてODAが実施されている。その一方で，NGOの側でODA資金への依存率が高い国もある。オランダの主要NGOの中には資金の75%を政府から得ている団

表8-1 OECD-DAC 諸国の NGO を通じた ODA の割合

国　名	(％)
オーストラリア	4.8
オーストリア	5.1
ベルギー	10.0
カナダ	10.0
デンマーク	6.5
フィンランド	6.1
フランス	0.4
ドイツ	7.6
ギリシャ	3.0
アイルランド	17.0
イタリア	1.3
日本	1.7
ルクセンブルグ	12.5
オランダ	14.3
ニュージーランド	13.6
ノルウェー	20.4
ポルトガル	0.9
スペイン	16.4
スウェーデン	13.6
スイス	11.6
イギリス	9.2
アメリカ	不明

(出所) OECD-DAC, *Development Co-operation Report 2006*.

体もあり，カナダの NGO はかつては全資金の半分近くを，今日でも35％を ODA 機関から得ている。

南では NGO と政府との関係はより複雑であり，国ごとに大きく違う。バングラデシュのように，政府の行政能力が低く，NGO が社会・経済分野で大きな役割を担う「第二行政府」のような存在になっている国がある。政府の事業に NGO が盛んに参加する国もある。フィリピンのように NGO 関係者が閣僚を含め政府の要職に盛んに登用される国もある。一方で一党制や社会主義を標榜する国を中心に，NGO といっても党や政府の外郭団体だけが認められる国もある。

南北のいずれにおいても，NGO が政府との「連携」を強めることで，その独立性や独自性が問題となる。ODA 資金への依存率が高まる中で，政府の下請け機関化は懸念されてきた。

近年，開発援助の世界では，南の国家政府が「オーナーシップ」(主導性) を持った貧困削減戦略の作成と，北の ODA の貧困削減戦略との整合性，援助アクター間の調和化が強調されるようになっている。NGO も，特に ODA 資金を用いる場合には，整合性と調和化を求めるべきだとの意見も出ているが，これに対し NGO は政府間で決められた開発戦略の下請け機関になると反発する。一方で，NGO の活動規模が大きくなるにつれて (現在二国間 ODA はおよそ1000億ドルに対し，NGO の北から南へ資金移転は約250億ドルと見られる)，NGO もばらばらに活動するのでなく，様々な援助アクター間の重複や偏りを避けるためにも何らかの援助協調に加わるべきとの意見もある。NGO の独自性や自立性を生かせる援助協調

がありうるのか，今後議論されていくこととなろう。

3　アドボカシー型NGO

　NGOのアドボカシー活動は，以前から個別に行われてきたが，1990年代以降，問題領域ごとのNGOのネットワークを結成し，行われることが増えている。1997年にノーベル平和賞を受賞した地雷廃絶国際キャンペーン（ICBL）は軍縮・平和や人権など多様な問題領域のNGOのネットワークである。

　NGOのアドボカシー活動はしばしば「反グローバリゼーション運動」としてとらえられるが，アドボカシー・ネットワークの台頭は政治面でのグローバリゼーションの一つの側面ともいえる。またグローバリゼーションの促進要因として挙げられる情報通信技術の発達により，インターネット・電子メールなどを通じて国境を超えたNGO間の情報伝達が短時間で行えるようになったこともアドボカシー・ネットワークの活動の発展を可能にした。

　ここでは貧困と開発（第6章）に関連して貧困に関するグローバル行動キャンペーン（Global Call to Action against Poverty = G-CAP）と，地球環境問題（第7章）と関連して地球温暖化問題を扱う気候行動ネットワーク（Climate Action Network = CAN）の2つのアドボカシー・ネットワークを取り上げたい。

G-CAP

　G-CAPは2005年に，特にアフリカの貧困問題を取り上げることが予定されたG8グレンイーグルズ（イギリス）・サミット，国連ミレニアム＋5総会を踏まえ，貧困問題への国際的な取り組みを求めるキャンペーンとして，オックスファムを含むイギリスのNGOの呼びかけで開始された。世界94カ国で，「貧困を亡きものにする」（Make Poverty History = MPH：イギリス，カナダ），「ほっとけない世界の貧しさ」（日本）などそれぞれの名称でキャンペーンが展開された。G-CAPでは，①正義をともなった貿易（trade justice），②債務帳消し，③開発援助の量・質の大幅な向上，④貧困を根絶しMDGsを達成する各国の

取り組みの促進，の4つが取り組む課題としてあげられた。

　グレンイーグルズ・サミットに合わせて，近くのエジンバラ市でのデモには22万人が参加し，東京を含む世界各地でG-CAPに賛同するコンサートも開催された。サミットでも2010年までの北から南への500億ドル（うちアフリカ向け250億ドル）の援助増額，18の重債務貧困国の債務免除が合意された。一方国連総会では目立った前進はなかった。

　G-CAPは，委員長のクミ・ナイドゥー（Kumi Naidoo：南アフリカのNGO活動家）のグレンイーグルズ・サミット時の「人々は大声で叫んだが，G8は小声でささやいた」というコメントに表れるように，もたらした政策面での変化は十分ではなかったが，貧困問題での国際的関心を高めた成果は評価されよう。一方で，北のNGOの呼びかけであったことへの一部の南のNGOの批判，G-CAPに賛同した芸能人がグレンイーグルズ・サミット時に「援助額は100点，債務削減は80点」と成果を強調したことに関連してセレブリティ（著名人）の安易な利用についての批判，イギリスのMPHに関してはスタッフがアドバイザーに転出するなどブレア政権（当時）に近かったオックスファムと左派NGO（War on Want など）との見解の違いなど，いくつかの問題点も指摘された。

CAN

　CANは地球温暖化問題に取り組むNGOネットワークの代表的なものである。1988年にトロントでの国際会議「変貌する大気——地球安全保障への影響」（総括文書で先進諸国の2005年までに二酸化炭素の1988年比20％排出削減を述べる）に参加したNGOを中心に，翌1989年に設立された。現在は世界で90カ国の365（2007年9月現在）のNGOが参加するネットワークになっている。CANは常設の事務局を持たず，南アジア，東南アジア，東アフリカ，西アフリカ，南部アフリカ，ラテンアメリカ，カナダ，アメリカ，中・東欧，西欧にフォーカルポイントを持つゆるやかなネットワークである。

　CANは気候変動枠組条約（1992年の地球サミットで署名）の制定過程や，1995年以降毎年開かれている締約国会議（COP）では，会議におけるロビー活動と，

会議場外でのキャンペーンやデモンストレーションを通じて，交渉過程に影響を与えようとしてきた。ロビー活動という点では，COP期間中などに発行するニュースレター *eco* は各国政府代表団に幅広く情報を提供し，有力な武器となってきた。

　CANは1995年の第1回締約国会議（COP 1：ベルリン）から京都議定書が採択されたCOP 3（京都：1997年）に至る過程で，二酸化炭素の排出量を2005年までに1990年比25％削減を提唱した。実際の京都議定書は2008〜12年の間までに1990年比5％削減と，CANの主張よりも大幅に低い目標となった。しかしながら，数値を伴った削減目標や期限が明記されないという最悪の事態を避けることができたことはCANをはじめとするNGOのアドボカシー活動の成果であると，様々な研究やマスコミだけでなく，交渉に参加した政府代表団関係者からも認められている。

　現在のCANは，①京都議定書を通じた温暖化ガスの排出削減の唱導，②途上国における持続可能でクリーンな技術の導入を通じて温暖化ガスの削減を目指す「グリーニング」，③島嶼国や最貧国などもっとも脆弱な諸国の気候変動の影響を予測し最低限にする「適応」（adaptation）の「3つの進路アプローチ」（three track approach）により地球温暖化問題に取り組む。またCANは温暖化ガスのこれまでの排出のほとんどを行ってきた先進国にまず排出削減の義務があり，温暖化問題に関する権利と義務は先進国と途上国で差異あるものとの考えに立っている。

4　日本のNGO
　　　——結びにかえて

NGOの役割と限界

　NGOはグローバルな諸課題の解決に向け，政府や政府間関係で実施が難しい事業を行う一方で，国境を超えてネットワークをつくり，各国政府や国際的政策決定の場に働きかけを行ってきたことを紹介してきた。貧困削減や環境保全の事業実施を通じて，NGOは多くの人々や地域の生活改善をもたらしてき

た。しかし，NGO の成果をいかに体系的に検証するのかは今日でも検討課題である。NGO のアドボカシー活動は，NGO 側の要求からすれば不十分な範囲にとどまることが少なくないが，一定の政策の変更や改善をもたらしてきた場合が多い。しかし，政策変更をもたらす要因は他にもあり，NGO のアドボカシーの効果を検証する方法もやはり検討課題であろう。

　NGO の事業が資金の一部を政府から得ていることもあり，政府の下請けになるという懸念はこれまでも指摘されてきた。開発の分野での貧困削減戦略アプローチの台頭は，NGO の開発事業が政府の下請けとなることへの新たな懸念材料になっている。アドボカシー活動においても，NGO は政策決定の場での地位は票決権を持たず限られた発言しかできないオブザーバーに過ぎない。近年，人権などの問題での NGO の発言を警戒する途上国政府の中には NGO が国際的政策決定の場で影響力を拡大することを警戒している国も多い。NGO による並行フォーラムが開催され，NGO が国際的に注目される機会を飛躍的に拡大させた世界会議は，国連財政改革と関連したアメリカ議会の要求で開かれなくなった。NGO がどこまでの役割を担えるのか，主権国家とのせめぎあいは様々な形で見られる。

日本の NGO

　日本は NGO や市民社会の発達が遅れてきた国といわれている。少なくとも1980年代半ばまでは「非政府」組織は「反政府」組織であるとの誤解があった。他の OECD–DAC 諸国に大きく遅れ，日本の ODA における NGO への資金供与が本格的に始まったのは1989年であった。1998年に特定非営利活動推進法（NPO 法）が制定・施行されるまで，ほとんどの NGO は法人格を得られず，任意団体として活動した。NPO 法も，当初は「市民活動促進法」として議員立法で提案されながら，一部議員の「市民」ということばが「反政府的・左翼的」との強硬な異論から現行名称になった経緯がある。

　国際協力 NGO センター（JANIC）により NGO ダイレクトリーやデータブックが発行されていることから，比較的実情が体系的に把握されている開発 NGO

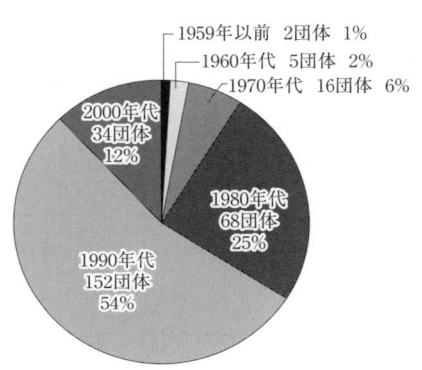

第8章　グローバル・イシューズの解決に取り組むNGO

図8-1 日本の開発NGOの設立年代（全277団体）
- 1959年以前　2団体　1%
- 1960年代　5団体　2%
- 1970年代　16団体　6%
- 1980年代　68団体　25%
- 1990年代　152団体　54%
- 2000年代　34団体　12%

（出所）国際協力NGOセンター『NGOデータブック2006』をもとに筆者作成。

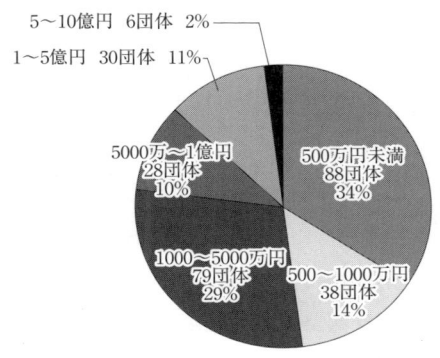

図8-2 日本の開発NGOの年間予算規模（全277団体）
- 5〜10億円　6団体　2%
- 1〜5億円　30団体　11%
- 5000万〜1億円　28団体　10%
- 1000〜5000万円　79団体　29%
- 500〜1000万円　38団体　14%
- 500万円未満　88団体　34%

（出所）国際協力NGOセンター『NGOデータブック2006』をもとに筆者作成。

について紹介してみよう。図8-1にあるように，開発NGOの歴史は浅く，活動経験が20年に満たない団体が圧倒的に多い。日本の開発NGOの年間活動予算は286億円と，たとえばブラックやイギリスのオックスファムの年間予算よりも小さく，財政規模の小さな団体が多い（図8-2）。開発NGOの半分近くが東京都に本部を置き，神奈川・埼玉・千葉の首都圏各県と近畿地方を入れると70%を超え，大都市圏に偏在している。歴史の浅さや財政基盤の弱さは，他の問題領域のNGOにもおおむね共通している。

　日本でNGOの発達が遅れてきた背景に何があるのだろうか。19世紀の半ばまでは鎖国を行い，明治維新後「富国強兵」「西欧に追いつき追い越せ」といったスローガンの下で急速な経済発展を遂げ，第二次世界大戦後も政府が大きな役割を果たす形で高度成長を進めてきた歴史に根ざすのであろう。中央集権化が進められ，資源を国家目標に総動員する体制と，公益とは政府が定義するものという発想は戦後にまで引き継がれた。また，外交は政府に任せるべきといった考え方が長い間支配してきた。20世紀末になって，NGOを軽視する政府の姿勢に対し国際的に疑問が高まったこと，阪神淡路大震災（1995年）の救援・復興活動で内外のNGOが大きな役割を演じたこと，高齢社会を迎える

に当たって政府だけであらゆるニーズに対応できず地域の市民の自発的な活動が不可欠なことが広く認識されてきたことを通じ，ようやくNGOやNPOに対する社会の関心が高まったといえよう。しかし，2005年の「ほっとけない世界の貧しさ」のホワイトバンドに関し，その使途が南の貧困削減のプロジェクトの直接支援でなく貧困問題に関する調査研究や政策提言に充てられることに疑問が生じたことは，まだ日本社会でNGOのアドボカシー活動に対する理解が不十分なことを露呈した。

　NPO法施行後，全国各地で地域の環境保全，まちづくり，福祉，子どもの健全発展などをテーマとするNPOは急速に発達し，NPOをサポートする行政施策も多くの地域で取られてきた。国際的な問題に取り組むNGOもNPO法人格を得るものが増えている。ローカルな視点で活動する団体と国際的な活動を行う団体との連携が深まること，日本で政府から独立して公益を追求する市民活動の意義の理解が深まることを期待したい。

■文献案内■

① 馬橋憲男・高柳彰夫編『グローバル問題とNGO・市民社会』明石書店，2007年。
　＊開発，環境，人権，ジェンダーの諸問題領域におけるNGO・市民社会の活動を現場での事業とアドボカシー活動の双方に注目しながら紹介し，政府・国際機関など他セクターとの関係を考察。
② *Global Civil Society*（annual since 2001）．
　＊ロンドン・スクール・オブ・エコノミックスのグローバル・ガバナンス研究センター，市民社会センターが2001年から毎年刊行。グローバル市民社会の理論的検討，事例研究，データを豊富に含んでいる。2003年までOxford Univ. Press, 2004年からはSageより発行。
③ 目加田説子『国境を超える市民ネットワーク──トランスナショナル・シビルソサエティ』東洋経済新報社，2003年。
　＊気候変動枠組条約，対人地雷全面禁止条約，国際刑事裁判所設立規程の事例研究を交えながら，NGOのアドボカシー活動における役割を実証的に論じる。

第9章　国境を越える難民・移民問題

中満　泉

1　難民保護体制の確立

難民支援の創成期

　政治的な理由のために祖国を追放された人，または祖国を去らねばならなかった人に庇護を与えるという慣行は，「人権」の概念が成文化される以前にさかのぼる。ヨーロッパにおいては，18世紀末には他国での通常犯罪と，政治的な犯罪，すなわち国内の政治闘争の敗者や犠牲者とを区別し，後者には領域内で政治的庇護を与えることが慣行化されていた。今日の難民保護の一つの原点とも言えるこの政治的亡命者への庇護は，国家の主権の行使として行われた。すなわち庇護権行使は国家の権利であって，国際法上の義務とはみなされていなかった。

　「戦争の世紀」といわれた20世紀になると，それまでの狭義の政治亡命者だけでなく，第一次世界大戦やロシア革命などによって故郷を追われた数多くの人々の保護と支援を行う国際的な体制が必要であるという認識が生まれることになる。19世紀後半以降の人道主義の高まりにも後押しされた難民保護への国際的な動きは，1921年に初の難民高等弁務官任命によって体現された。同年8月，国際赤十字委員会（1863年に設立された，初の国際的人道機関）は当時の国際連盟に対し，ロシア革命とそれに続く内戦によって故郷を追われた100万人以上のロシア難民への支援を要請した。国際連盟はこれに応え，ノルウェーの連盟代表で著名な北極探検家，フリチョフ・ナンセン（Fridtjof Nansen）を初代の難民高等弁務官に任命した。ナンセンはロシア難民や，後にはギリシャ・トル

コ間の民族紛争を逃れた難民の支援にも努力したが，特に難民の法的保護強化のために旅行・身分証明書として使用される，いわゆる「ナンセン・パスポート」を創設したことが業績の一つとして今も記憶されている。連盟下の第2代難民高等弁務官はアメリカのジェームズ・マクドナルド (James McDonald) であった。ナチスの台頭によってドイツを逃れる多くの難民の支援を要請されたマクドナルドは，ユダヤ難民の世界各地への再定住などに尽力したが，ナチスの人権侵害・虐殺行為を「国内問題」とする連盟の立場に失望し，辞職している。辞任に当たって公表された彼の書簡は，難民を発生させる根本原因を解決する必要があること，そしてそのために国際社会が行動を起こすべきことを訴えたが，これは今日の難民問題にもそのまま言えることであり興味深い。

　ヨーロッパでの第二次世界大戦が始まると，連合国は戦争によって生み出される多数の難民・避難民に対応するため1943年に，連合国救済復興機関 (United Nations Relief and Rehabilitation Administration : UNRRA) を設立した。UNRRAは大戦中は難民・避難民への人道援助活動，そして1945年5月にヨーロッパでの戦争が終結後は，4000万人とも言われた難民・避難民の帰還のための支援を中心に活動した。しかし東西冷戦の開始とともに，東側諸国への難民帰還に反対するアメリカなどによって，1947年にUNRRAの活動は終了することとなった。

　1947年には国際連合の一機関として，国際難民機関 (International Refugee Organization : IRO) が設立された。IROはヨーロッパという地域的限定はあったものの，難民の法的・政治的保護や援助のみならず難民問題解決のための包括的な任務が与えられた。しかし，ヨーロッパの難民問題を自由主義陣営各国への再定住によって解決したい西側諸国と，共産化した出身国への帰還によって解決したい東側諸国の対立の深刻化に伴ってその活動は困難を極めた。結局，IROがその活動を終えることとなる1952年初頭には，未解決の難民が多く残っていたのである。

国連難民高等弁務官事務所（UNHCR）の設立

　このような状況下，国連加盟国はより効果的な国際難民支援体制が必要であ

るという認識のもと，国連難民高等弁務官事務所（UNHCR）を設立することとなった。1949年12月，国連総会は決議319（IV）によって当初3年間の期限付きでUNHCRの設立を決定し，翌年12月にはUNHCRの事務所規程（総会決議428 [V]）を採択した。UNHCRは1951年1月1日にその活動を開始した。UNHCRの任務は，難民に国際的な保護を与えることと，難民問題の恒久的な解決を図ることとされた。「難民問題の恒久的な解決」には，本国帰還と，第1次庇護国または第三国における再定住の両方が想定された。結局，UNHCRの活動期間はその後5年間ごとに延長され，2003年には総会決議によって難民問題が解決するまで活動する恒久的機関となった。なお，パレスチナ難民に関しては，国連総会は1949年に決議302（IV）によって，国連パレスチナ難民救済事業機関（UNRWA）を設立している。

注目すべきは，UNHCR事務所規程2条がその活動を「完全に非政治的性質」なものであって，その事業は「人道的及び社会的である」としたことである。国際赤十字委員会のように独立した組織ではなく，国連という国際政治システムの中にその下部機関として設立されたUNHCRであるが，冷戦中そして冷戦後も常に，自らの政治的中立性を保つ姿勢を貫いたことが，その活動の成功の鍵であるとする分析が多い。一方で，UNHCRは国連加盟国政府や他の国連機関と協力し，彼らに難民問題の政治解決を促す，という微妙なバランスの上に活動を行うこととなった。

難民条約

UNHCR設立へ向けた交渉と並行して，国際社会は難民保護に関する国際条約締結へ向けて数カ月に及ぶ交渉を行っていた。20世紀初頭以降の難民問題への対応が，特定の集団のみで極めて限定的であったこと，そして1948年の世界人権宣言などによって，個人の人権尊重への国際社会の取り組みが活発化したことが主な理由であった。

1951年「難民の地位に関する条約」第1条は，難民とは「人種，宗教，国籍もしくは特定の社会的集団の構成員であることまたは政治的意見を理由に迫害

を受ける恐れがあるという十分に理由のある恐怖を有するために，国籍国の外にいる者であって，その国籍国の保護を受けられない者またはそのような恐怖を有するためにその国籍国の保護を受けることを望まない者」と定義する。

また，同条は平和に対する罪，戦争犯罪及び人道に対する罪や，難民として避難国へ入国することが許可される前に避難国の外で重大な犯罪（政治犯罪を除く）を行った場合には，難民条約が適用されないことなどを規定している。1967年1月31日に採択された「難民の地位に関する議定書」は，1951年の条約にあった地理的・時間的制約を取り除いたもので，通常，この2つをあわせて「難民条約」と称する。

世界人権宣言は庇護を求める個人の権利を認めたものの，難民条約を交渉していた各国は庇護権を国家主権の行使とする立場を保持したいという意向が強かった。そこで無条件な庇護権追及を制限すると同時に，庇護を求める個人を保護するために締約国の義務として「ノン・ルフルマン原則」（Non-refoulement）が定められた。これは，難民の生命や自由が脅威にさらされる恐れのある国への強制的な追放や，帰還を禁ずる（難民条約第33条）という締約国に課せられる義務である。また，同条約31条は，庇護申請国に不法入国また不法滞在していることを理由として，難民を罰することを禁じている。こうして難民の定義が確立され，難民保護に関する国際レジームが整備されたのである。難民条約は今日に至るまでもっとも包括的な難民保護規範であるが，後述するように，特に9.11以後の国際社会で新たな試練にさらされている。

冷戦下の難民問題

1960年代以降，主要な難民問題はヨーロッパから，植民地独立闘争の広がるアフリカ大陸，さらには世界各地で繰り広げられることになる冷戦下の紛争地へと移行することとなった。これら難民問題の地域的広がりは，一つには先に述べたように1951年難民条約の地理的・時間的制約を取り除いた1967年の議定書採択に帰結する。さらに，1969年には「アフリカにおける難民問題の特殊な側面を規定する条約（通称「OAU難民条約」）が採択された。OAU難民条約は，

国連難民条約を基本的かつ普遍的法律文書と認める一方，アフリカにおいては難民の定義をさらに拡大し，内乱や暴力，戦争を逃れたものは迫害を受ける恐れがあるという十分に理由のある恐怖の有無にかかわらず難民と認定されることとなった。

冷戦下の国際紛争や国内戦争は多くの場合東西の代理戦争の様相を呈し，世界各地で多数の難民を生むこととなった。特に1970年代後半以降は，インドシナ3国（ベトナム，ラオス，カンボジア），中米3国（ニカラグア，グアテマラ，エルサルバドル），「アフリカの角」地域（エチオピア，ソマリアなど），そしてソ連侵攻中・撤退後のアフガニスタンで，戦争や飢餓などによって多数の難民・国内避難民が発生した。UNHCRの統計によれば，1975年には280万人ほどであった難民は，1980年代末には1500万人近くまで膨れ上がっている。

これらの冷戦下の難民危機は，国際社会における難民支援の構図に一定の変化をもたらした。一つには，多くの開発途上国を含め世界のいたるところで難民・避難民キャンプが設営され，大量の難民の保護と人道支援活動が必要になったことである。また，東西冷戦の継続の中での大規模な難民問題の解決が極めて困難になり，難民問題の長期化が危惧された。そのような状況下，たとえばインドシナ難民に関しては，1979年のインドシナ難民国際会議において，西欧諸国が難民の第三国定住を必ず受け入れるとの条件で，周辺諸国が難民の一時滞在を認めた。インドシナ難民問題においては，第三国定住がその主要な恒久的解決策となり，250万人もの難民が西欧諸国に再定住したのである。日本も約1万人の難民の定住を受け入れ，これが1981年に難民条約に加入する一つの契機となった。

2　冷戦後の紛争と難民

冷戦の終焉と新たな紛争

東西冷戦の終焉は，国際関係にパラダイム・シフトをもたらしたが，難民問題の構図もこれによって大きく変化することとなった。1980年代終わりから

1990年代初頭にかけて，国連の仲介などによって冷戦下の代理戦争が政治解決し，南部アフリカ，中央アメリカ，カンボジアなどで難民の本国への自主帰還が可能になった。長期にわたる庇護国での生活の後，和平後の不安定な状況下に帰還していく人たちの本国での再定着と生活再建を，国際社会が支援することとなった。これは，人道的な活動であると同時に，紛争後の社会の安定化を促し，難民発生再発を防止するという新しいタイプの活動であるが，それは国際安全保障上も重要であると認識されるようになった。

一方で，冷戦構造の崩壊は，冷戦下にはイデオロギーによって管理されていた地域レベル，国家レベルでの民族紛争や，分離独立紛争の表面化を意味することとなった。多くの開発途上国では，1960年代の独立直後から東西いずれかの陣営に取り込まれていき，主権国家としての統治機構や民主的政治制度の成熟を見ることがなく，統治能力の脆弱さを抱えたまま冷戦終焉を迎えた。そのような脆弱な統治状況下，民族間の歴史的な恩讐や，天然資源の支配などをめぐっての争いが内戦の火種となっていく。旧ユーゴスラビア諸国や，アフリカ大湖地域での紛争の例に見られるように，冷戦後の武力紛争には，それ以前のものと比べ明らかな質的変化が見られる。

そもそも，近代西欧文明においては，19世紀以降国際人道法・戦争法規の段階的発展を通して，武力紛争下の市民を保護する規範を整備してきた。冷戦下の紛争においては，もちろん当事者による人権侵害がしばしば見られたものの，市民そのものをターゲットにした武力紛争というよりは，イデオロギー勢力による権力掌握を目的とするものであった。したがって，冷戦下の難民をめぐる人口移動は，多くの場合戦争状態から逃れたり，特定のイデオロギー勢力の支配下に入ることを嫌ったために起こった「紛争の帰結」でもあったといえよう。

一方，冷戦後の武力紛争は，多くの場合，「自分が何者であるのか」というアイデンティティー意識に深く根ざし，または，そのような意識を紛争の当事者が政治的に鼓舞することによって発生するものとなった。このような紛争においては，敵対する民族や宗教グループに属する市民そのものが標的となった。紛争において市民を保護するという規範はもはや尊重されなくなり，むしろ，

敵対民族の市民に対して目に見えて凄惨な攻撃や，レイプ犯罪，民族浄化活動などを行うことによって，戦闘における心理的効果をもたらすという戦術がしばしば取られることとなった。新しいタイプの紛争の目的は，特定の民族・宗教集団が領域内で絶対的支配を確立することであり，言い換えれば，敵対する集団を強制的に領域外に移動させ，難民化することが紛争の主要な目的ともなったわけである。従って，難民や避難民を生む強制的人口移動の問題は，もはや単なる紛争の帰結ではなく，紛争そのものに内包されることとなった。

国際社会の人道行動の変質

この紛争の質的変化は，難民や人道問題にまつわる国際社会の行動にもいくつかの構造的激変をもたらした。

まず第一に，「国境を越えて避難してきた難民を，主権国家内で保護し支援する」という従来の構図では十分に対応しきれない危機が大部分となった。国境線を越えて避難したか否か，すなわち法的に難民であるか否かにかかわらず，国際社会は広く紛争の犠牲者を保護，支援する必要が生まれたのである。冷戦後の紛争のほとんどは国内紛争もしくは内戦であるが，国内を分裂状態に陥らせる紛争において，国際社会の保護・支援を受けられるかどうかが，同じ脅威を逃れる犠牲者が国境を越えて避難できたか否か，によって著しく差別されるのは不合理だからである。国際メディアが紛争地に入り込み，広く人道危機の様相を報道する，いわゆる「CNN効果」によって，紛争地での犠牲者支援の重要性が強調されたことも一因であっただろう。また，1991年のクルド難民危機において自国での政治的理由のために難民の受け入れを拒否したトルコや，1992年以降の旧ユーゴでの紛争に際して多くの難民の長期的受け入れに難色を示したヨーロッパ諸国が多かったことにも見受けられるように，避難民をなるべく紛争地域内または国内で支援したいとの新たな方針が模索されたことも事実である。

いずれにせよ，このことは，国際社会に大きな課題を突きつけることとなった。UNHCRをはじめとする国連諸機関や，国連PKO部隊または多国籍軍が

紛争地に入り込んで極端に不安定な状況下で人道的保護・支援活動に当たるようになったことである。これは特に文民組織にとっては，困難な安全上の問題を抱え込むことと同時に人道活動の効果と限界の再確認でもあり，国際社会全体にとっては，国内紛争への第三者介入の望ましい形態の模索という1990年代の主要な政策課題となった。そして，1994年のルワンダ大虐殺，1995年のボスニア・スレブレニツァ虐殺を経て，後述するように，「人道的介入論」や「保護する責任」議論に収斂されていくこととなる。

　国際行動における今ひとつの構造的変化は，新しいタイプの人道危機に対応する国際支援体制の整備が必要となったことである。1990年代半ばには「複合的人道危機」と総称されるようになった冷戦後の人道危機は，規模が大きく進展のスピードが速いだけでなく，政治的，軍事的，社会的要因が複雑に絡み合った中で引き起こされるだけに，その対応にも迅速で機動力のある活動のみならず，様々なアクターの戦略的連携が必要とされる。「難民」「女性と子供」「食料」「開発」など個別のマンデート（活動権限）を与えられている諸機関の分業体制では効果的に対応できないのである。様々な人道的機関の調整を行うために，まず1992年には国連事務局内に人道援助局（Department of Humanitarian Affairs：DHA）が設立された。その後1997年にDHAは人道問題調整局（Office for the Coordination of Humanitarian Affairs：OCHA）に改組されている。また後述するように，人道活動を含む，紛争をめぐる国際社会の平和活動領域全体において，包括的で一貫性のある戦略を打ち立てた上で活動を実施していく必要性が認識されることとなった。

　現行体制の欠陥もいまだに指摘されている。たとえば，紛争後の支援において緊急人道支援と中長期的な復興・開発支援の間に，制度的，資金的なギャップが存在し，支援の橋渡しがスムースにいかないことなどである。このような構造的な欠陥を補うために，後述するように2005年には国連改革の一環で平和構築委員会が設立された。

　難民問題と異なり，国内避難民の問題に関しては国際社会にこれを主管する機関がいまだに存在しないことも問題である。国内避難民に関しては，その移

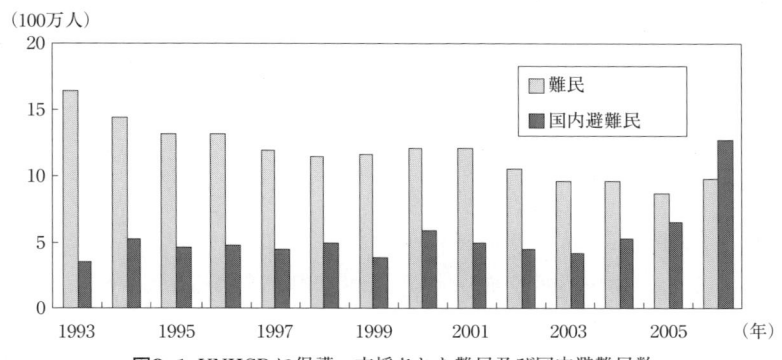

第9章 国境を越える難民・移民問題

(100万人)

図9-1 UNHCRに保護・支援された難民及び国内避難民数
(出所) UNHCR統計資料をもとに筆者作成。

動の原因が人権侵害の脅威や飢餓、または自然災害など多様であって、それぞれ異なる対応が必要である。そして、保護・支援を国内で行わねばならない場合には、国家主権との関係で困難が伴うことが多い。そのため、自動的に責任を持って対応する機関が存在しないということは、時として問題自体に十分な対応がなされないこともある。この欠陥を補うため、UNHCRは2005年以降、脅威を逃れ保護を必要とする国内避難民への支援により積極的に取り組むこととなった。その結果、図9-1に見られるように、2006年には初めて難民より多い数の国内避難民を保護・支援することとなった。

国際政治と人道問題

　冷戦終結まで、人道問題とは政治の結果ではあるが、国際政治とはできるだけ切り離し、非政治的な手法で対応するのが一般的でもあったし、効果的でもあった。そもそも、「人道」という言葉の持つ本体的な意味は、ジュネーブ諸条約やその議定書などの国際人道法の成文化による人道的行動の諸原則の規範化や、難民保護条項の整備などに見られるように、規範的なものである。人道活動の諸原則とは、「不偏性」、「中立性」、そして「独立性」である。不偏性とは、紛争の当事者のいずれにも偏らない立場を堅持し、国籍・人種・民族・宗教などによる差別なしに、純粋に人道的必要性（ニーズ）にのみ基づいて支援

169

を行うことである。中立性とは，紛争にまつわる一切の政治的・軍事的事項に関して特定の立場を持たずに活動を行う，ということである。そして，独立性とは，他の形態をとる紛争への第三者介入，たとえば政治調停・仲介や軍事的支援から厳密に独立して行わなければならない，ということである。これら諸原則に則って行われる人道的活動であるから，いかなる状況下でも紛争当事者は国際人道機関による活動を許容せねばならず，したがって，どのような紛争下でも市民の最低限の生存を確保する，という体制を築くことが幾多の戦争を経た人類社会の知恵であった。

しかし今日の人道支援活動がなされる，極端に暴力化し，政治化された状況の中では，これら人道的原則に則って国際人道機関が活動しているとはみなされない場合が多い。いずれの紛争当事者も，国際社会が彼らに敵対するグループの市民・避難民を保護・支援すれば，敵対勢力への加担であるとみなすようになった。また，事実，国連や，人道援助機関の側も，1990年半ば以降は，不偏性は堅持するものの，紛争当事者によるジェノサイドなど重大な人権侵害行為に関して中立であるべきではないとの立場をとるようになった。また，人道活動が不安定な治安状況下，国連PKOや多国籍軍などと活動を共にすることも多くなり，軍事部門の武力行使があった場合には人道支援活動の中立性にも疑問が呈されるようになった。

紛争当事者が人道支援をどう見るかということ以外にも，人道援助の弊害や紛争に及ぼす潜在的な危険性も，指摘されている。危険な紛争地での援助は，通常の援助のように国際社会が監視できるものではなく，したがって紛争当事者に乱用されてかえって紛争を長引かせるという議論である。

戦略レベルにおいては，1990年代に人道問題が国際政治と国際安全保障上の課題のひとつであると認識されるようになったことが特筆されよう。1990年代半ば以降の国連安全保障理事会非公式協議においては，紛争地域の「人道的状況」が議題に上らないことのほうがむしろ珍しいほどであった。大規模な人口移動は，経済的・社会的負担をもたらすだけでなく，難民・避難民の移動先の民族・政治バランスに大きな影響を及ぼす。そして難民問題を放置することに

より，国内紛争は周辺国の不安定要素となり，地域紛争へと拡大する場合が多いことが明らかとなった。1996年に始まったザイール（現コンゴ民主共和国）内戦が，東部のルワンダ難民キャンプの存在と，その軍事化が一端となって勃発し，ルワンダ・ウガンダを巻き込んだ地域紛争となったことは記憶に新しい。またダルフール危機においても，スーダン政府の支援を受けた民兵集団の攻撃は国境を越え，難民キャンプのみならずチャドのアフリカ系部族にも及んでおり，チャドや中央アフリカ共和国までも巻き込んだ地域紛争に拡大する可能性が出てきている。

　しかし，難民問題が平和と安全にかかわる課題であると認識されたからといって，国際社会が必ずしも機能的に対応するとは限らない。結局のところ，国際社会の人道危機への対応は，主要国の地政学的・戦略的利益によって決定されるからである。このことは，たとえば西欧諸国によるクルド難民危機や旧ユーゴスラヴィアと，アフリカ大湖地域での人道活動への取り組み方の違いによっても明らかであろう。

3　人間の安全保障

人間の安全保障の概念

　このような中で，国際社会の一部において，安全保障をより包括的な概念ととらえ，「国家」だけでなく，「人間」に焦点を当てた枠組みが必要であるとの考え方が生まれた。これが「人間の安全保障」概念である。このような安全保障観の変化は，そもそも様々な「脅威」がグローバリゼーションの進展によって国境を越えたものとなったことから起こってきた。主権国家に基づくウエストファリア的体制下では，国家の安全を保障することが，その国の市民の安全を保障することであった。しかし今日の国際社会では，そもそも市民を保護すべき国家が崩壊したり脆弱であったり，または市民に脅威を与えたりする。脅威の種類も，外敵というよりも，国内に存在する要因も多く，脅威のタイプによっては，感染症や国際金融危機など，一国が対応することが不可能な，地球

規模の課題もある。したがって,「人間中心」の視点を持って,国際社会が協力して脅威に対応する必要がある,と主張されることとなった。そして「人間の安全保障」とは,「国家の安全保障」と対立関係にあるのではなく,むしろ補完関係にあるものと位置づけられている。人間の安全保障がなされない状況を放置することによって,国家の安全保障が損なわれることがしばしばあることは,1990年代以来,国際社会が目の当たりにしてきたことでもあった。

「人間の安全保障」という用語は,国連開発計画 (United Nations Development Programme : UNDP) の発行する『人間開発報告書』の1994年版にはじめて提示された。同報告書は,経済,食料,健康,環境,個人,地域社会,政治の7領域に安全保障分野を整理し,市民の能力開発や経済的活動への参入機会の重要性を指摘している。日本のイニシアチブによって設立された「人間の安全保障委員会」(緒方貞子,アマルティア・セン共同議長) が2003年に発表した『安全保障の今日的課題』は,「人間の安全保障」概念をさらに整理・発展させている。

『安全保障の今日的課題』は,人間の安全保障を大きく「恐怖からの自由」と「欠乏からの自由」に分類しているが,これらに対応するための主要戦略は「保護 (protection)」と「能力強化 (empowerment)」であると提示し,それぞれ詳細な政策提言を列挙している。保護戦略においては,人権や人道原則など規範尊重の強化や,紛争予防,紛争後の平和構築,そして,国連安全保障理事会などの安全保障を担当する機関が「人間の安全保障」の視点を主流化するよう求めているが,国際社会による保護のための武力行使に関しては後述する「保護する責任」論に譲り,詳述していない。能力強化においては,情報や教育,また民主化などによって人々が自らを保護し,行動する能力を強化することが重要である,とする。そして,国際社会は保護と能力強化の2つの戦略を,人間の安全保障を取り巻く状況によって多様に組み合わせることが必要で,どちらか一方では十分に機能しない場合が多い,と警告している。

このように,人間の安全保障とは包括的で,実に多面的な要素を持っていることがその特徴として挙げられる。時として,あまりに広範すぎてとらえどころのない概念であると批判される所以でもある。しかしながら,「保護する責

第9章　国境を越える難民・移民問題

任」とともに，人間の安全保障の概念は2005年の国連総会成果文書にも言及されるなど，徐々に国際社会での認知と受容は進み，この概念を外交政策や開発支援・平和構築支援などに具体的にどのように反映させ，実現されるべきかが問われるようになってきている。

保護する責任

　人間の安全保障概念にも影響を与え，特に「恐怖からの自由」に焦点をあて，国際社会の「保護」戦略に絞って政策提言を行ったのが，カナダのイニシアチブで設立された「介入と国家主権に関する国際委員会」報告書であった。2001年に発表されたこの『保護する責任』報告書の背景には，1994年のルワンダ大虐殺や翌年のスレブレニツァ虐殺を国際社会が食い止められなかったことへの反省や，1999年のコソボ危機をめぐるNATOの空爆が国連安保理決議なしで行われなければならなかったことへの懸念があった。大規模な人権侵害や人命の喪失を防ぐための介入方法において，国際社会はいまだコンセンサスを持たないのである。

　このような状況を打開するため，『保護する責任』報告書では国家主権を権利であるとともに責任であるとも位置づけ，国家が市民を保護するという責任を果たすことができない場合，または果たす意図を持たない場合には，国際社会に介入する責任がある，と主張した。国際社会が，主権国家内での問題に介入する「権利」があるか，という伝統的視点から，人間の保護の視座において国家主権と国際社会双方の「責任」へと発想の転換を促している点は画期的である。そして，いくつかの国際社会の介入の責任の実施方策のうち，危機に対応して人間の安全を保障するための最後の手段として武力行使に言及している。同報告書は，国際社会が武力行使をする際の原則として，武力介入が人命の保護のみを目的とするものであることや，最後の手段であること，そして，国連安保理の承認を得ることなどを挙げている。保護する責任の概念自体は，2004年の国連改革に関するハイレベル委員会報告書や，翌年のコフィ・アナン事務総長（当時）の報告書などにも高く評価され採用されている。しかし，国連加

盟国の多くは，特に2003年のアメリカを中心としたイラク侵略を経て，大国による軍事介入の根拠としてこの概念が政治的に利用されることへの警戒心が強く，議論に具体的進展が見られないのが現状である。

なお，国際人道機関の視点からは，同報告書が「人道的介入」という用語を退けているのが注目されよう。同報告書ではいわゆる人道的介入が「正戦論」にもつながる言葉でもある点に留意し，これを使用せずに，人道的保護を目的とした「介入」または「軍事介入」という表現を用いて，人道組織とその他の組織の介入目的が必ずしも完全に同一でないことを示唆している。

平和構築

人間の安全保障，保護する責務の両概念はともに，平和構築の重要性を強調している。平和構築とは，1992年のブトロス・ガリ事務総長（当時）の『平和への課題』によって広く知られるようになった概念である。以後，平和構築は，紛争予防，和平調停，人道支援，平和維持活動，紛争後の復興支援までをも広く包括する概念として発展してきた。特に近年においては，紛争後の社会において，崩壊したまたは極端に脆弱化した国家機能を再構築することの重要性が指摘されている。この国家機能には，当然のことながら，治安維持機能や様々な分野の行政能力，経済運営能力，そして政治プロセスの安定化と民主化が含まれている。そもそも紛争を引き起こし，大規模な人口移動を起こさせる原因となった根本的な問題を解決していく努力が，平和構築であると言えよう。

平和構築は実に野心的な課題であるだけに，国際社会の多種多様なアクターが取り組んでいる事業でもある。よって，アクター間の活動の調整や，包括的な戦略の取りまとめの必要性が強く認識されることとなった。また，平和構築は，「紛争」を中核とした課題であるから，国連安保理がその戦略立案に中心的役割を果たすことが当然求められるものの，安保理には現代の紛争解決に内包されるべき人道問題，復興問題，法の支配確立など，多様な分野での専門性や政策的視座がないことも問題点として指摘された。また，平和構築は長期的な取り組みへのコミットメントが必要であるが，そもそも危機管理を行動原理

とする安保理には長期的視点や権限もなく，したがって，安保理が国際社会の長期的な資金的・政治的支援を引き出すことも困難である。こうして，2005年の国連改革の重要点の一つとして，平和構築分野におけるこれらの構造的弱点を補完し，体制強化が図られることとなり，国連総会と安保理の共同で新たに国連平和構築委員会が設立された。平和構築委員会は，31カ国からなり，紛争後の平和構築への統合的な戦略を提言・助言することを目的とする。なお，2007年6月からは，日本が平和構築委員会の議長国となっている。

　冷戦後の紛争の様々な側面に留意しつつも，同時に統合的な戦略を取りまとめて平和構築に努力する，という新体制はまだ設立からの日も浅く，評価は確立していない。しかし，統合的な平和構築戦略に関しては，たとえばOCHAやUNHCRなど人道分野の機関から，過度の「統合化」は人道行動の独立性原則を侵し，結局は国際社会の目指す効果的な活動の実現に逆効果ではないか，との見解も出ていることを追記しておこう。

4　21世紀の難民保護の課題

グローバリゼーションと移民・難民

　20世紀終盤は，冷戦後の紛争とそれにまつわる難民・避難民が国際社会の大きな課題として注目されたことはすでに述べたが，この時期はまた，グローバリゼーションの急激な進展によって，難民以外にも国境を越えた人口移動が活発化した時代であった。国連の統計によれば，移民の数は1960年の約7600万人から，2000年には1億7500万人に増加している。2005年にはその数は1億9200万人に達したものと国際移住機構（IOM）は推測している。図9-2を見てもわかるように，急激な増加はグローバリゼーションが始まった1980年代から起こり，また，先進国への移民の増加が特に著しい。

　国境を越えた人の移動は，プッシュ要因（母国側が移民を押し出す要因）とプル要因（受入国側が移民を引き寄せる要因）の両方から説明される。プッシュ要因の典型的なものとしては，母国での貧困や経済的格差がある。移民労働者た

図9-2　国際移民総数

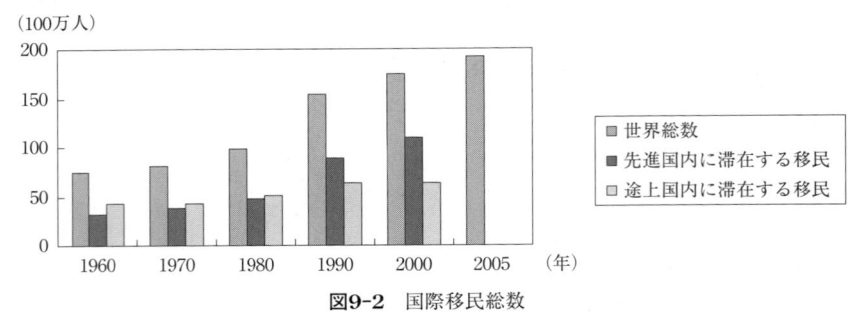

（出所）国連経済社会局統計をもとに筆者作成。2005年は国際移住機関（IOM）の推定数。

ちは，より良い経済的な機会を求めて他国に自発的に移動する。プル要因としては，受入国側の労働力の需要や，すでに移住している家族・親類や移民労働者コミュニティーとの関係などが挙げられる。そして，プッシュ・プル要因に加えて，グローバリゼーションによって情報が入手しやすくなり，旅行が安価になったことなども移民の増加を加速していることは確かであろう。

　移民による国境を越えた人の移動が，グローバリゼーションをさらに進めていることも事実である。受入国側の移民への社会保障負担増加や，逆に移民労働者の権利保障など受け入れ態勢の不備などによる人権侵害など，とかく否定的な側面が強調されがちな移民問題であるが，人の移動はポジティブな効果ももたらす。世界的に見ても海外で働く移民労働者たちからの母国への送金は，ODAを大幅に超える額であるし，また，時として政治的な民主化の遅れる母国に新しい考え方をもたらし政治的変革を加速させることもある。

　人の移動の効果的な管理や，移民の保護を目的とした国際的な動きも近年活発化している。たとえば，ヨーロッパ諸国は加盟国域内での国境規制を簡素化すると同時に，域外からの出入国管理を共通化するシェンゲン条約を1995年に発効させている。移民の保護に関しては，既存のILO条約のみでは効果的に対応できていないとの認識が徐々に深まり，2003年には新たに「すべての移民労働者及び家族構成員の権利の保護に関する国際条約」が発効している。

　しかし，近年の移民の増加は依然として，少なくとも3つの大きな問題を含

んでいる。第一に，西欧先進諸国での移民労働者の急増は，受入国側社会で様々な摩擦を生み，政治的問題となりつつあることである。これは社会保障負担の問題以外にも，受入国側の労働市場においてその国の労働者と移民労働者が競合関係になるという経済的摩擦である場合もあるし，移民コミュニティーが独自の文化を維持し，受入国に同化しないことへの苛立ち，といった社会的な摩擦もある。そして，後述するように，特に9.11以後は受入国と文化的背景の異なる移民の受け入れに先進国は消極的になりつつある。

第二に，人の移動をより厳格に管理するために先進国が出入国管理を強化するに従って，不法滞在する移民が増加するとともに，密入国が国際的な非合法ビジネスとして発達し，密入国業者や人身取引の犠牲となる移民・難民が急増していることも重大な問題である。国際社会はこの傾向に憂慮し，2000年に「国際的な組織犯罪の防止に関する国連条約」および二議定書（「国際的な組織犯罪の防止に関する国連条約を補足する，陸路，海路および空路により移民を密入国させることの防止に関する議定書」および「国際的な組織犯罪の防止に関する国連条約を補足する，人，特に女性および児童の取引を防止，抑止および処罰するための議定書」）を採択している。

そして第三に，自発的に移動する移民と非自発的に移動する難民が混ざり合い，世界的に「人の移動」を見ればそれは以前にもまして重層的で，かつ複雑な動きとなりつつあることである。先進国への移民としての入国が困難になればなるほど，本当に庇護されねばならない難民のための庇護制度を濫用して入国を試みる移民労働者が増加する。そして，移民労働者として他国に渡る人々の中にも，難民条約に言う「十分に理由のある恐怖」ではないかもしれないが，迫害の恐怖を抱えた人が多く混じっている。増加する人口移動において，難民と移民のグレーゾーンに位置するとも言える人々もまた，増えているのである。

このような状況下に難民の保護体制を維持するために，UNHCRは2000年末から「難民の国際的保護に関する世界協議」というプロセスを開始した。その結果，2001年12月には難民条約の締約国によって採択された「締約国宣言」と，翌2002年にUNHCR執行委員会によって採択された「行動計画」からなる，

『難民保護への課題』を提示した。『課題』は，難民条約を引き続き国際難民保護レジームの基盤であり維持していく重要性を再確認しているが，同時に条約が対応できない新たな問題も分析したうえで，今後，難民保護をどのように発展させていくかについて提示していることから，「コンヴェンション（条約）・プラス」（Convention Plus）のアプローチとも呼ばれている。

広範な人の移動の一部として存在するようになった難民の保護を効果的に行える体制を維持するためには，迅速な難民資格認定審査の確立や，入国管理当局・警察などの難民保護レジームに関する訓練強化，特に不法入国または不法滞在によって罰することを禁ずる難民条約第31条の理解徹底など，難民条約締約国各国による様々な方策が必要であることを『課題』は強調している。そして，適正な審査を経たうえで難民と認定されなかった人々を国外退去させることも，庇護申請の濫用を許さないという観点から必要であると認めている。同時に，UNHCRは少子高齢化を迎える多くの先進国が不法移民の労働力に頼らざるを得なくなる現実を指摘し，そのような状況を避けると同時に難民のための庇護体制も保持するためにも，合法的な移民プログラムを確立することのメリットを主張している。また，難民や移民を生み出している地域でのより効果的な開発支援のあり方も探るべきであるとしている。

9.11後の世界と難民問題

9.11テロは，世界を震撼させ，国際政治は国際テロ組織という非政府主体からの新たな脅威に直面して，再び転換期に入ったともいえよう。そして，国際難民保護レジームにも新たな課題が持ち上がった。庇護体制がテロリストに濫用されるのではないかという安全保障上の懸念や，急増する移民への嫌悪感とも関連して西欧諸国で生まれつつあるゼノフォービア（極端な外国人嫌悪）という問題である。

9.11テロからわずか数週間の2001年9月28日には，国連安保理は国際の平和と安全に対するテロの脅威に関する決議1373を憲章7章に基づいて採択した。この決議では国連加盟国が，庇護申請する人々がテロ行為に加わっていないこ

とを保証し，難民の地位がテロリストたちによって濫用されないように要請するという条項が含まれている。同様の決議は以後も安保理，総会でともに繰り返し採択されている。難民資格認定審査は他の入国方法に比べて極めて厳格な審査を経るものであり，合理的に考えればテロリストがもっとも濫用しにくい方法の一つであろうが，各国は庇護により限定的になりつつあることは間違いない。難民は脅威から逃れる犠牲者であったはずだが，9.11は逆に脅威をもたらす者との印象を西欧諸国に与えたのである。すなわち，9.11以降，難民問題は人道問題ではもはやなく，国内政治問題化したとも言われている。UNHCRはこれを難民問題の「セキュリタイゼーション（安全保障化）」と呼ぶ。

難民保護の限定的な適用は，様々な形で現れ始めている。各国当局による，庇護権申請者の拘留数は増加し，資格審査の適正手続きが踏まれていないと思われるケースも増えている。また，難民の本国での国内的保護，再移動，国内での移動の可能性，安全地域設立などの，現存の難民保護体制には合意されていない，新しいタイプの難民「保護」のアイデアが先進国によって提示されるようになった。ヨーロッパのいくつかの国からは，庇護申請者を国内では審査せず，EUの域外に通過キャンプを設立してそこで審査手続きをとる，といった案も提案され，EU内で議論されている。

人口移動に伴う課題は，政治的には，一方ではこれに国際的に協力して対応しなければならないという責任分担への国際社会の要求，他方で内政的安定という国内的課題とのバランスの間で対応が決定される。そして，これまではその政策への人道的配慮を最大化するための圧力として国際的規範の尊重が求められてきた。安全保障上の考慮が優先し，人権規範などの尊重にまで影響を及ぼしつつある現在，難民保護の国際的レジームを有効に維持していくことは果たして可能なのか。難民問題は，再び岐路にあるのかもしれない。

■文献案内
① 緒方貞子『紛争と難民——緒方貞子の回想』集英社，2006年。
　＊冷戦後の難民問題を，クルド難民危機，旧ユーゴスラビア，アフリカ太湖地域，

そしてアフガニスタンの4つのケースから考察した元難民高等弁務官の著作。
② 国連難民高等弁務官事務所（UNHCR）『世界難民白書2000――人道行動の50年史』時事通信社，2001年。
  ＊難民保護の黎明期から，冷戦後の人道活動の課題までをUNHCRの視点から網羅する，難民問題の基本書。
③ 人間の安全保障委員会『安全保障の今日的課題――人間の安全保障委員会報告書』朝日新聞社，2003年。
  ＊緒方貞子，アマルティア・セン共同議長による人間の安全保障委員会の報告書。人間の安全保障の概念を整理し，「保護」と「能力強化」の戦略に関し様々な政策提言をしている。
④ マイロン・ウェイナー，内藤嘉昭訳『移民と難民の国際政治学』明石書店，1999年。
  ＊難民・移民の移動を国際政治学と安全保障の観点から分析した書。
⑤ International Commission on Intervention and State Sovereignty, *The Responsibility to Protect : Report of the International Commission on Intervention and State Sovereignty,* Ottawa : International Development Research Centre, 2001.
  ＊大規模な人道危機に直面した場合の，国家主権と国際社会の責任を，「保護する責任」として提示した著名な報告書。
⑥ United Nations High Commissioner for Refugees, *The State of the World's Refugees 2006 : Human displacement in the new millennium,* Oxford : Oxford University Press, 2006.
  ＊世界難民白書最新版。9.11同時多発テロ以後の世界での難民保護に関係する新たな課題や，より大きな移民の動きの中での難民保護などの問題を取り上げている。

第10章	国家を横断する民族
	古内洋平

1 国家の領域と民族の分布

国境線の引き直しか，現状維持か

　冷戦の終結によって，国家間の大規模な戦争の可能性は遠のいたという考え方が支配的になった。その一方で，冷戦終結前後からアジア，アフリカ，ヨーロッパ，旧ソ連など一部の地域で内戦型の民族紛争が頻発した。これらの民族紛争が大規模で組織的な暴力をともなったことから，異なる民族間の衝突が周辺地域に悪影響を与えて国際秩序が混乱するのではないかという懸念が広まった。民族は国家を横断して存在しているため，民族の衝突は国境の内側だけにおさまらず，国際紛争に発展する可能性もある。実際に，ある国の民族衝突が隣国の民族間関係を悪化させることもあった。

　民族を「同じような文化を共有している（と信じている）人々からなる集団」とひとまず定義すれば，国内に複数の民族が存在する多民族国家は珍しくないし，また複数の国家を横断するように民族が広がっていることもよくある。近代国際政治の基本的な単位は国家であるが，一つの国家に一つの民族が割り当てられているわけでもなく，国家の領域と民族の地理的分布は必ずしも重ならない。

　世界には様々な民族が存在するという事実を認めて，それぞれの民族が政治や社会のあり方を自分たちで決定すべきという民族自決の原則に立てば，一つの国家に一つの民族が割り当てられるのが筋であるという考え方に究極的には行き着くだろう。

しかし，民族の分布に合わせるように国境線を引き直して，今ある国家を複数の国家に細分化したり，いくつかの国家を統合したりすることのコストやリスクを考えれば，国境線は引き直すべきではない，つまり現状維持が望ましいという考え方もあるだろう。国境線の引き直しは各国の力関係を変容させるため，国際秩序を乱し，戦争の可能性を高めてしまうこともある。
　歴史的に見れば，国際政治においては現状維持の考え方が支配的であった。国家と民族の不一致については，多くの人々が現実として認識してはいるものの，国家を持たない民族に新たな国家を割り当てようと主張したり，一つの民族が既存の国家から分離して新たな国家を要求することは，国際秩序への大きな挑戦とみなされたのである。
　本章の課題は，特に非西欧諸国に地理的範囲を限定して，次の4つの点を考えることにある。第一に，主権国家体制という歴史の中で，民族と国家の範囲の不一致はどのように解消されてきたのか。第二に，冷戦終結後に組織的で大規模な暴力をともなった民族間の衝突が国際問題となったが，なぜ民族の衝突は暴力的なものになるのか。第三に，民族の平和的な共存や和解はどうすれば達成できるのか。最後に，民族の共存や和解に向けた近年の様々な国際的努力は，主権国家体制としての国際秩序にどのような意味を持つのか。

2　非西欧における民族と国家の歴史

帝国の分裂と植民地からの独立

　非西欧地域における国家と民族の不一致が最初に顕在化したのは，19世紀後半の限られた地域においてであった。19世紀後半から20世紀はじめにかけて，帝政ロシア，オスマン帝国，エチオピア帝国などの非西欧の帝国では，国内に存在するさまざまな民族の分裂が問題となっていたのである。
　これらの帝国は，イギリスやフランスなど近代西欧の国民国家を手本に，民族の分裂を解消しようとした。近代西欧では，国家の領域内の住民に平等な市民としての法的地位が与えられ，それが領域内の住民に共通の政治的な共同

体意識と市民的忠誠心をもたらした。同時に，共通の言語によるコミュニケーション，共通の歴史や神話，土地への愛着，公教育などを通じて，国家の領域内の住民は国民（ネーション）という共通の文化共同体を意識するようになった。国家の領域内に一つのネーションがあって，国境の向こうにはまた別のネーションがあるというイメージが人々に共有されると，ネーションより下位にある民族的・政治的な分裂は意識されなくなった。

しかし，西欧の国民国家を成立させたこの方法は，非西欧の帝国においてはほとんど成功しなかった。たとえば，19世紀後半，オスマン帝国は西欧化を推し進め，帝国内のすべての臣民に平等権と市民権を与えることで民族間の分裂を回避しようとした。しかし，20世紀に入ると，帝国内のトルコ人の民族主義が覚醒・拡大した結果，トルコ人と非トルコ人の分裂が急速に進んでしまった。その結果，帝国は衰退して，第一次世界大戦での敗北後，トルコ人のトルコ共和国に取ってかわられてしまった。

ところで，非西欧地域において，帝国という独立した地位を持っていた地域はわずかであった。非西欧地域のほとんどは，西欧列強による植民地支配を経験していたのである。したがって，これらの地域は，外部の支配からの独立運動という側面をともないながら，20世紀半ば以降，順次，独立国家となっていく中で，民族と国家の不一致の問題に直面することになった。

西欧列強による植民地分割の結果として，旧植民地諸国の国境線が民族の境界線と無関係に引かれていることはよく指摘される。しかし，独立運動を率いたエリート層は，民族の境界線は部分的にしか考慮しなかった。多くの場合，支配的な民族がそれ以外の少数派の民族（エスニック・マイノリティ）を同化するというやり方で，すでに存在する国境線を動かさないように独立国家が創り上げられていったのである。

国内問題としての民族問題

非西欧における国民国家建設の過程では，エスニック・マイノリティに対して，強制移住や民族浄化などの暴力をともなう同化政策がとられることも少な

くなかった。たとえば，オスマン帝国では，支配的な民族であるトルコ人の民族主義が高まった結果，マイノリティであるアルメニア人に対して強制移住や虐殺が行われた（1915年）。また，新興独立国家の支配的な民族は，エスニック・マイノリティに対するある程度の自治を認めることさえ強硬に反対することもあり，エチオピアやアンゴラでは分離をめぐる内戦が長期化した。

支配的民族によるエスニック・マイノリティへの弾圧は，しばしば他国から非難された。しかし，国家主権の侵害であるとか，内政不干渉原則を掲げるなどして，支配的な民族は他国の非難に反論してきた。国家の独立性を重視する主権国家体制においては，そのような反論は正当なものであるため，そもそも国家は他国への干渉には慎重であった。エスニック・マイノリティへの弾圧がたとえ人道的に好ましくないことだとしても，国家主権や内政不干渉原則は国際社会において強固な規範だったのである。

このように，この時代の民族問題は国民国家建設過程の国内問題として処理された。西欧諸国は主権国家体制という現状を維持しようとしたし，非西欧諸国のエリート層もその現状を追認しようとすれば，民族の多様性は国内問題として処理すべき問題であったのである。そして，一つの国家に一つのネーションという国民国家が出現し，それがあたりまえとなると，国家の中に民族が多様に存在していることはもはや国内問題ですらなくなる。

もっとも，歴史的に一貫して，民族と国家の不一致という問題を国内に閉じ込めることに成功していたかというとそうでもない。国家の領域内における民族の多様性と民族間の衝突は現実であったし，しばしば国際問題ともなった。また，民族の覚醒は国家間の力関係を変更する可能性を持っていたので，ベトナム戦争のように，国際政治に大きな影響を与えることもあった。しかし，主権国家体制という国際政治の現状を突き崩すだけのインパクトは必ずしも持たなかった。

冷戦終結と民族紛争の国際問題化

冷戦終結前後に起きた非西欧諸国におけるいくつかの民族間の衝突は，激し

い暴力をともない，強制移住，民族浄化，ジェノサイドなどの非人道的行為が起きた。たとえば，旧ユーゴスラビア連邦で起きたボスニア紛争（1992～95年）の犠牲者は20万人（全人口の約5%），難民・避難民は250万人以上（全人口の約60%）とされる。また，アフリカのルワンダで起きたジェノサイド（1994年）では，3カ月間で50万人以上が犠牲になったと言われている。

　第二次世界大戦後，ジェノサイドなどの非人道的行為は，国際法上の新たな犯罪類型となっていた。しかし，冷戦期に起きた非人道的行為に対して，これらの犯罪類型が適用されることはほとんどなかったし，国際社会による集団的な関与の根拠ともならなかった。

　しかし，冷戦後になると，こうした非人道的行為は，国際的な平和の問題としてしばしば国連安保理の議論の対象となり，軍事力行使を含む集団的な関与・介入の根拠となったのである。たとえば，ボスニア紛争に対して，1992～93年にあいついで安保理決議が採択されたが，そこではボスニアにおける事態が国際の平和と安全に対する脅威であると認定され，集団的な軍事力行使を認める文言が盛り込まれたのである。

　そもそも，他国の内政への軍事力を用いた介入は，国際慣習法として成立した内政不干渉原則と武力不行使原則によって禁止されている。国内における民族の衝突は基本的には内政問題なので，相手国の同意なしに軍事介入することは一般的には許されない。しかし，相手国の同意なしに軍事力行使を含む措置をとる場合の手続きは，国連憲章第7章に規定されており，安保理決議で容認されればそれは可能となる。

　緊急に非人道的な被害を止めるという目的であれば，軍事力行使が正当化されるという人道的介入の議論に注目が集まったことは，冷戦後の特徴をよく表している。コソボ紛争（1999年）において，アメリカ軍を主軸としたNATO軍は，安保理決議なしに旧ユーゴスラビア連邦の首都ベオグラードとコソボ自治州などを空爆した。安保理決議なしの軍事力行使は，国連憲章が例外として認める軍事力行使から逸脱しており，非合法的であることは明確である。しかし，この行動を人道的見地から擁護する意見も少なくなかった。緊急の人道救援が

最優先の目的であれば，安保理決議を待っていられないという議論が出てきてもおかしくはなかったのである。

国際的関与の要因

　民族の衝突が国際的な関与・介入の対象となった要因としては，その暴力の大きさと非人道的被害以上に，冷戦構造の崩壊がより重要であった。

　冷戦期においては，非西欧地域で起きた多くの紛争にアメリカやソ連などの大国の利害が絡んでいた。そのため，一方の大国の軍事介入は，別の大国の軍事介入を招く危険性があった。また，集団的な関与・介入には安保理決議が必要であるが，これを得るためには少なくとも常任理事国の意見の一致が必要となる。しかし，アメリカとソ連が対立していた冷戦中に，常任理事国の意見の一致が生まれる可能性は極めて低かったのである。

　冷戦が終結したことによって，米ソ対立としての国際構造が崩壊した。このことは，安保理において常任理事国の意見が一致する可能性を開いた。実際，冷戦終結後から現在までの十数年で採択された安保理決議は，国連発足から冷戦終結までの四十数年のそれをはるかに上回っている（図10-1参照）。また，常任理事国による拒否権発動の絶対数も減少した。冷戦終結によって，軍事力行使を安保理で決議しやすい国際環境が生まれたのである。

　また，二極構造としての冷戦が終結した結果，少なくとも軍事力の面では，アメリカが唯一の大国となり，単極構造となった。このことも，軍事力行使を含む集団的な関与を可能にした背景として重要である。軍事力行使によって非人道的行為を停止させるためには，その目的を達成するに十分な軍事力が必要となるからである。前述したコソボ紛争においては，アメリカ軍を主軸としたNATO軍の空爆が，旧ユーゴスラビア連邦軍のコソボ自治州からの撤退を可能にした。この事実をもってして，合法性はともかく，アメリカが持つ軍事力の実効性を認める意見が出てきたのである。

　コソボ紛争はNATO空爆によって一応の決着はついた。しかし，その後もコソボ自治州では民族対立に起因する暴力事件が頻発し，多数の死者を出した。

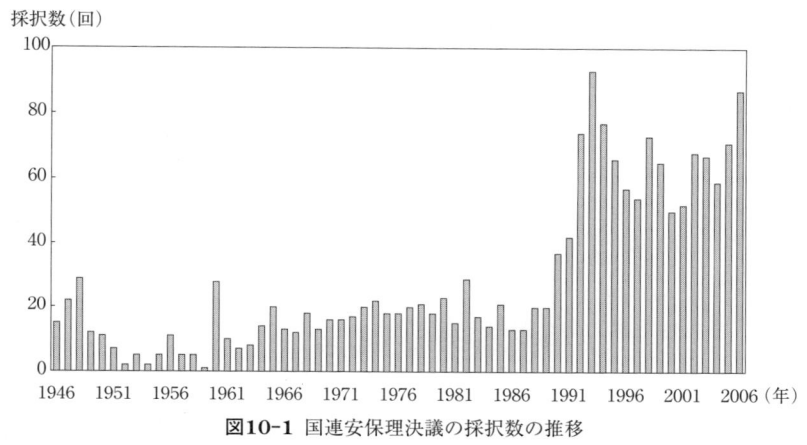

図10-1 国連安保理決議の採択数の推移

(注) 冷戦が終結した年は，一般的に1989年とされている。1946～1988年まで（43年間）の安保理決議の採択総数は626回であるのに対して，1989～2006年まで（18年間）の総数は1112回である。
(出所) 国連のサイト（http://www.un.org/documents/scres.htm）より筆者作成。

　軍事介入によって民族間の衝突が解決したとは決して言えない。しかし，民族紛争によって非人道的な被害が発生し，それを見過ごせないと思ったとしても，その被害を止めるだけの実力がなければ解決の道が開けない場面もあるだろう。冷戦終結と単極構造の出現がそれを可能にしたという側面は忘れてはならない。

　このほかに，国家が民族問題を国内問題に閉じ込めておくことができないほど，情報技術が発達したことも指摘できる。マスメディアやインターネットの発展によって，一定の領域や空間を越えたコミュニケーションが可能となり，民族紛争の深刻な状況を外部に伝達することができるようになった。その結果，先進諸国の国内世論が喚起され，問題解決のための関与を要求する圧力が強くなることもある。

　しかし，非人道的な被害に感化されやすい世論は自国民の被害に対しても極めて敏感であり，撤退の圧力にもなる。ソマリア紛争に介入したアメリカ軍が自軍の犠牲者を出したことで撤退を余儀なくされたケースが典型例としてしばしば紹介される。

　また，国際的な関与の対象となる地域は限られている。たとえばロシアにお

けるチェチェン紛争などのように，大国が抱える民族衝突と非人道的被害に対しては，安保理の動きは鈍る。しかし，限られた地域とはいえ，民族の衝突が国際の平和と安全の問題として安保理で取り上げられるようになり，国際的な関与の対象となったことは，冷戦後の重要な変化であった。

3 　民族の違いが暴力と結びつくとき

民族の多様性と暴力的な衝突

　民族の衝突が引き起こす暴力の連鎖と，その規模の大きさや残虐さがなければ，国際社会の集団的な関与が活発になることはなかっただろう。なぜ民族の衝突は暴力的になるのだろうか。

　一般的に，多民族国家は社会が分断されていると考えられがちである。しかし，分断されているからといって，暴力的な衝突に結びつくわけではない。1960～1999年までの時期における発展途上国の内戦発生のリスクを調査したある研究によれば，民族の多様性はむしろ内戦のリスクを低下させているという。

　しかし，国内最大の民族集団が総人口の45～90％の範囲にある国家では，それ以外の国家に比べて，内戦発生のリスクが約50％高くなるということも明らかになっている（図10-2参照）。このことから言えるのは，民族間の暴力的な衝突は，人口の大部分を占める多数派の民族が存在する国家において起こりやすいということである。

　そのような国家のエスニック・マイノリティは，現在はもちろん，将来になっても，国家の政治や経済に影響力を行使できないのではないかという恐れを抱きやすい。民族の人口比率は短期間で大幅に増減するわけではなく，エスニック・マイノリティはいつまでたってもマイノリティのままだからである。

　このとき，多数派の民族がその恐れに対して何も対策をとらなければ，エスニック・マイノリティはいつまでも支配される側であると認識するだろう。そのようにして，支配する側・される側という関係が固定化すれば，その関係を打破しようという誘引がエスニック・マイノリティに生まれやすくなる。その

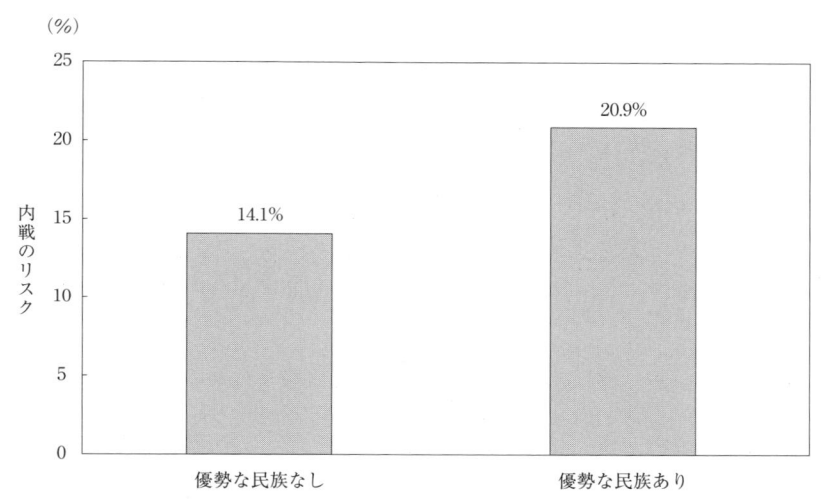

図10-2 優勢な民族がいる国家といない国家で，内戦が5年以内に発生するリスク

（注）優勢な民族とは，国内総人口の45〜90％の範囲にある民族集団のことである。発展途上国のうち優勢な民族がある国家では，そうでない国家に比べて，内戦のリスクは約50％高くなる。
（出所）世界銀行（田村勝省訳）『戦乱下の開発政策』（シュプリンガー・フェアラーク東京，2004年）54頁。

結果，分離主義的な行動に出れば，民族間の暴力的な衝突が発生することもある。

　旧ユーゴスラビア連邦内のクロアチア共和国では，クロアチア人が人口の8割弱，セルビア人が1割強を占めていた。1990年4月にクロアチア人の民族主義政党が選挙で大勝すると，新政府は国旗の変更，新憲法の制定，自前の軍隊の創設といった政策を実施し，その結果，連邦からの独立の気運が高まった。セルビア人はユーゴスラビア連邦全体で見れば決してマイノリティではなかった。しかし，クロアチアが連邦から独立すれば，クロアチア共和国内でセルビア人はマイノリティとなる。これに危機感を覚えたクロアチア内のセルビア人政治家は議会をボイコットしたり，領土自治を要求するなどの行動に出て，ついにはセルビア人武装勢力とクロアチア警察隊の武力衝突にまでいたってしまったのである。

　イラク戦争（2003年）後のイラクにおいても同様の問題を指摘できるだろう。

アメリカ軍によってフセイン政権が打倒された結果，新生イラクでは，人口の過半数を占めるイスラム教シーア派アラブ人が多数派に，北部のクルド人とフセイン政権下で優遇されたイスラム教スンナ派アラブ人はマイノリティになることが明らかであった。クルド人は北部地域の独立を要求し，スンナ派アラブ人は国民議会選挙（2005年1月）をボイコットしたり，新憲法草案に反対するなど，シーア派の多数派支配を警戒した。2006年になると，スンナ派とシーア派の対立は武力衝突にエスカレートし，一部の周辺諸国から内戦と呼ばれるまでに激化した。

ただし，エスニック・マイノリティが分離主義的な行動に出るかどうかは状況によるだろう。クロアチアのセルビア人やイラクのスンナ派ははじめから分離を要求していたわけではない。分離主義的行動に出ることはそれだけ犠牲をともなうので，不満を解消するための手段として合理的だとは限らないからである。

また，人口比率の上での多数派が常に政治の実権を握っているとも限らない。たとえば，ルワンダでは，ベルギーによる植民地統治の結果として，人口比率では1割強にしか満たないツチが実権を握っていたこともあった。南アフリカでは，アパルトヘイト体制という人種差別政策の下，人口比率ではマイノリティの白人（アフリカーナー）が政治においても経済においても優越していた。

理解しておく必要があるのは，民族の多様性それ自体が暴力的な衝突を引き起こすわけではないということである。支配的な民族の存在，エスニック・マイノリティの将来に対する恐れなどが，民族の暴力的な衝突の前提条件となるのである。

政治指導者の操作と民衆

通常，政治指導者層は，異なる民族に対する民衆の態度をコントロールして，民族間の衝突を回避している。ところが，民族の違いは，政治指導者が民衆を動員するために利用しやすい道具ともなる。たとえば，多民族国家で行われる民主的な選挙では，候補者が過激な民族主義を宣伝することで民衆の支持を取

り付けようとする場合がある。そうすると，別の候補者もより過激な民族主義を訴えることで，より多くの支持を獲得しようとする。これがくり返されることで，民族意識が覚醒し，他の民族との違いがこれまで以上に意識されることになる。これは，オークションなどで値段が次々と吊り上げられていく現象に見たてて，「競り上がり」の論理と呼ばれている。

　政治指導者が煽った民族主義は，政治指導者の思惑を超えて，民衆運動的な分離主義に発展することもある。他の民族との違いが強調されればされるほど，民衆の自発的な文化覚醒運動も活性化し，他の民族からの分離を志向するようになるからである。こうした分離主義と結びついた民衆運動的な民族主義は，エスノ・ナショナリズムと呼ばれる。

　旧ソビエト連邦に属していたアゼルバイジャン共和国内のナゴルノ・カラバフ自治州では，アルメニア人が圧倒的多数を占めており，アゼルバイジャン人は少数派である。そのため，アルメニア人は，この地域をアルメニア共和国に回収すべきと古くから考えていた。しかし，ソ連時代には，アルメニアとアゼルバイジャン双方の政治指導者は友好的な共存を訴えており，民衆の民族運動も平和的であった。

　1980年代末にソ連中央政府の影響力が低下すると，アゼルバイジャン，アルメニア，ナゴルノ・カラバフのいずれにおいても民族主義を煽る政治指導者が台頭した。そして，それと同時に，民衆の民族運動もこれまで以上に活性化した。もともと，ナゴルノ・カラバフという地域は，アルメニア人にとって民族発祥の地とされており，アゼルバイジャン人にとっても文化的な基盤であるとされていたので，民衆の文化覚醒運動が盛り上がりやすい土壌にあったといえる。

　ナゴルノ・カラバフの分離・回収を望むアルメニア人と，国内にとどめておきたいアゼルバイジャン人との民衆レベルの対立は暴力的な民族紛争へとエスカレートし，1991年12月にソ連が解体するとすぐにアルメニアとアゼルバイジャン両国も関与して，紛争は国際化したのである。

　このように，エスノ・ナショナリズムは政治指導者の操作や扇動で沸きあが

ることがよくある。しかし，それだけでは不十分であり，民衆の自発的な文化覚醒運動という面があることを見逃してはいけない。指導者が自らの行動を正当化したり，民衆を結束させることができるのは，民衆に訴えることによってのみである。

国境を越える民族と暴力のエスカレート
　民族は国境を越えて分布している。その事実が，民族間の衝突をより複雑にしてしまうこともある。
　第一に，ある国における民族の衝突が，隣国の民族対立を悪化させることがある。
　アフリカ大湖地域に位置するルワンダとブルンジという2つの国家は，その民族構成が非常に似通っている。両国とも人口の8割強を占めるフツと，1割強を占めるツチで構成されているが，このことは両民族が国境を越えて分布していることを示している。
　ブルンジでは少数民族ツチによる統治が長く続き，国軍もツチにほぼ独占されていた。そのような中，1993年6月に史上初の民主的選挙が実施され，フツの大統領が勝利する。ところが，同年10月，ツチ中心の国軍によってこの大統領が暗殺されるという事件がブルンジで起きた。このとき，隣国ルワンダでは，フツとツチによる民族紛争が続いていた。ルワンダのフツ系の急進的な政治指導者たちは，民族主義を煽る目的から，ブルンジにおける大統領暗殺事件を「ツチの危険性」の証明として利用したという。
　一方，1990年から内戦に突入していたルワンダでは，1994年に，50万人以上の犠牲者を出すジェノサイドが発生した。ジェノサイドの実態は，国際プレスで当初報道されていたような「フツによるツチの虐殺」と単純に割り切れるものではないことがすでに判明している。しかし，同様の民族構成を抱える隣国ブルンジでは，ジェノサイドの影響を受けて，民族間の暴力のエスカレーションが起きるのではないかという懸念が高まったという。実際には，ブルンジでは，ルワンダのジェノサイドを受けても暴力がエスカレートしたわけではな

かった。しかし，民族が国境を越えて分布していることは，隣国の民族対立が自国の民族対立に飛び火する恐れを抱かせるのである。

　第二に，外国政府が，同一民族に対する支援を行うという理由で，他国の民族紛争に対して国境を越えて介入することがある。この場合，内戦としての民族紛争が国家間紛争に転換しかねない。

　コンゴ民主共和国（1997年までの国名はザイール）は，国内に住むルワンダ系住民を中心とした反政府軍の攻撃にさらされ，1996年から内戦状態であった。同じく内戦を終えて新政権が発足したばかりのルワンダは，周辺諸国とともに，同一民族である反政府軍を支援するという名目で内戦に軍事介入した。1997年，この内戦は，ルワンダの軍事介入のおかげもあって反政府軍の勝利によって終結した。しかし，コンゴ民主共和国の新大統領となったカビラ（Laurent-Désiré Kabila）は，ルワンダの影響力拡大を恐れて，政府や軍からルワンダ系住民を排除した。それに対して，1998年8月，ルワンダ系住民たちは，ルワンダ政府などの支援のもと反政府軍を結成してコンゴ新政府を攻撃した。ルワンダ軍も，反政府軍を支援するためにコンゴ民主共和国内に軍事介入した。このように，コンゴ民主共和国の内戦は，周辺国の介入によって国際紛争と化したのである。そこには，同一の民族集団が国境を越えて周辺国に存在しているという背景があった。

　もっとも，周辺国の軍事介入には，資源獲得や反政府組織の鎮圧など国益上の目的があった。民族が同じだからという単純な理由で軍事介入したわけではない。たとえば，ルワンダ政府は，コンゴ民主共和国との国境付近の難民キャンプを拠点とする反政府武装組織の襲撃に悩まされており，これを制圧するため軍事介入したという面もある。しかし，介入の正当化をはかるうえで，同一民族が国境を越えたところに存在していることは重要であった。

　第三に，海外亡命者が同一民族に国境を越えて援助することで，民族紛争を激化させることがある。たとえば，スリランカの民族紛争においては，北アメリカ在住のタミル人が反政府武装組織「タミル・イーラム解放の虎（LTTE）」を支援していたし，コソボ紛争においては，ヨーロッパのアルバニア系住民が

アルバニア系武装組織「コソボ解放軍」を支援したと言われている。これらは，外国の軍事介入ほどのインパクトはもたらさないであろうが，民族紛争の終結にとって障害となっている。

4 民族間の共存と和解のための条件

民主化とエスニック・マイノリティの権利保障

一度衝突した異民族同士を再び同じ国家内で共存させ和解させることは容易なことではない。しかし，同じ国家で暮らしていかざるを得ない以上，何らかの共存のための制度的な仕組みが必要となる。

エスニック・マイノリティの将来に対する恐れが民族間の衝突の要因であるならば，民主化を進めることによってその恐れを緩和できるという考え方があろう。民主化は，民族の大小にかかわらず，自由で競争的な政治への参加を保障するからである。

もちろん民主主義には多数決原理が働くので，多数派の民族にとって有利になることが予想される。しかし，選挙制度として比例代表制を導入したり，閣僚ポストの一部をエスニック・マイノリティに割り当てるなど，民主主義制度の工夫によってマイノリティの恐れを緩和する努力が行われている。

南アフリカでは，1940年代末から白人（アフリカーナー）が，他のエスニック集団（黒人やアジア系など）よりも政治的・経済的に優遇されるアパルトヘイト政策がとられてきた。先進国の経済制裁や国内外からの批判を受けて，1990年代初めにアパルトヘイト体制は終焉した。それを受けて，すべてのエスニック政党が参加する交渉が行われ，暫定憲法と総選挙の実施について話し合いが進んだが，そこでは人口比率でマイノリティとなる白人の権利保障が問題となった。

交渉の結果，民族和解を優先的な政策課題として掲げる黒人指導者のマンデラ（Nelson Mandela）の意向もあって，権力をマイノリティと分け合う仕組みが暫定憲法（1993年採択）に定められた。すなわち，選挙において5％以上の票

を獲得した政党には，得票率に応じて議席が配分され，議席と同じ比率で閣僚を出すことができ，さらに得票率が20％を超えた政党は副大統領1名を指名できると定められたのである。

そして，1994年6月の総選挙の結果，黒人を代表するアフリカ民族会議が圧倒的多数で勝利したものの，白人を代表する政党である国民党も5％以上の票を獲得したことによって連立政権に参加できたのである。国民党は1996年に連立から離脱するが，政治システムそのものから離脱したわけではなく，この権力分有の制度が白人の将来に対する恐れを緩和したという見方が有力である。

しかし，エスニック・マイノリティに対する権利保障がうまく機能しなかったケースも多い。

前述したクロアチア共和国の場合，1990年の議会選挙の結果，多数派となったクロアチア人側の政治指導者は，マイノリティのセルビア人に対して，文化的自治の保障や副大統領のポストの割当を持ちかけるなど，一定の譲歩を行おうとした。しかし，これはセルビア人側の将来に対する恐れを払拭するには十分ではなかった。セルビア人側は領土的自治を要求するなど，より大幅な譲歩を求めた。しかし，これがクロアチア人側に拒否されると，両者の話し合いによる解決の道は閉ざされてしまった。その結果，両者の対立は暴力的な衝突を引き起こし，1991年6月にクロアチア側がユーゴスラビア連邦から独立を宣言するとともに本格的な民族紛争に突入したのである。

エスニック・マイノリティが領土割譲や領土的自治を求めるなど分離主義的な行動に出た場合には，多数派民族がその要求に応えることは難しい。その土地が民族発祥の地とされていたり，重要な鉱物資源の産出地であったりする場合はなおさらである。たとえば，インドネシアが東ティモールの分離独立を許してもアチェの分離独立を認めないのは，そこに石油や天然ガスなど豊富な天然資源が存在するからである。

歴史認識の共有

政治指導者が民族主義を煽ることが民族の衝突の原因だとすれば，そのよう

な政治指導者が登場しにくい社会を作り出すことが，民族の共存や和解にとって重要であるという考え方もある。

短期的には，暴力行為に責任のある政治指導者を公職から追放したり，裁判を通じて処罰するなどの手段が考えられる。たとえば，国連安保理は，旧ユーゴスラビア紛争後，旧ユーゴ国際刑事法廷（ICTY）を設置して，紛争中の人権侵害行為の責任者を処罰した。国際刑事法廷によって，強硬な民族主義を唱えてきた一部の政治指導者をこの地域の政治から追放することに成功したと指摘する人もいる。

しかし，一時的な追放や処罰だけでは，将来において同様の政治指導者が現れるのを防ぐことはできない。長期的には，歴史に対する共通認識を国内社会で共有していくことが重要である。政治指導者は，民族間の憎悪の歴史を捏造し，それを過剰に宣伝することで，民衆の支持を獲得しようとするからである。

歴史認識を共有するには，真実委員会（truth commissions）の設置が有効であるとしばしば指摘される。真実委員会とは，過去の暴力行為の事実関係を独自に調査・認定する権限を与えられた公的な組織である。真実委員会は，暴力行為の被害者や関係者から聞き取り調査を行い，その結果を報告書としてまとめて，それを一般市民に公開することで歴史認識を民衆レベルで共有しようとする。こうした真実委員会は，1980年代以降，アフリカやラテンアメリカを中心に，20カ国以上で設置されている。

しかし，政治指導者に対する裁判や真実委員会による調査が，政治対立を再燃させてしまうこともある。

裁判が政治対立を拡大させた例としてセルビア共和国を挙げることができる。1990年代に旧ユーゴスラビア連邦で起きた民族紛争の責任者をさばくための国際刑事法廷は，連邦に属していたセルビア共和国に対して，セルビア人指導者などの被疑者を引渡すよう要請していた。

かねてより，セルビア人は自分たちの民族ばかりが国際法廷で裁かれているとして裁判に不満を持っていた。そのような中，2000年10月の政変を経て誕生したジンジッチ（Zoran Djindjic）共和国首相（当時）は，国際法廷に協力するこ

とを主張した。このことはセルビア人の反感を招く結果となり，セルビア人の支持を受けていたコシュトゥニツァ（Vojislav Koštunica）ユーゴスラビア連邦大統領（当時）は，国際法廷に非協力的な姿勢をとった。その結果，政権内では首相と大統領との権力争いが激化してしまったのである。

　過去の歴史的事実を解明するための手段である裁判や真実委員会は，民族の暴力的な対立の直後やその最中に実施されることが多い。確かに，加害者の逃亡や証拠隠滅の可能性を考えれば，できる限り早急に裁判を実施した方が好ましいだろう。しかし，早急な実施は政治対立を激化させることも実際にある。暴力の事実解明と政治的安定を両立させることはとても難しい。

5　民族の共存・和解と国際秩序

国際社会が支援する背景

　国際社会は，民族間の共存や和解を実現するために，様々な支援を行っている。民族紛争が終結したあとの国家では，国連や先進国が協力して，選挙監視など民主化支援を行うことがある。紛争によって統治機能が欠如してしまった国家においては，国連が暫定的に統治する中で民主的な選挙が実施されるケースも少なくない。また，国連などの第三者が主導して，民族紛争後の社会において裁判や真実委員会を実施するケースも増えている。

　このような国際社会の支援は，民族間の暴力的な衝突を防止するための努力として評価すべき点も多いだろう。しかし，国際社会の支援の背景には，民族同士が互いに分離するよりは国内で共存する方が好ましいという前提があることを指摘しておくことは重要である。

　このような前提は，国際政治においては現状維持志向が強固であることを示している。すなわち，エスニック・マイノリティの権利保護や異民族間の歴史認識の共有は，領域内で敵対していた民族を国民として再び統合させることが目的であって，新たな国家をそれぞれの民族に割り当てることを目的としているわけではない。新たに国家を割り当てることは，周辺国の力関係を変更し，

地域秩序を乱しかねないからである。その地域が大国にとって戦略的に重要な地域であれば，大国間の論争を巻き起こすことすらある。たとえば，セルビア共和国内の自治州であったコソボ地域の地位問題についても，事実上の独立を認めるアメリカやヨーロッパ諸国と，それに否定的なロシアとの間に議論を引き起こした。

　民族の分離独立を安易に認めることが国際秩序の安定にとって好ましくないということを仮に認めたとしても，複数の民族に分裂して実際に武力で戦った民衆が国民という共通のアイデンティティを作り上げることの困難さは想像に難くない。社会におけるアイデンティティの変化は，歴史的には，多数派民族のアイデンティティにエスニック・マイノリティが同化されることでしばしば起きてきたが，民族紛争後の社会状況ではマイノリティが同化に同意することはほとんどありえないことであり，ある程度の強制がともなうことを覚悟しなければならない。

　また，そもそも共存の方が分離よりも平和的とは限らない。敵対集団が共存した場合の方が，棲み分けた場合よりも，紛争後に暴力行為が起きる傾向にあるという研究もある。つまり，いったん分裂した社会を再び統合することは，その社会の平和や安定にとって必ずしも望ましいとは限らないのである。

残された課題

　歴史的に見れば，民族間の衝突は，国家の崩壊，国民統合の失敗として認識された。したがって，民族間の衝突は，何よりも国家再建や国民再統合によって解決しなければならない国内問題であった。しかし，大規模な暴力をともなう民族間の衝突は，甚大な被害をもたらし，国内問題として解決することの限界を示した。

　そこで，国連などの第三者も共同して国家再建や国民統合にあたることが求められるようになった。しかし，民族ごとに新たな国家を建設するという選択肢はほとんど用意されていないので，国家の領域と民族の地理的分布の不一致という本質的な問題が解決するわけでもなく，民族間の衝突がいつ再燃しても

おかしくない状態が長引くことになる。そのため，第三者の関与は拡大し長期化することになるが，関与が拡大して長期化すればするほど，占領，暫定統治，主権国家，それぞれの概念の線引きはあいまいになっていく。2006年に正式政府が発足したイラクは，法的には主権国家かもしれないが，その後も十数万の外国軍が駐留している現実を考えると，実態としてどのような概念を当てはめることがしっくりくるのかを決めるのは難しい。

　国家と民族の不一致，それに起因する民族衝突，そしてその暴力化と非人道的被害，これらのことは国家間主義としての国際政治学に根本的な見直しを迫っている。しかし，民族分布に合わせて新たに国家を乱立させることは国際秩序を不安定化させるという意見にも説得力がある。だからといって，新たな国家樹立や分離独立を要求するエスニック・マイノリティの存在を無視することもできない。私たちに求められているのは，国際秩序を破壊しないこと，エスニック・マイノリティの声に耳を傾けること，民族紛争に起因する暴力と非人道的被害をなくすこと，これらの両立であり，この課題を達成するのは容易なことではない。

■文献案内■

① ベネディクト・アンダーソン，白石さや・白石隆訳『想像の共同体（増補）――ナショナリズムの起源と流行』NTT出版，1997年。
　＊言語の統一や公教育などを通じて創り出された政治共同体としての国民を，アンダーソンは「想像の共同体」と呼んでいる。これは，出版資本主義の発展によって可能となったのであり，国民の出現は極めて近代的なものであると論じている。
② 日本比較政治学会編『民族共存の条件』早稲田大学出版部，2001年。
　＊政治学において，民族紛争の発生は，国家制度の失敗や国民統合の失敗として考察されることが多い。そこで，本書は，民族共存の制度的な条件を探っている。具体的な事例研究が複数掲載されている論文集なので，それらを比較して読むこともできる。
③ 月村太郎『ユーゴ内戦』東京大学出版会，2006年。
　＊1990年代前半に起きたユーゴ内戦（クロアチア内戦とボスニア内戦）は，領域的自治や分離独立が争点となった典型的な民族紛争である。本書は，主に民族主義的な政治リーダーの役割に注目して，内戦の過程を分析している。

④ プリシラ・B・ヘイナー，阿部利洋訳『語りえぬ真実——真実委員会の挑戦』平凡社，2006年。
 ＊真実委員会は，1980年代以降，20カ国以上で設置されており，そのバリエーションも様々である。本書は，真実委員会の共通点，相違点，問題点などについて，綿密な調査と関係者へのインタビューなどで明らかにしている。

第11章　世界秩序構想
―― 地域主義の挑戦

上原史子

1　地域主義

　グローバリゼーションは国際関係の諸問題を国家の枠組みで解決することを非常に難しくしている。そのため，国家はグローバリゼーションという避けられない諸命題に対して多国間協力で対応する必要に迫られている。この諸問題・脅威に制度的に，そして中央集権的でない方法で取り組むことを期待されているのが地域主義である。特にヨーロッパ統合に代表されるような地域主義の枠組みが，最近ではアジアでも模索されつつあるという現実はその必要性を物語っている。

　本章では地域主義とは何か，地域主義の成功例としての EU が成立した経緯と現状，そしてアジアの地域主義の動向を扱う。

地域主義とは

　地域主義という言葉は，ある国家内の政治的経済的現象として，また国際関係における一つの現象として使われる。現代世界は国家内部の地域主義が国境を越えて国際社会全体に作用を及ぼし，地域主義はその目的や状況によって概念としての用いられ方は様々である。またその種類も数多く存在するため，これを一言で定義することはできない。しかし地域主義のある程度の共通性を鑑みた場合，地理的共通性・目的の共通化といった方向性は，その発展の過程やレベルに差こそあれ，どのような形態の地域主義にもみられる。したがって国際政治における地域主義は，地理的共通性と目的の共有化を目指す国家間協調

の枠組みであり，この枠組みによって一つのあるいは複数の問題領域で共通の目標を追及し促進していく。

このように理解する場合，地域主義は多様で，地域的な意識やコミュニティを促進していく緩やかな地域主義から，大小様々な地域グループ，さらに国家間機構によって制度化された強固な地域主義まで幅広く存在する。そして地域主義の最先端と言われるヨーロッパに見られるように，地域主義は国家間協力のみならず，地域共同体の創設をも視野に入れたものも誕生している。

地域主義の構想とパン＝ヨーロッパ運動

地域主義の考えはいつ頃からあったのかというと，非常に長い歴史がある。今からおよそ400年前，17世紀の初頭にアンリ4世と事実上の宰相であったシュリー（duc de Sully）は共同で「大計画」と称するキリスト教連合的なヨーロッパ連合構想を考案した。これは16世紀後半からヨーロッパで吹き荒れていた宗教戦争に終止符を打つ目的で，現在のEUに似た計画であった。

その後フランスの宗教家サン・ピエール（Abbé de Saint-Pierre）は18世紀初頭に『永遠平和の草案』を著し，欧州統合の思想を受け継いだ。さらに哲学者カント（Immanuel Kant）がサンピエールの思想に影響を受けて『永久平和のために』を著わした。19世紀にはフランスの作家ユゴー（Victor Marie Hugo）が『ヨーロッパ合衆国』で欧州統合を訴えた。

以上のようにヨーロッパでは様々な統合構想が誕生していたが，地域統合がより現実的な問題としてとらえられるようになったのは第一次世界大戦後である。1918年にフイアットの創業者アニエッリ（Giovanni Agnelli）と経済学者カビアーティ（Attilio Cabiati）による発案で，アメリカ合衆国をモデルとした「欧州連邦」構想が発表された。これ以降エリオ（Édouard Herriot）の『ヨーロッパ合衆国』等，新聞や書物でヨーロッパ政治連合が次々に提唱された。

問題はこのようにわき上がってきた勢いを結集し，各国政府にいかに影響力を及ぼすことができるかであった。ここでヨーロッパの統合を支持している人々に注目を集めたのが，1920年代のパン＝ヨーロッパ運動であった。これは

ヨーロッパを舞台とする未曾有の惨劇となった第一次世界大戦に対する深い反省から，クーデンホーヴェ・カレルギ（Richard Coudenhove Kalergi）が提唱した平和運動であった。彼は，シュペングラー（Oswald Spengler）の『西洋の没落』に示されたヨーロッパの第一次世界大戦での没落を危惧しており，この没落の原因が独仏の長い歴史の中で繰り返されてきた戦争にあるとみた。特に両国国境に近いアルザス・ロレーヌ地方およびザール地方の石炭・鉄鋼関連の資源をめぐる争いが歴史上両国間の最大の問題であり，これを解消することが欧州における戦争防止になると判断した。そして国境をめぐる争いをなくすには国境線それ自体を撤廃する以外に方法はないと考えるに至った。そこには平和維持の達成と，共同市場の創設を通じた繁栄という狙いがあった。しかしこの構想も実現することなく終わった。また，国際連盟の機能不全に加え，平和をもたらし，経済協力の牽引車となるような機能的な協力を目指す制度・枠組みが構築されなかったことから，世界は再び大戦へと突入した。

第二次世界大戦後の地域主義の展開

　国際政治上，地域主義が重要性を増したのは第二次世界大戦後，米ソの世界大の勢力圏拡大競争の開始以降である。1944年にダンバートン・オークスで起草された国連憲章草案で「地域機構の存在」を認めることが明文化され，国連の安全保障理事会は諸地域機構の存在を認め，「加盟諸国間における紛争を処理する場合，第一次的に依拠すべき機関」として地域機構の役割を重視するようになった。

　その後，冷戦を契機に国連と地域機構との関係強化の可能性は小さくなったが，地域機構の存在感は東西対立によって増大した。国連には機能上様々な制限もあったことから，平和・安全保障はワルシャワ条約機構やNATOそして関連の地域機構を通じて各地にもたらされた。また，経済共同体を基本としたECも構築され，安全保障や民主主義の構築等を目標とするものとして発展し，強固な地域主義の一モデルとなった（詳細は次節）。

　その後中東，アフリカ，米州地域などでもアラブ諸国連盟，OAU（アフリカ

統一機構），OAS（米州機構），NATO モデルの安全保障条約としての SEATO（東南アジア条約機構），中央条約機構などの創設にみられるように，共同市場や自由貿易連合が創設された。しかし，これらの地域主義の試みは欧州以外では期待されたほどの成果はみられなかった。

その後1960年代から70年代にかけて地域主義の挑戦が顕著になったのは，非同盟運動や南北問題終結のための地域主義への関心が高まってきた第三世界であった。特に OPEC のアラブ諸国が1973年のアラブ・イスラエル戦争に対応して原油価格を引き上げたことにも象徴的であるように，途上国にとって地域主義は「南」の動き，第三世界化をアピールするものとなった。こうして新しい地域的取り決めが誕生し，1967年の ASEAN（東南アジア諸国連合），1973年の CARICOM（カリブ共同体），1975年の ECOWAS（西アフリカ諸国経済共同体）などが成功を収めた。

しかし1980年代までの地域主義は停滞期に入り，OAS，OAU，アラブ連盟などの古い地域機構も加盟国間での合意ができず，深刻な状態を経験していた。

冷戦末期になると東欧・ソ連は激変し，EC はこのタイミングに大きく発展した。また ASEAN，南アジア地域協力連合，GCC（湾岸協力会議），OECD（経済協力開発機構）など，経済から安全保障まで地域的関心に再び焦点を当てたサブリージョナルな協力が発展し，ヨーロッパにみられるような正統派の経済統合を変更し，安全保障問題をより狭く定義することで，諸国家を新たな協力プロジェクトへと動かした。

地政学的範囲や方向性という点で若干違うのが CSCE（欧州安保協力会議）や OIC（イスラム諸国会議機構）等である。

CSCE の創設に際し，ソ連は異なる政治・イデオロギー的地域枠組みに対して最小限の共通の安全保障を実現しようと提案した。これをうけて関係各国が長期間にわたり調整した結果，CSCE は1975年8月のヘルシンキ宣言で発足した。CSCE では各加盟国の相互安全保障・ヨーロッパ全体の安全保障・世界の安全保障を他の地域と共有していくことが目標とされた。冷戦の崩壊で1995年以降は OSCE（欧州安保協力機構）に引き継がれ，ヨーロッパ・アジア・北米等

56カ国からなる。

　OICは中東という枠組みを越え，より大きなイスラム諸国間の連携を構築するべく，サウジアラビアの主導で1970年に設立された。57カ国からなり，イスラム開発銀行やイスラム商工会議所，イスラム大学まで擁するイスラム世界最大の国際機構となっている。

　以上のように冷戦期は政治・経済・安全保障，さらにそれらを複合目的とした国家間協力というスタイルの地域主義が各地に誕生した。地域機構などの非国家アクターの役割が重みを増す世界情勢の中，冷戦構造は崩壊し，地域主義も新たな展開をみせる。

地域主義の将来

　冷戦後の地域主義は，冷戦期から続いている国家間の地域主義・超国家的な地域主義の動きに加え，新たな活動範囲を得ることになった。ヨーロッパ・アジア・北米・南米等では地域機構の数も加盟国数も増大していった。数の拡大ではヨーロッパのEUとNATO，アジアのASEANが特徴的である。新たな機構の誕生は，旧ソ連地域（独立国家共同体や中央アジア協力機構），アジア太平洋（ASEAN地域フォーラムやアジア太平洋経済協力）や南米（メルコスール）などにみられる。特にASEAN域内で発展した安全保障協力は，地域の和解に基づいて構築されたアジア特有の安全保障問題に取り組める可能性を示唆しているし，メルコスールは当該地域の諸問題を機能的に処理している。特に南米諸国はさらなる連携強化を試みて，UNASUR（南米諸国連合）の創設を模索中であり，南北アメリカの巨大な自由貿易圏構想も登場している。

　世界で拡大しつつある地域主義は国家間協調の難しさという問題に直面している。つまり新たな地域主義が誕生する可能性が大きくなっている反面，既存の地域機構のパワーバランスは変化し，各地域機構内部の利害対立が激化していることから，諸機構は新たな制度を確立して政策を実現させていく必要に迫られているのである。

　地域主義の現状を考える際に重要なのが国家主権の問題である。各国の主権

の尊重は当然のことだが，主権の尊重が地域レベルの活動を阻害するようなことがあれば，地域主義は発展しない。それゆえ地域主義の限界も考慮しなくてはならないが，地域主義は個々の国家では解決できない諸問題に取り組める可能性を有する。この点で地域主義は国際秩序との複雑な関係はあるにせよ，不可欠なものである。世界はより安定した地域システムが誕生することを望んでいる。アイデンティティの共有と団結を促進する地域主義は今後もグローバルに創設されるであろう。したがって将来，地域主義が発展する際には，既存の地域主義が蓄積した過去の教訓が重要となる。

2　EUの実験
――歴史と制度

　地域主義の成功例といわれているヨーロッパにおける国際統合はどのような過程を経て現在に至ったのか，歴史と現状を概観する。

第二次世界大戦後のヨーロッパ復興

　第二次大戦後の西ヨーロッパ諸国は，アメリカの経済・軍事的影響下，いかに戦後復興を遂げるかという問題に直面した。これは一国では解決し難く，当時ヨーロッパ各国の指導者たちは協力する以外に道はなかった。

　このような中，ヨーロッパの統合に尽力したのがモネ（Jean Monnet）である。彼はヨーロッパ統合にある種のドミノ理論を推し進めた。まず一つの政策領域で統合が機能すれば，その後はヨーロッパ人が慣れ親しんでいる，お互いの協調という手法でその他の政策領域でも次第にうまくいくようになるというものである。

　1950年にモネの提案に沿う形で，フランスのシューマン（Robert Schuman）外相は欧州石炭・鉄鉱共同体を設立してフランス・ドイツ・その他ヨーロッパ諸国の石炭および鉄鋼の生産を共同で管理することを提案した。石炭・鉄鋼産業はヨーロッパの主要産業であり，これらの資源獲得をめぐり，ドイツとフランスは紛争を繰り返してきたという苦い経験があった。これを共同で管理・運

営するための国際機関の創設は，ヨーロッパの経済復興につながり，加盟国間の戦争を事実上不可能にし，紛争回避に役立つと考えられた。このような発想の下，ドイツ・フランス・イタリア・ベネルクス3国は1952年7月23日にECSC（欧州石炭鉄鋼共同体）を発足させた。

こうしてヨーロッパ統合はスタートした。モネとその支持者たちはこのプロセスがある分野で始まると，統合は留まることのできないものになるだろうと見込んでいた。事実，西ドイツのエアハルト（Ludwig Erhard）経済相は「西ドイツがシューマンプランに自発的に協力したのは，ECSCが単なる部分統合以上のものになると期待したからだ。」と述べており，統合は発展し続けて現在に至る。

初期ヨーロッパ統合の停滞と発展

ECSC誕生と同じ時期，朝鮮戦争の勃発を受け，ヨーロッパでは朝鮮半島情勢の自らへの影響を考慮し，ヨーロッパの防衛共同体創設構想が語られ始めていた。ところが西ヨーロッパの合同軍創設を目指すEDC（ヨーロッパ防衛共同体）は，その草案提出直後にソ連のスターリンが死去して構想自体が急務とならなくなった。さらにフランスの反対もあったことから，この構想は実現することなく終わった。

ECSCは比較的スムーズに誕生したものの，EDC創設が失敗に終わったことから，ヨーロッパ統合が足踏みすることを危惧したモネは，統合推進のきっかけ作りに尽力した。モネはベルギーのスパーク（Paul Henri Spaak）外相とともにヨーロッパ統合の将来に関して検討し，経済統合を運輸・原子力など，石炭や鉄鋼以外の分野にも広げ，軌道に乗せることが必要であるという点で一致した。これを受け，ベネルクス三国の外相たち，特にスパークが中心となって，共同市場に基づく経済共同体設立へと動き出した。その結果，1955年6月にECSC外相会議が開催され，「共同の組織を発展させ，国家経済を漸進的に統合し，共同市場を作ることでヨーロッパ統合を継続する必要性がある」という点でECSC加盟国が合意した。これがEEC（欧州経済共同体）設立へとつな

がった。

　モネはさらに原子力を共同体管理下におくという新たな統合の進展を模索していた。この背景には石炭・鉄鋼のエネルギーとしての重要性が低下し，新しいエネルギーとして核燃料が注目され始めたことがあった。この原子力の共同管理構想はまさに EURATOM（欧州原子力共同体）創設構想へとつながる。1958年にはローマ条約が発効し，EEC，EURATOM が誕生した。

　1967年になると，ECSC，EEC，EURATOM はブリュッセル条約によって統一され，三機関全体を EC と総称することとなった。

　しかしヨーロッパには加盟6カ国以外にも数多くの国々が存在しており，この統合は数々の困難に直面した。とりわけイギリスはこの統合の動きに懐疑的であり，EEC の力を弱めることも目的に1959年，オーストリア，ポルトガル，スウェーデン，スイス，ノルウェー，デンマークとともに EFTA（欧州自由貿易連合）を設立させたことから西ヨーロッパは EEC（インナーシックス）と EFTA（アウターセブン）に二分していた。

　ところが1960年代に入ると，その後の EEC の予想以上の発展から，イギリスはそれまでの方針を180度転換し，EEC への加盟を模索し始めた。ド・ゴール（Charles de Gaulle）率いるフランスはイギリスとその背後にあるアメリカの影響力が増大して EEC でのフランスの立場が弱まることを懸念し，イギリスの EEC 加盟に執拗に反対していたが，1973年にはイギリスも EEC の仲間入りを果たした。

ヨーロッパ統合の完成・深化・拡大

　EC 加盟各国は1960年代にそれぞれが目覚ましい経済成長を遂げ，EC 全体としても市場統合を段階的に実現していくこととなった。1968年までに関税同盟・共通農業市場が完成し，1969年の EC 首脳会議では，ヨーロッパ統合を進展させるべく，統合の「完成」「深化」「拡大」が目標に位置づけられた。さらに1970年には「欧州政治協力」というシステムが創設された。これにより，加盟6カ国が国際社会で一つのヨーロッパとして発言するために定期的に各国外

務省代表者が政治委員会を開催することが決められた。

　その後通貨同盟の創設も試みられる。ルクセンブルクのウェルナー（Pierre Welner）首相を中心とした委員会は，モノ・ヒト・サービス・資本の自由移動と固定為替相場制を基本とした通貨同盟創設を提案したが，通貨の統合は国家主権の中枢にかかわる問題であり，交渉は難航した。西ドイツは通貨同盟に賛成していたが，ECの権限が強化されることを望んでいなかったフランスはこの提案に反対した。結局1971年に計画は合意に至ったが，通貨統合のためには経済・通貨政策の強化，加盟各国による通貨の変動幅縮小という大きな課題があった。

　とはいえ各国通貨の変動幅縮小は非常に難しく，ウェルナー計画は実現せずに終わったが，70年代のECは拡大の方向で再び発展した。1973年にはイギリス・アイルランド・デンマークの加盟で9カ国に拡大し，加盟各国代表はさらに緊密な関係を構築していった。特に1974年にシュミット（Helmut Schmidt）が西ドイツ首相に，ジスカール・デスタン（Valéry Giscard d'Estaing）がフランス大統領に就任し，両国の協力体制は再び強化された。

　ところが1970年代に発生したオイルショックがEC内部の経済政策にも影響を及ぼすこととなる。加盟各国は見解の相違から通貨統合に関しては共通の方向性を見出すことが難しく，また，イギリスやフランスの政治指導者たちは自国の要求を強く押し出すようになり，ヨーロッパの統合にブレーキをかける事態に陥った。しかし1983年にミッテラン（François Mitterrand）とコール（Helmut Kohl）による独仏の協調体制が復活したことも重なり，ECは80年代に再び活性化した。そしてヨーロッパ統合をさらに強固な枠組みにすべく，欧州議会は1984年2月に欧州連合設立条約草案を起草した。

　また，日米の国際競争力に対抗するにはヨーロッパ統合の深化が不可欠であると認識した欧州委員会は1985年6月に「域内市場白書」を発表し，域内市場の完成を提案した。この提案を受け，1987年7月「単一欧州議定書」が発効し，ECの憲法ともいえるEC条約の改正，1992年末までの域内市場の完成，欧州議会の権限強化，理事会における議決制度の柔軟化などの点で合意した。同議

定書にはEPC（欧州政治協力）やEMS（欧州通貨制度）に関する規定も盛り込まれた。同じ時期、ECは再び拡大の動きも見せ、1981年にギリシャ、1986年にはスペイン・ポルトガルが加盟し、さらに規模の大きな統合となった。

以上のような統合の進展を受け、通貨同盟構想も再び具体化する。三段階を設け、通貨統合を目指すことが示され、1990年に第一段階となる資本の自由移動が開始された。こうしてECは国民国家の枠組みを超えたEUの創設に合意し、壮大な国際統合へと歩み始めた。

経済統合から政治統合へ──EUの機構・制度・キーワード

経済統合が功を奏したことから、より包括的な統合の推進が検討され、ヨーロッパ各国からは欧州連合や欧州政治連合の創設が提唱されるようになった。その具体的内容については様々な提案がなされたが、長い議論の末に従来のECの他に、新たな政治・外交・安全保障協力制度（加盟国間の緩やかな協力制度）を導入し、両者を統括する枠組みを作ることが採択された。これは1992年2月にEC加盟12カ国によって署名されたマーストリヒト条約（欧州連合条約）で具体化した。EECをECに改称して経済・通貨同盟を設立し、欧州単一通貨ユーロ（Euro）を導入することが決定され、外交・安全保障政策および司法・内政政策に関する加盟国の協力についても規定され、政治統合の枠組みが強化されることとなった。

EUでは、欧州委員会・EU閣僚理事会・欧州議会・欧州司法裁判所が中枢機関となっており、欧州理事会が最高意思決定機関の役割を担っている。また、分野ごとに調整を図るべく、経済社会協議会・会計監査院・地域評議会・欧州中央銀行・欧州投資銀行が置かれた。

欧州委員会は、EUの政策提案の責務がある行政機関であり、委員長と加盟各国からなる27人の委員で構成され、単純多数決で決議が行われる。またEUの条約の規定・閣僚理事会の決定・欧州司法裁判所の判決が加盟国やEU市民、企業によって遵守されているかどうかをチェックし、強制する権限がある。委員は自らの出身国から離れ、EU全体の利益を優先して行動する立場にある。

EU閣僚理事会は，農業，財務，運輸，外交など分野ごとに集まり，欧州委員会の提案に基づく議題に応じて全会一致または特定多数決制（各国に人口比率を考慮した議決数を配分する議決方式）で決議する立法機関の様相が強い。閣僚理事会の中には加盟各国EU大使からなる「常駐代表委員会（COREPER）」が設置され，委員会や作業部会が事前調整や各国実務担当者との協議を行う。

欧州議会は，EUの議会であり，1979年以降議員はEU市民の直接選挙で選ばれる。また，欧州議会議員は国境を越えた政治グループを形成している。諮問・監督機関として重要な機能を担っており，マーストリヒト条約以降，その権限はさらに強まった。

欧州司法裁判所は，EU加盟各国の最高裁判所同様，EUの最高裁判所の役割を果たし，EU法の違反を制裁する権限を持つ。この判決はEU加盟国にはもちろんのこと，その市民にまで拘束力が及び，これまでの判例はECの発展に大きな役割を果たしてきた。

欧州理事会は，EUのサミットであり，加盟各国の国家元首または政府首脳と欧州委員会委員長からなる。1969年のハーグ首脳会議以来，意見交換として非公式に開催されていたが，1987年の単一欧州議定書で正式に明文化され，以降，6月と12月の少なくとも年2回開催されている。現在は加盟各国の意見調整の場であり，EUの意思決定最高機関の様相が強い。

以上のような主要機関のほか，ローマ条約では欧州投資銀行と経済社会評議会が設立された。欧州投資銀行はEU諸国の経済発展につながるような投資計画に出資する役割を果たし，経済社会協議会は経済や社会生活のあらゆる部門を代表する幅広いメンバーが他のEUの様々な組織から諮問を受ける役割を果たしている。また，EUの収支が合法的に管理されているか点検することを目的に会計監査院が設立された。そしてマーストリヒト条約ではEUの地方公共団体の利益を代表する諮問機関として地域評議会が，さらにユーロ導入も視野に入れてユーロ参加国の金融政策と為替政策を決定することを目的に欧州中央銀行も設立された。

このような一連の統合推進の過程で，EUの特性を明確に示す概念が導入さ

れた。その一つが「ヨーロッパ市民とその市民権」である。これによってEU加盟国それぞれの国民が居住するほかの加盟国でも欧州議会とその国の地方選挙双方の選挙権・被選挙権が与えられた。さらにEUは環境・研究・教育・文化・健康・エネルギーなど新たな分野での権限も備えるようになった。

さらに「補完性の原則」というものもある。これは地域統合が進むにつれ，EU自体が超国家的性格を強める傾向にあり，地域の主張が反映されにくくなっているという懸念から生まれた発想である。マーストリヒト条約では，ある政策が加盟国レベルでは十分に達成できないが，共同体レベルではより良く達成されうるという場合，これを共同体の政策とするということが明文化された。同時にこの原則により，共同体に権限が集中することを防ぎ，各加盟国や各国の地方等が主体的に活動することも保障された。

EUのさらなる拡大

1993年に入ると北欧諸国の加盟交渉も大詰めを迎えていたが，この過程でも加盟各国の意見の違いが目立ってきており，交渉過程では12カ国で足並みのそろわない状況を加盟候補諸国から非難される場面もあった。

ノルウェーは国民投票で加盟を否決したが，オーストリア・スウェーデン・フィンランドが1995年に加盟し，15カ国となった。

1999年には，さらなる拡大と統合の深化を目指すべく，マーストリヒト条約を改正したアムステルダム条約が発効し，欧州議会と欧州委員会委員長の権限が若干強化された。また，特定多数決制を導入する分野が拡大したが，重要な案件に関しては依然として全会一致方式が残されたままであった。

アムステルダム条約と同じ時期，旧東欧諸国等の加盟を前提としたさらなる拡大が現実味を帯びてきた。1998年に中東欧諸国との加盟交渉が始まった。これまでの拡大とは異なり，これらの加盟候補国はEU諸国に比べると経済的な発展が遅れている国々が多く，アムステルダム条約の規定では拡大後のEUがうまく機能しないため，条約の見直しが行われた。この結果2003年にニース条約が発効した。ニース条約では東方拡大以降のルールが新たに定められ，2005

年からは1国1委員制とし，委員数の上限については加盟国数が27カ国になった時に27名未満の輪番制にすることが決まった。欧州議会の議席配分の変更，閣僚理事会での決議方式の変更なども定められたが，ヨーロッパ統合を推進していく上で必ずしも革新的なものではなかった。それどころかEUは加盟国の増大とともに取り扱う分野も拡大し，諸政策に対する加盟国の合意をとりつけることが難しいことを露呈した。

　この行き詰まりを打開するべく，ジスカール・デスタンが議長を務める諮問会議が開催され，ヨーロッパの憲法を作ろうという動きがスタートした。この諮問会議は2003年に欧州理事会議長の権限強化やEU外相ポストの新設，加盟国の増大にかかわらず各国1名の委員を出すことなどを草案として提出した。その直後2004年にはハンガリー・ポーランド・チェコ・スロヴァキア・スロヴェニア・マルタ・キプロス・エストニア・ラトヴィア・リトアニアの10カ国が加盟したが，議決方式の変更で現状よりも不利を被ることが予想されたスペインやポーランドは現行のニース条約を保守したいとし，草案を支持する国々と対立した。2005年に行われたフランスとオランダでの憲法条約批准の是非を問う国民投票は否決され，憲法条約は発効できないまま，EUはその誕生の起源となったローマ条約発効から半世紀を迎えた。そして2007年，EUはブルガリアとルーマニアを加えて27カ国で新たなスタートを切った。同時にこの憲法条約の見直しも行われていたが，再びポーランドの強硬姿勢を前になかなか前進しなかったが，2007年12月に改正憲法条約となるリスボン条約が調印された。

　リスボン条約は憲法ではないものの，欧州理事会に常任の議長（EU大統領職）を置き，EU外務・安保政策担当上級代表（EU外相職）を設置するなど，憲法条約案の多くを取り入れる形となった。また憲法条約では検討されていなかった加盟国議会による補完性の原則の監視なども規定され，2009年12月に発効，新規加盟国の受け入れも可能となった。

　なおこの間，非常に困難だと言われていた通貨統合はようやくその道筋ができて2002年1月からユーロが流通した。通貨統合の基準を達成し，導入を希望する国が随時ユーロを導入することになっており，16カ国が導入済みで，2011

年にはリトアニアが導入予定である。

EU の課題と将来

以上のように長い歴史を経て発展してきたヨーロッパの地域統合 EU は，経済通貨統合に関しては大きな成果をもたらしているが，政治・社会面では様々な課題に直面している。EU 域内の諸政策の調整は日々の課題として常に存在し，特に外交・安全保障政策はまだまだ発展途上である。1990年代のバルカン半島情勢への EU としての対応が遅れたという反省もあり，1999年以降は緊急展開部隊を創設して共通の参謀という常設軍事機関を設置するなど，発展は見られる。しかしながら EU として NATO との協調関係を今後どのように発展させるのかなど，先行きが不透明な部分も多い。特に外交問題は全会一致の原則があることから，共通安保防衛政策に完全な参加をしていない中立諸国との間でどのような舵取りをしていくのか等，EU の将来像はみえていない。

また，拡大と深化を繰り返してきた EU は，その拡大の行方についても議論の途上にある。ヨーロッパは果たしてどこまでを指すのか？　という問題であり，特に第五次拡大以降，域内での意見調整の難しさにしばしば直面していることが背景にある。27カ国となった現在，EU 加盟に際して政治的課題を多く抱えているクロアチアやトルコとの加盟交渉が始まっているが，すでに加盟国受け入れで課題が山積みの EU がこれ以上受け入れられるのかどうか，EU 内部で見解の相違が大きくなっている。特に80年代から加盟申請していたトルコの加盟交渉を開始し，交渉過程で様々な問題が明らかになるにつれ，EU の加盟国受け入れ能力の問題も議論されている。EU の基本理念では新規加盟国に門戸を閉ざすことはないが，加盟候補国の姿勢や既存の加盟国の立場如何では加盟拒否の可能性も孕んでおり，今後の拡大の行方も注目されている。

3　東アジア共同体の可能性

東アジアにおける地域主義の歴史は浅い。本節ではこれまでの議論の推移を

みながら，東アジア共同体の実現可能性も含め，目指される方向性・将来像を検討する。

東アジアにおける地域主義の歴史

現在アジアには様々な地域協力があるが，主たる地域協力は，ベトナム戦争を背景に，東南アジア地域での協力の必要性から誕生した ASEAN である。1967年8月にインドネシア，マレーシア，フィリピン，シンガポール，タイの5カ国で発足し，経済成長，社会・文化的発展の促進，政治・経済的安定がその目的とされた。ASEAN はその他東南アジア諸国にも門戸を開放する主旨で誕生したが，緩やかな地域機構だったこともあり，1984年にブルネイが加盟してから90年代まで大きな発展はみられなかった。

1980年代は ASEAN 以外に「環太平洋」や「アジア・太平洋」といった言葉に示される東アジア・米州・オセアニアという広範囲な地域概念も生まれていた。1989年11月に APEC（アジア太平洋経済協力）が設立され，この動きが具体化していく。また1994年には ARF（ASEAN 地域フォーラム）がスタートし，安全保障に関する対話の場も誕生した。

東アジアの枠組みでの地域協力は，1990年12月にマレーシアのマハティール（Mahathir bin Mohamad）首相が同国を訪れていた李鵬中国首相に対して EAEG（東アジア経済グループ）というアジア地域の共通市場ないしは貿易ブロックの形成を提案したことに始まる。EAEG の参加国は ASEAN 加盟国と日本・中国・韓国が予定されていたが，アメリカのベーカー（James Baker）国務長官が EAEG は日米分断構想だと反発し，また ASEAN 内部でも合意を得られなかった。そのため，インドネシアが ASEAN 経済閣僚会議で「グループ」の代わりに「協議体」という表現を用いる提案をし，その後 EAEC（東アジア経済協議体）構想と呼ばれるようになったが，これも発展しなかった。

東アジアの枠組みでの地域協力は発展しないかにみえたが，この時期アジア・欧州双方が対話の場を必要と考えるようになってきていた。1996年になると，シンガポールのゴー・チョクトン（Goh Chok Tong）首相の提唱で ASEM

（アジア欧州会合）が誕生した。これは欧州・アジアの首脳レベル会合であり，アジア側はASEAN加盟国と日・中・韓が参加した。

ASEAN+3と東アジア首脳会議

現在の東アジアという地域概念で前提とされているのはASEANと日・中・韓のASEAN+3である。当時橋本首相が日本とASEANとの定期的な首脳会談を開催することを提案したことにはじまるが，これに対して中国の意向に配慮したマハティール首相がASEAN+3の形での開催を主張し，このスタイルが定着した。

またASEAN+3を形式的な会合から実質的な意味を持たせることになったのが1997年夏の東南アジア地域の通貨危機であった。通貨危機への対応に迫られていた1998年，ASEANのホスト国であったベトナムはASEAN首脳会議に日・中・韓の首脳を招待し，これ以降ASEAN+3首脳会議が定期的に開催されることとなった。同時期，金大中大統領が東アジア地域の将来を考えるための有識者会議の設置を提案し，EAVG（東アジア・ビジョン・グループ）が誕生した。

さらに1999年のASEAN+3首脳会合では「東アジアにおける協力に関する共同声明」が採択され，日本が提案した日・中・韓首脳会談が実現し，これ以降定例会談となった。

その後2000年11月のASEAN+3首脳会議では東アジア地域の協力強化が議題となり，将来の方向性が議論された。これをうけて実務面での東アジア協力促進のための上級官僚研究グループであるEASG（東アジア・スタディ・グループ）が設置され，中長期的な見通しをもって検討することで合意した。2001年11月のASEAN+3首脳会議でEAVG報告書が提出されたが，ここには経済・金融・安全保障・環境・文化など57項目の提言があり，ASEAN+3首脳会議を「東アジア首脳会議」に発展させることが謳われた。

2002年1月になると，アジア歴訪中の小泉純一郎首相がシンガポールで「経済通商分野での戦略的パートナーシップ」を提唱した。小泉首相の考える「東アジア共同体」にはASEAN+3とオーストラリア・ニュージーランドが含まれ

ていた。

　2002年11月のASEAN+3首脳会議には，EAVGの報告書をEASGでさらに検討した結果報告が出された。ここでは短期的措置（すぐ実施できそうな提言）と中長期的措置（実現までに様々な困難があると予想される提言）に分類された。前述の東アジア首脳会議の実現など，困難な問題は長期的な措置に分類されており，この報告書はあくまで提言のレベルにとどまり，進展はなかった。というのも，ASEAN+3から東アジアへの名称変更がASEAN諸国にASEANの影響力低下という懸念をもたらしていたからだった。

　しかし2004年になると，翌年ASEAN議長国となる予定だったマレーシアが第1回東アジア首脳会議の開催を提案したことから，各国はこれを機に様々な反応をみせた。

　アメリカはこの中に含まれないことから反発，マレーシアのみならず日本や中国が主催国に名乗りを上げるなど，東アジア首脳会議の開催には合意したものの，ASEAN+3首脳会議とはどのように違うのか，参加国はどうなるのかなど，各国の意見の食い違いが露呈した。対象国となる国々の貿易相手国として重要なアメリカを入れるべきとの意見や，経済大国となりつつあるインド，さらにはオーストラリアやニュージーランドも入れるべきかどうかなど，各国から様々な見解が示された。特に安全保障という観点からはアメリカを抜きにアジアの安全保障は不可能との指摘もなされた。

　このような中，ASEANは2005年4月の非公式外相会議で，東アジア首脳会議にASEAN+3以外の国が参加できる条件として①東南アジア地域の独立・主権・内政不干渉などを取り決めたTAC（東南アジア友好協力条約）の締結国又は締結意図を有すること，②ASEANの完全な対話パートナーであること，③ASEANと実質的な関係を有することの3点を決定した。この結果オーストラリア・ニュージーランド・インドの3カ国が東アジア首脳会議に参加することが決まり，これがいわゆるASEAN+6の始まりとなる。

　2005年12月にクアラルンプールで開催されたASEAN+3首脳会議では，2007年に「東アジアの協力に関する共同宣言」を作成することで合意し，「ASEAN

+3は東アジア共同体の目的を達成するための主軸である」ことが明示され，ASEAN+3が東アジア共同体構築で主導的な役割を果たす方針が打ち出された。

　一方，同じ時期に開催された東アジア首脳会議は「東アジア首脳会議がこの地域の共同体形成において重要な役割を果たし得る」との宣言を発表し，これ以降 ASEAN+3と東アジア首脳会議という2つの枠組みが東アジア共同体構築に向けて動き出すこととなった。

　このように ASEAN+3首脳会議と東アジア首脳会議という2つの会議が誕生し，両者がそれぞれどのような役割を担っていくべきかが再び争点となった。日本が ASEAN+3と東アジア首脳会議を両輪として共同体構想を進めるべきとのスタンスだった一方で，中国は共同体形成の主軸は ASEAN+3であるとの主張だった。議長国マレーシアは，ASEAN+3には長い歴史があり，共同体構想では引き続き中核となることから，ASEAN+3は東アジア首脳会議に代わるものではないとしつつも，両者は対立するものではないとの見解も示し，どちらが主軸となるべきかを明言しなかった。

　また東アジア首脳会議に関しては，参加国をどこまで広げるのかという問題も現在議論されている。ロシアはすでにゲスト国として参加しており，正式メンバーとしての参加を希望し，中国はこれを支持している。他方日本はアメリカを参加させるべきだと主張し，また EU もこの会議に興味を示している。

　どこの国あるいはどこの地域が東アジア共同体の牽引車となり得るのか，なるべきなのか，という問題もある。日本や中国が単独でリーダーシップをとっていくべきなのか，あるいは ASEAN が舵取りをしていくのか，アジア諸国間でも意見が食い違っている。

　以上のように現段階ではアジア諸国それぞれの思惑が錯綜し，東アジア共同体の将来像は明確になっていないものの，共同体構築に向けて活発に議論されているのが現状である。

東アジア共同体をめぐる議論

　ASEAN は2007年1月の首脳会議で，ASEAN 共同体を5年前倒しして2015

年に創設すると決定し，ASEAN憲章の制定に向けて一歩踏み出した。

　この決定を受け，ASEANは安全保障共同体・経済共同体・社会文化共同体を含むASEAN共同体創設に向け，現在実施されている2004～10年の中期計画をさらに促進させることが予想される。

　もう一つの重要な合意であるASEAN憲章については，2005年の首脳会議以降，賢人会議を設置して検討を行ってきた。2007年1月の首脳会議では，賢人会議の報告を承認するとともに「ASEAN憲章の指針に関するセブ宣言」に調印した。さらに2007年11月にシンガポールで開催された第13回首脳会議では賢人会議をふまえてASEAN憲章が署名され，各国の批准作業を経て2008年12月に発効した。

　賢人会議報告書は，以下の提言をしている。「ASEANは創設40年を経て非常に成功した地域機構となったが，今後も地域協力の推進力であり続ける保証はない。したがって中国とインドの台頭および他の地域との関係の拡大によりもたらされた挑戦と機会に取り組み，またASEANを強化するためには紛争解決メカニズムの創設，ASEANの目的・原則・合意への重大な違反や不履行に対する権利停止などの措置，ASEANへの法人格の付与などが必要である。」

　ASEANはこれまでコンセンサス方式で内政不干渉，緩やかで曖昧な合意などに特徴づけられるASEAN流の意思決定方式を採用してきた。この方式は，経済格差や政治・社会・文化面の相違が大きく，その他様々な対立があるASEANではそれなりの意味はあったが，実効性が低いことが問題となっていた。ASEAN憲章の調印で，2015年までにASEAN共同体を実現するという目標が掲げられたことから，ASEANの意思決定方式は拘束力の強いものに転換される可能性もあり，同地域でのより強固な枠組みの地域協力へと発展するかもしれない。

東アジア共同体の実現可能性

　ASEAN+3と東アジア首脳会議双方の今後の展開はまさに東アジア共同体の将来につながる。この枠組みでの経済的関係強化は進みつつあるものの，これ

は東アジアという枠組みを超えて展開する可能性も孕んでおり，東アジア共同体の将来はまったく未知数である。

現在，東アジア共同体創設に向けての当該諸国の議論の中心は，その共同体の地理的範囲と経済通貨政策の共通化についてである。これまで繰り返し議論されてきてはいるものの，未だ具体化されていない共同体について，その構成国を先に確定するのは難しい。また，国別の自由貿易協定締結などで経済関係の強化は進められているものの，共同体として当該国すべてが一同に経済政策を共通化するのはさらに困難である。

ここでヨーロッパの地域統合の経験から東アジアが学べることをいくつか示しながら，東アジア共同体の今後の展開を考える際のヒントとしたい。

ヨーロッパの場合，第二次世界大戦からの復興という大きな課題を伴っていたことから力強い指導力を発揮する国やリーダーの下，創設当初から話し合いがスピーディーに進んだ経緯がある。東アジアの場合，1997年の金融危機がその動機づけとなって議論が進んでいるが，すでに緩やかな地域協力が複数存在しているがゆえに，より強固な地域協力創設のためのリーダーシップが欠如することにつながっている。共同体の枠組みありきではなく，できる地域からスタートさせる方式に転換させた場合，この構想の実現性は高まるであろう。

また，強固な地域協力の誕生後は世界情勢の変化や域内の諸問題が政策決定に大きな影響を持つことはすでにヨーロッパの経験から明らかである。したがって東アジア共同体の創設に向けては，諸政策の共通化を一度に行うのではなく，EUの経験からもわかるとおり，ごく一部でも共通化が可能な部分からすすめていくことが賢明と思われる。その際，特に各国単独では解決が難しく，共同体での協力によって対応したほうが解決されやすい問題を当該国がお互いに明らかにしていく作業が重要であろう。

ヨーロッパとアジアでは歴史的地理的にも，そして経済的文化的にも共通項を見出しにくいが，一ついえることは，どのような信念と価値観で共同体を構築していくのか，という点を明確にすることが必要だという点である。それには「当該地域・当該各国・当該市民すべてのため」になるような方向性が必要

第11章　世界秩序構想

である。EUが創設から半世紀を経た現在，また新たな諸問題に直面していることからもわかるとおり，地域統合はそのスタートよりも創設後の発展こそが険しい道のりであり，現在の東アジア共同体構想は未だその険しい道のりにも差しかかっていない状況である。世界情勢の変化と相俟って今後どのように進んでいくのかが注目される。

■文献案内■
① 浦野起央・大隈宏・谷明良・恒川惠市『国際関係における地域主義——政治の論理・経済の論理』有信堂高文社，1982年。
　＊第二次世界大戦後の世界における地域主義の展開を詳細に分析し，1981年当時の現状と課題が明示されている貴重な1冊。
② 大西健夫・岸上慎太郎編『EU統合の系譜』早稲田大学出版部，1995年。
　＊『EU制度と機能』『EU政策と理念』との全3巻で1990年代前半までのEU統合を学習できる1冊。
③ 大矢吉之・古賀敬太・滝田豪編『EUと東アジア共同体』萌書房，2006年。
　＊EUと東アジア共同体について様々な執筆者が各々の観点から論じている比較的新しい1冊。
④ 進藤榮一『東アジア共同体をどうつくるか』筑摩書房，2007年。
　＊東アジア共同体構想に関する新書。
⑤ 滝田賢治編著『東アジア共同体への道』中央大学出版部，2006年。
　＊東アジア共同体構想と北東アジア地域が抱えている諸問題を米・ロを含む各国の研究者が言及した論文集。
⑥ 田中友義・河野誠之・長友貴樹『ゼミナール欧州統合——歴史・現状・展望』有斐閣，1994年。
　＊マーストリヒト条約までのヨーロッパ統合全般の詳細な理解に最適の邦語文献。
⑦ 谷口誠『東アジア共同体』岩波書店，2004年。
　＊東アジアにおける共同体の形成全般について学習するのに便利な1冊。
⑧ 宮本光雄『国民国家と国家連邦——欧州国際統合の将来』国際書院，2002年。
　＊ヨーロッパ各国の様々な資料から欧州統合を詳細に分析，アジアと欧州の関係についても言及している貴重な邦語文献。
⑨ 山本武彦編『地域主義の国際比較——アジア太平洋・ヨーロッパ・西半球を中心にして』早稲田大学出版部，2005年。
　＊地域主義に関する邦語文献の中では比較的新しいものであり，アジア・ヨーロッパ・西半球それぞれの地域主義を扱っている1冊。

⑩ Dinan, Desmond, *Europe Recast : A History of the European Union*, London : Lynne Rienner, 2004.
 ＊EU のこれまでの発展の歴史をわかりやすく説明している英語文献。
⑪ Telò, Mario (ed.), *European Union and New Regionalism : Regional Actors and Global Governance in a Post-Hegemonic Era*, Aldershot : Ashgate, 2001.
 ＊地域主義を理論的な枠組み・比較の視点から分析し，EU の現状と将来について言及した1冊。

索　引
（＊は人名）

ア　行

アイデンティティ　198
　——の政治　47
アカウンタビリティー（説明責任）　110, 109, 124
アジア開発銀行　108
アジェンダ21　130
「新しい戦争」　51, 59
「新しい中世」　25
アチェ　195
アドボカシー　148, 155
　——・ネットワーク　138
　——型NGO（アドボカシーNGOs）　119, 138, 155
アナーキー　19
＊アナン，コフィ　173
アパルトヘイト　194
アフリカ開発銀行　108
アプローチ　1
アマゾンのハイウェイ　119
アムステルダム条約　212
アル・カーイダ　46
アルメニア人　191
アルンⅢダム計画　122
安全保障理事会　66, 73
安保理決議　186
＊アンリ4世　202
域内市場白書　209
意識化　150
移住問題　111
イスラエル　115
遺伝子組み換え作物（GMO）　103
移民労働者　177

イラク戦争　189
インスペクション（査閲）パネル　120
インド　119
インドネシア　111
インフラ整備　110
ウィーン体制　31
＊ウィルソン，ウッドロー　32, 54
ウェストファリア体制　29
＊ウェルナー　209
＊ウォルツ　27
＊ウォルフェンソン，ジェームズ　121
＊ウォルフォウィッツ，ポール　122
宇宙船地球号　127
＊ウッズ，ジョージ　118
ウルグアイ・ラウンド　91
＊ウルハク，マハブブ　121
「永遠平和のための永遠戦争」　63
『永久平和のために』　202
エイズ　101
エージェント（行為主体）　14
エスニック・マイノリティ　183
エスノ・ナショナリズム　191
越境環境問題　131
円借款　110
援助の質と量　109
欧州委員会　210
欧州司法裁判所　211
欧州政治協力　208
欧州理事会　211
沖縄サミット　121
オスマン帝国　183
オゾン層の保護に関するウィーン条約　134
オゾン層保護　134
オックスファム　148, 152

223

穏健な帝国　24

カ　行

介入しない不正義　61
介入する不正義　61
概念　5, 8
開発協力報告書　113
開発問題　123
海洋汚染　128
科学　140
科学的不確実性　139
拡大　208
核の均衡による平和　41
「かけがえのない地球」　128
ガバナンス　116
＊ガリ，ブトロス・ブトロス　73, 74, 174
　カルタヘナ議定書　135
＊カルドー　50
＊カレルギ，クーデンホーヴェ　203
　環境ODA　142
　環境アセスメント　123
　環境ガバナンス　136
　環境と開発に関する世界委員会（ブルントラント委員会）　120
　環境破壊　111
　環境評価　123
　環境保護団体　98
　韓国　115
　間主観性　15, 21
＊カント　26, 202
　キー概念　7
　企業　138
　気候変動　134
　　――枠組条約　134, 156
　技術協力　108, 109
＊キッシンジャー　29
　9.11同時多発テロ（9.11事件）　46, 121

旧ユーゴスラビア連邦の解体　49
旧ユーゴスラビア紛争　59
狂牛病（BSE）　104
共存　198
協調融資　108
京都議定書　135, 142, 157
恐怖からの自由　172, 173
共有地の悲劇　140
拒否的抑止　40
金属価格上昇　113
近隣窮乏化政策　89
グラミン銀行　148, 151
グランド・セオリー　9
グリーンピース　148
クルド人　190
グレンイーグルズサミット　112
クロアチア共和国　189
＊クローセン，アルデン　119
グローバリゼーション（グローバル化）　24, 48, 87, 155
グローバル・ガバナンス　105
グローバル市民社会　147
グローバルな諸課題　146
＊グロチウス　26
軍事介入　193
ケア　153
経済的手法　142
経済統合　20
欠乏からの自由　172
現実主義　26
現状維持　197
　　――現状維持国　30
憲法条約　213
原油価格の高騰　113
公害　126
　　――輸出　130
攻撃的現実主義　33

索　引

構造　14
構造調整貸付（SAL）　119
構造調整プログラム　119
行動科学　13
行動主義　13
合理的な政策選択　15
＊コール　209
国際機関向けの拠出・出資　109
国際公共財　17
国際構造（第三イメージ）　14
国際人道法・戦争法規　166
国際赤十字委員会　161
国際秩序　182
国際通貨基金協定条文　117
「国際的な組織犯罪の防止に関する国連条約」および二議定書　177
国際統合理論　20
国際復興開発銀行（世界銀行）協定条文　116
国際分業　88
国際レジーム　20
国際連合（国連）　34, 66-75, 78-81, 136
──平和維持活動　37
国際連盟　34
国内管轄権　56
国内要因（第二イメージ）　14
国民国家　182
国民総所得（GNI）　108
国民統合　198
国力（ナショナル・パワー）　7, 15
国連改革に関するハイレベル委員会報告書　173
国連環境開発会議（地球サミット）　120, 130
国連憲章　185
──第2条4項　55
──第2条7項　56
──第51条　36, 55
国連総会決議2625（「友好関係原則宣言」）　55

国連人間環境会議　128
「50年でたくさん！」　121
個人（第一イメージ）　14
コソボ紛争　185
コタパンジャンダム　111
国家安全保障戦略　42
国家再建　198
国家主権　37
国家利益（ナショナル・インタレスト，国益）　15
国境線　182
国境なき医師団　102
＊コナブル，バーバー　119
＊コヘイン，ロバート　5
コロンボ・プラン　108
コンヴェンション（条約）・プラス　178
コンゴ民主共和国　193
コンサルタント　113
コンストラクティビズム（構成主義）　21, 22
コンディショナリティ　119

サ　行

債務救済　116
債務削減のキャンペーン　121
サルダル・サロバル・ダム・プロジェクト（ナルマダ・ダム・プロジェクト）　119
＊サン・ピエール　202
酸性雨　128, 133
暫定統治　199
ジェノサイド　170, 185
ジェンゲン条約　176
ジェンダー　146, 148
──の視点　3, 4
事業型NGO　149
資源外交　113
持続可能な開発（持続可能な発展）　99, 130
──に関する世界首脳会議（ヨハネスブル

グ・サミット）　132
実証主義　12
市民社会　146
社会開発サミット　121
自由化のジレンマ　94
重債務貧困国（HIPC）イニシアティブ　121
集団的な安全保障（集団安全保障）　30, 35, 66
集団的自衛権　35
自由貿易主義　89
＊シューマン　206
住民組織　150
主権　184
主権国家　15
　　——システム　147
出入国管理　177
＊シュペングラー　203
＊シュミット　209
主要8カ国首脳会議　110
シュリーフェン計画　39
消極的安全確証　42
消極的平和　38
商社　111
常任理事国　66, 186
情報技術　187
情報公開　109
植民地　183
食料価格の値上げ　113
食糧増産援助　108
新ODA大綱　112
（統合の）深化　211
＊シンガー　27
人権　146-148
新現実主義　27
真実委員会　196
真実和解委員会　84
新世界秩序　35
新地域主義　96

人道　169
人道援助機関　170
人道危機　167
人道支援活動　170
人道的介入　46, 60, 174, 185
　　——論　168
水産無償　108
スウェットショップ　100
ステークホルダー　140
＊ストリーテン、ポール　121
スパゲティ・ボウル効果　98
スハルト政権　111
すべての移民労働者及び家族構成員の権利の保護に関する国際条約　176
スリランカ　193
スレブレニツァ虐殺　173
政策概念　8
政治的亡命者　161
政治統合　20
脆弱性　5, 6
「成長の限界」　127
青年海外協力隊　108
政府貸付　109
生物多様性条約　136
西部貧困削減プロジェクト　122
勢力均衡（論）　16, 25
「西暦2000年の地球」　127
セーフガード　90
　　——・ポリシー　124
＊ゼーリック、ロバート　122
世界開発報告　121
世界銀行グループ　116
世銀総裁　118
絶滅の恐れのある野生動植物の種の国際取引に関する条約（ワシントン条約）　128, 133
ゼネコン　111
ゼノフォビア（極端な外国人嫌悪）　178

選挙監視　197
戦後賠償　109
先住民　124
先住民族移転　119
先制攻撃　56
戦争　47
戦争遂行能力　39
戦争代理店　49
占領　199
相互依存　5
　——論　6, 89
相互確証破壊　39
操作化　7, 8
贈与　108, 110
ソマリア紛争　187
存在論　14

タ 行

第2世銀　117
第3世銀　117
対価値攻撃　40
大規模インフラストラクチャー　118
大規模開発プロジェクト　111
台湾　115
タウンミーティング　112
多角的貿易交渉（ラウンド）　91
多国間援助（マルチ）　108
多国籍軍　79
「正しい戦争」（正戦論）　53, 54, 58, 174
ダブル・スタンダード　60
タミル人　193
多民族国家　188
ダムの安全性　124
単一欧州議定書　209
単極構造　186
談合　111
地域研究　2, 3

チェチェン紛争　188
チェルノブイリ原子力発電所の事故　131
地球温暖化　156
地球環境　146
地球サミット　120
「地球の未来を守るために」　130
知識共同体　141
知的財産権　93, 102
チベット人　122
中国のODA　112
中立性　169
長距離越境大気汚染条約　128, 133
挑戦国　18
懲罰的抑止　40
『沈黙の春』　127
ツチ　192
帝国　182
＊デスタン，ジスカール　209
デモクラティク・ピース論（民主主義平和論）　21, 24
テロとの戦い　48, 57
テロリズム　47
伝統主義　13
＊ド・ゴール　208
統計処理　7
同盟　15, 31
ドーハ・ラウンド　91, 100
ドーハ開発アジェンダ　91, 100
独立性　169
トランスナショナル・ネットワーク　4

ナ 行

＊ナイ，ジョセフ　5
内政不干渉の原則　37, 184
内戦　181
ナゴルノ・カラバフ自治州　191
＊ナンセン，フリチョフ　161

ナンセン・パスポート　*162*
難民高等弁務官　*161*
難民条約　*164, 165, 177*
難民の国際的保護に関する世界協議　*177*
難民の地位に関する議定書　*164*
難民の地位に関する条約　*163*
「難民保護への課題」　*178*
難民問題の「セキュリタイゼーション（安全保障化）」　*179*
ニース条約　*212*
ニカラグア事件判決　*57*
二国間ODA　*109*
二国間援助（バイ）　*108*
二次的被害　*51*
人間開発報告書　*121, 172*
人間環境宣言　*128*
人間中心　*173*
人間の安全保障　*8, 45, 112, 171, 172*
認識論　*14*
ネーション　*183*
ネオコン　*122*
ネオリベラル制度論　*27*
熱帯林の破壊　*119*
ネットワーク　*155*
ネパール　*122*
能力強化（empowerment）　*172*
ノン・ルフルマン原則　*164*

ハ　行

バイオエタノール　*113*
排出権取引　*142*
ハイブリッド型平和維持活動　*80*
パクス・アメリカーナ　*17*
パクス・ブリタニカ　*18*
覇権安定論　*9, 17, 25*
覇権国（ヘゲモン）　*17, 18*
覇権秩序　*17*

＊ハマーショルド，ダグ　*70*
バランサー　*16*
パロキュアル（独善的）　*9*
パン＝ヨーロッパ運動　*202*
バングラデシュ　*122*
反グローバリゼーション運動　*156*
反グローバル化　*88, 98, 105*
反証可能な仮説　*12*
バンド・ワゴン　*16*
＊ピアソン，レスター　*70*
被害の不可逆性　*139*
比較生産費説　*89*
比較優位　*89*
東ティモール　*195*
庇護　*161*
非自発的移住　*124*
非対称な脅威　*46*
批判理論　*24*
非貿易的関心事項　*104*
敏感性　*5, 6*
貧困削減戦略　*154*
貧困と開発　*146*
フィージビリティー・スタディー　*123*
フェア・トレード　*101*
フォスター・プラン　*153*
複合型PKO　*74*
複合的相互依存　*20*
　　──状況　*20*
フツ　*192*
＊ブッシュ（父）　*120*
＊ブッシュ，ジョージ・W　*48, 122*
ブッシュ・ドクトリン　*47, 62*
部分的な理論　*9*
不偏性　*169*
ブラジル　*119, 120*
ブラック（BRAC）　*148, 149*
＊ブラック，ユージン　*118*

索　引

ブラヒミ・レポート（ブラヒミ報告）　38, 82
フリーライダー　18
＊ブリクス委員長　62
武力攻撃　57
ブルンジ　192
＊ブレア、トニー　61
＊プレストン、ルイス　120
ブレトンウッズ　116
　　──協定　117
　　──体制　90
プロジェクト・サイクル　123
分析概念　8
分析のレベル　27
分析枠組み　1
分離主義　189
米国の国家安全保障戦略　61
ベイシック・ソーシャル・サービス（BSS）　121
ベイシック・ヒューマン・ニーズ（BHN）援助　118
平和研究　25
平和構築　73, 80
　　──委員会　83
　　──基金　83
「平和への課題」　73, 174
ベトナム戦争　184
貿易自由化　89
暴力　198
ボーダーレス・エコノミー　17
補完性の原則　212
保護　172
「保護する責任」　8, 45, 64, 168, 173
　　──報告書　173
保護貿易主義　93, 94
ポスト京都議定書　135
ボスニア紛争　185
北海道洞爺湖　110
ポロノロエステ・プロジェクト　119

マ　行

マーストリヒト条約　210
マイクロクレジット　151
＊マイヤー、ユージン　117
＊マクナマラ、ロバート　118
＊マクロイ、ジョン　117
＊マハティール　215
＊ミアシャイマー　33
＊ミッテラン　209
緑の党　130
南のNGO　148
ミャンマー　111
ミレニアム宣言　114
民主化　194
民主化支援　197
民主主義　196
民主主義平和論
　　➡デモクラティック・ピース論
民族　181
民族自決の原則　181
民族主義　190
民族浄化　167
民族紛争　181
民族紛争（内戦）のグローバリゼーション　49
無差別戦争論　54
無償資金協力　108, 109
無政府状態　27
＊モーガン　40
＊モーゲンソー　29
モース委員会（モース調査団）　120
＊モネ　206
モントリオール議定書　134

229

ヤ 行

有償資金協力（円借款） *108*
有志連合 *52*
ユーロ *210*
宥和 *30*
＊ユヌス，ムハマド *151*
予防戦争 *56*

ラ 行

ラムサール条約 *128*
リアリスト *16, 20, 23*
リアリズム *13, 23*
リスボン条約 *213*
理想主義 *13*
リベラリスト *20, 23*
リベラリズム *19, 23*
理論 *5*
理論研究 *2*
リンケージ *132*
ルワンダ *192*
冷戦 *186*
歴史研究 *2, 3*
歴史認識 *4, 196*
歴史の記憶 *4*
レジーム *133*
レジーム・チェンジ *62*
ロンドン・スモッグ事件 *126*

ワ 行

ワールド・ビジョン *153*
ワールドウォッチ *148*
和解 *194*
ワシントンD.C. *117*
ワッペンハンス報告書 *120*
ワルシャワ条約機構 *203*

A to Z

AFD（フランス開発庁） *114*
APEC（アジア太平洋経済協力） *215*
ARF（ASEAN地域フォーラム） *215*
ASEAN（東南アジア諸国連合） *97, 204*
ASEAN＋3 *216*
ASEAN憲章 *219*
ASEM（アジア欧州会合） *215*
AU（アフリカ共同体） *80*
CAN（気候行動ネットワーク） *155, 156*
CDF（包括的な開発フレームワーク） *121*
CDM *142*
CIDA（カナダ国際開発庁） *115*
CNN効果 *167*
COP（気候変動に関する国連枠組条約締約国会議） *156*
COREPER（常駐代表委員会） *211*
CSCE（欧州安保協力会議） *204*
CSD（持続可能な開発委員会） *132*
CSO（市民社会組織） *124*
DAC（開発援助委員会） *108*
DDR（武装解除，動員解除，社会復帰） *82*
DFID（国際開発省） *114*
DHA（人道援助局） *168*
EAEC（東アジア経済協議体） *215*
EASG（東アジア・スタディ・グループ） *216*
EAVG（東アジア・ビジョン・グループ） *216*
EC（欧州委員会） *203*
ECOWAS（西アフリカ諸国経済共同体） *80*
ECSC（欧州石炭鋼鉄共同体） *207*
EDC（ヨーロッパ防衛共同体） *207*
EEC（欧州経済共同体） *207*
EFTA（欧州自由貿易連合） *208*
EPA（経済連携協定） *95*
EU（欧州連合） *210*
EU閣僚理事会 *211*

索 引

FTA（自由貿易協定） *95*
FTAA（米州自由貿易協定） *96*
G8 *113*
GATT（関税および貿易に関する一般協定） *90, 105*
G-CAP（グローバル行動キャンペーン） *155*
GEF（地球環境ファシリティー） *120, 143*
GTZ（技術協力公社） *114*
IBRD（世界銀行，国際復興開発銀行） *90, 117, 137*
ICBL（地雷廃絶国際キャンペーン） *155*
ICC（国際刑事裁判所） *83*
ICISS（介入と主権国家に関する国際委員会） *64*
ICSID（投資紛争解決国際センター） *117*
ICTY（旧ユーゴ国際刑事法廷） *197*
IDA（国際開発協会） *117*
IFC（国際金融公社） *117*
IMF（国際通貨基金） *90*
IMFの専務理事 *118*
IPCC（気候変動に関する政府間パネル） *141*
IRO（国際難民機関） *162*
ITO（国際貿易機関） *90*
JANIC（国際協力NGOセンター） *158*
JBIC（国際協力銀行） *109*
JICA（国際協力機構） *109*
jus ad bellum（戦争の目的） *53*
jus in bello（戦争中の行為） *53*
jus post bellum（武力行使の結果） *53*
KfW（復興金融公社） *114*
MDBs（多国間開発銀行） *108*
MDGs（ミレニアム開発目標） *107, 146*
MIGA（多数国間投資保証機関） *117*
NAFTA（北米自由貿易協定） *96*
NATO（北大西洋条約機構） *204*
NGO *137, 145, 147, 158*
NIEO（新国際経済秩序） *118*

NORAD（ノルウェー開発協力庁） *116*
NPO *145*
NPO法（特定非営利活動推進法） *146, 158*
OAS（米州機構） *204*
OCHA（人道問題調整局） *168, 175*
ODA（政府開発援助） *107, 146*
ODA 4指針 *111*
ODA改革 *111*
ODA憲章 *112*
ODA大綱 *112*
OECD（経済協力開発機構） *108, 113, 204*
OECD-DAC *146*
OIC（イスラム諸国会議機構） *205*
OPEC（石油輸出国機構） *204*
OSCE（欧州安保協力機構） *204*
PKO（平和維持活動） *67–80*
PMC（民間軍事会社） *52*
SIDA（スウェーデン国際開発協力庁） *116*
TICAD IV（アフリカ開発会議） *110*
TRIPS（貿易関連知的財産権） *102*
UNASUR（南米諸国連合） *205*
UNDP（国連開発計画） *76, 82, 172*
UNEP（国連環境計画） *129, 136*
UNHCR（国連難民高等弁務官事務所） *163, 175*
UNMOVIC（国連監視検査委員会） *62*
UNRRA（連合国救済復興機関） *162*
UNTAC（国連カンボジア暫定統治機構） *74–78*
USAID（米国国際開発庁） *113*
WTO（世界貿易機関） *88, 93, 105, 141*

執筆者紹介 （執筆順）

大芝　亮（おおしば・りょう）**はじめに・序章・第1章第2節**
　編著者紹介参照

佐藤　壮（さとう・たけし）**第1章第1節**
　1972年　生まれ
　1998年　一橋大学大学院法学研究科修士課程修了
　現　在　島根県立大学総合政策学部専任講師
　主　著　パスカル・ヴェネッソン著「グローバリゼーションとヨーロッパ流の戦争方法——フランスとドイツにおける軍事的適応の政治学」『衝突と和解のヨーロッパ——ユーロ・グローバリズムの挑戦』（訳）ミネルヴァ書房，2007年。

佐藤　丙午（さとう・へいご）**第2章**
　1966年　生まれ
　1999年　一橋大学大学院法学研究科博士課程修了
　1999年　法学博士（一橋大学）
　現　在　拓殖大学海外事情研究所教授
　主　著　『Arms Control After Iraq』（共著）UNU-Press，2007年。『軍縮問題入門（新版）』（共著）東信堂，2006年。『記憶としてのパールハーバー』（共著）ミネルヴァ書房，2004年。

秋山　信将（あきやま・のぶまさ）**第3章**
　1967年　生まれ
　1998年　オックスフォード大学政治学博士課程中退
　現　在　一橋大学大学院法学研究科准教授
　主　著　「岐路に立つ人間の安全保障——日本外交の展開の文脈において」『紛争と人間の安全保障——新しい平和構築のアプローチを求めて』（共著）有信堂，2005年。「脅威管理体制の変容と協調的関係の構築」『大量破壊兵器の軍縮論』（共著）信山社，2004年。

石原　直紀（いしはら・なおき）**第4章**
　1950年　生まれ
　1980年　国際基督教大学行政学大学院博士課程修了
　現　在　立命館大学国際関係学部教授
　主　著　「カンボジア——民事関係から見たUNTAC」『国家建設における民事関係』（共著）国際書院，2008年。「国連平和維持活動（PKO）と武力行使」『立命館国際研究18巻3号』立命館大学国際関係学会，2006年。「現代の平和」『ニューフロンティア国際関係』（共著）東信堂，2006年。

執筆者紹介

山田　敦（やまだ・あつし）**第5章**

1962年　生まれ
1996年　一橋大学大学院法学研究科博士課程単位取得
1999年　法学博士（一橋大学）
現　在　一橋大学国際・公共政策大学院教授
主　著　『国際政治経済学・入門（第三版）』（共著）有斐閣，2007年。『ネオ・テクノ・ナショナリズム――グローカル時代の技術と国際関係』有斐閣，2001年。

段　家誠（だん・かせい）**第6章**

1970年　生まれ
2001年　横浜国立大学大学院国際開発研究科国際開発政策専攻博士課程修了
2001年　学術博士（横浜国立大学）
現　在　阪南大学国際コミュニケーション学部教授
主　著　『世界銀行とNGOs――ナルマダ・ダム・プロジェクト中止におけるアドボカシーNGOの影響力』築地書館，2006年。「世界銀行とNGO――インスペクション・パネル制度と課題」日本国際連合学会編『国連研究』第6号「市民社会と国連」，国際書院，2005年。

沖村　理史（おきむら・ただし）**第7章**

1967年　生まれ
2006年　一橋大学大学院法学研究科博士課程満期退学
2007年　法学博士（一橋大学）
現　在　島根県立大学総合政策学部教授
主　著　『地球温暖化交渉の行方――京都議定書第一約束期間後の国際制度設計を展望して』（共著）大学図書，2005年。『連鎖する世界――世界システムの変遷と展望』（共著）森話社，2005年。『地球環境レジームの形成と発展』（共著）国際書院，2000年。

高柳　彰夫（たかやなぎ・あきお）**第8章**

1961年　生まれ
1991年　一橋大学大学院法学研究科博士課程単位取得
現　在　フェリス女学院大学国際交流学部国際交流学科教授
主　著　『グローバル問題とNGO・市民社会』（共編著）明石書店，2007年。『私たちの平和をつくる――環境・開発・人権・ジェンダー』（共編著）法律文化社，2004年。『カナダのNGO――政府との「創造的緊張」をめざして』明石書店，2001年。

中満　泉（なかみつ・いずみ）**第9章**
 1963年　生まれ
 1989年　ジョージタウン大学大学院修士課程修了
 現　在　国際連合本部・平和維持活動（PKO）局政策・評価・訓練部長
 主　著　「スウェーデンの外交力――『内なる旅』の積み重ねによって（カントリー・イン・フォーカススウェーデン）」『外交フォーラム』2007年。「平和構築と国連改革――有効な戦略の確立へ向けて」『国際安全保障』34巻2号，2006年。

古内　洋平（ふるうち・ようへい）**第10章**
 1976年　生まれ
 2008年　一橋大学大学院法学研究科国際関係専攻博士課程修了，法学博士（一橋大学）
 現　在　一橋大学・慶應義塾大学「戦略的大学連携支援事業」一橋大学研究員
 主　著　「真実委員会による暴力の再発防止――国家主導の委員会と国連主導の委員会の比較」『国連研究』第9号，国際書院，2008年。

上原　史子（うえはら・ふみこ）**第11章**
 1972年　生まれ
 1996年　成蹊大学大学院法学政治学研究科博士前期課程修了後，博士後期課程入学，オーストリア政府給費奨学生（ウィーン大学）等を経て，
 現　在　東京女子大学・成蹊大学等兼任講師
 主　著　「クロアチアとEU統合――EU加盟をめぐるICTYへの協力問題を中心に」『中央大学社会科学研究所年報』第11号，2007年。「ヨーロッパ防衛共同体創設の構想と挫折」『成蹊大学法学政治学研究』第23号，2000年。「オーストリアの安全保障――中立と共通外交安保政策とをめぐって」『日本EU学会年報』第19号，1999年。

《編著者紹介》

大芝　亮（おおしば・りょう）

1954年　兵庫県に生まれる。
1976年　一橋大学法学部卒業。83年，同大学院法学研究科博士課程退学。89年，イェール大学Ph.D.（政治学）。
1985年　上智大学法学部助教授。87年，一橋大学法学部助教授。94年，同大学院法学研究科教授。2004年〜06年，日本国際政治学会理事長。
現　在　一橋大学大学院法学研究科長・教授。
主　著　『オーラルヒストリー　日本と国連の50年』（編著）ミネルヴァ書房，2008年。『衝突と和解のヨーロッパ——ユーロ・グローバリズムの挑戦』（編著）ミネルヴァ書房，2007年。『平和政策』（編著）有斐閣，2006年。『グローバル・ガバナンス——新たな脅威と国連，アメリカ』（編著）総合研究開発機構，2006年。『記憶としてのパールハーバー』（編著）ミネルヴァ書房，2004年，ほか。

国際政治学入門

2008年11月25日　初版第1刷発行　　　　検印廃止
2010年10月15日　初版第4刷発行
　　　　　　　　　　　　　　　　　　　定価はカバーに
　　　　　　　　　　　　　　　　　　　表示しています

編著者　大　芝　　　亮
発行者　杉　田　啓　三
印刷者　藤　森　英　夫

発行所　株式会社　ミネルヴァ書房
　　　　607-8494　京都市山科区日ノ岡堤谷町1
　　　　電話代表　（075）581-5191番
　　　　振替口座　01020-0-8076番

©大芝亮ほか，2008　　　　　　　　　亜細亜印刷・清水製本

ISBN978-4-623-05202-8
Printed in Japan

新版 現代の国際政治

長谷川雄一・高杉忠明編著　A5判　436頁　本体3500円

●冷戦後の日本外交を考える視角　ポスト冷戦と称される変動極まりない現在の国際政治の諸相を，日本外交の将来に対する視座を提供するという視点から考察した「国際政治学」「国際関係論」を学ぶ最適のテキスト。

国際関係論へのアプローチ

石井貫太郎編著　A5判　360頁　本体3200円

●理論と実証　国際関係論の，近年における学問分野としての一般化をふまえ，読みやすく，わかりやすい構成で編まれた国際関係論への入門書。第一部の理論編，第二部の実証編からなり，国際関係論の考え方とともに，現実の国際関係の概略も習得できるよう，国際関係論の学習の上で，必要不可欠な知識を収録した。

グローバル時代の国際政治史

佐藤信一・太田正登編著　A5判　248頁　本体2500円

1970年代以後に力点を置きながら，ベトナム戦争までのパックス・アメリカーナの形成と展開，大戦終結後の国際政治の展開についてわかりやすく解説する。今日の様々な紛争の原因や課題を考えるうえで，基礎的な理解を提供することをめざすテキスト。

オーラルヒストリー　日本と国連の50年

明石　康・高須幸雄・野村彰男・大芝　亮・秋山信将編著　四六判　372頁　本体2800円

国連が直面した戦争，安全保障，テロ，平和交渉などなど様々な国際問題。その真っ只中にいた国連諸機関の日本人リーダーおよび日本の国連大使たちはいかに考え，どう行動したのか。その生の声をオーラルヒストリーで明らかにする。

―― ミネルヴァ書房 ――

http://www.minervashobo.co.jp